A Grounded Analysis of
Brand Ritual Behaviours to Realize Brand Realm

品牌仪式行为
实现品牌境界的
扎根分析

马湘临　著

上海三联书店

马湘临，管理学博士，上海市现代管理研究中心副研究员，主任助理，公共管理研究所所长，《现代管理》集刊编委会副主任。研究领域：（科技）品牌管理、营销战略、消费文化与趋势，尤以"中西管理理论融合研究"见长。在SSCI、CSSCI等海内外期刊发表文章62篇、在*Cambridge Scholars Publishing*等国内外权威出版社出版专著3部。曾主持和参与国家社科基金项目、上海市哲学社科规划项目以及上海市旅游局、上海文化发展基金会和上海市现代管理研究中心的多项课题。曾为德勤中国、美国摩根斯坦利(洛杉矶)、挪威上市公司EMGS ASA、美国Business Consulting Resources、三九美源坊等知名企业提供咨询，涉及商业计划、业务并购、案例分析与品牌战略。受邀在东方财经频道发表《数据连接未来》、《ESG背景下的品牌公益战略》等专题演讲。

序　言

　　从目前关于品牌忠诚的研究来看,涉及到一个主体性问题。现有的各种理论多倾向于以品牌为主体,从品牌管理的视角,由品牌来主导消费者—品牌关系,消费者被看作是品牌作用的对象,是品牌管理的客体,是品牌传播的受众。而实际上,根据消费文化理论和价值共创理论,后现代社会的消费者不再是品牌意义被动的接受者,而是积极的共创者。因此,这里触及了一个研究消费者—品牌关系的重要转向,即从品牌主体性转向消费者主体性。在此认识的基础之上,马湘临的这项研究在该领域向前推进了一步,消费者不止于品牌共创,消费者与品牌的关系还有一种可能——共修关系,即消费者通过品牌来进行自我修炼,从而不断地提升本体价值;品牌在帮助消费者不断成长的过程中,也不断地进化成为一个更有价值的品牌。这种关系使消费者在代际、行为、认知和情感几个层面都达到一种品牌境界。品牌境界及其发生机制是以消费者为主体、从消费者的视角来考察消费者—品牌关系的,强调消费者是积极的意义创造者,其着眼点在于消费者自身的内在,他们进行品牌消费的目标不再一味地强调个人的外在包装,而是重视个体内在的实质性的成长,品牌是有助于其完成个体提升的辅助工具和支撑系统。以此路径研究品牌忠诚,其主体性强调的是消费者,客观结果体现为品牌忠诚。

把视角放得再宏大一些,从当下的消费文化背景来看,这项研究亦具有现实意义。的确,根据传统经济学范式的效用视角,消费主义对幸福感的产生具有正向刺激作用。但是,消费主义也日益受到诟病。原因之一在于,各种品牌广告诱导消费者无节制的消费,造成了物质攀比、人为物役。因为受到炫耀性消费的驱使,在我国青年群体中已经出现了过度超前消费、放纵性消费的现象。在多元化的消费选择中,乃至不少人在品牌消费中迷失了自我。很多消费者感受到,追逐品牌产品的过程表现为,购买获得时兴奋感断崖式下跌,随后伴随着失落感,直至再度发生购买行为。显然,关于粉丝狂热、品牌迷恋、品牌皈依等关于品牌忠诚的研究都深刻地勾画了这种情况及其发生机制。可见,消费结构有待于从更多的视角、不同的路径来加以考察,以便使我们可以更全面地、更立体地加以塑造和管理。

从消费主义的长期发生机理上讲,商品消费有促使人的欲望不断升级的趋势,人们越向外索取,欲望越难以满足,压力与焦虑就会越发加剧。可见,这种追逐欲望的方向具有不可持续性,最终会走到一种卷到卷不下去的境地,要么财务崩溃,要么精神崩溃。因此,我们的相关研究须努力解决这种方向性的问题,积极地探索可能的新的转向,例如,使消费的消耗性向补充性发展。目前,越来越多的年轻人也表现出对过度消费的警惕,例如"精致抠"、"断舍离"等消费理念,其实质并不是对物质消费的完全排斥,而是强调理性消费以及内心的平静与满足。由此可见,对品牌的消费完全有可能实现朝向补充性的转变,使消费者的注意力从物质消耗和符号(例如,LOGO)占有转向自身内在的创造性成长。在此过程中,品牌成为有益的赋能者。

应该看到,当人们习惯了外在的物质攀比,忽视了个体向内的探索,个人的主体性将逐渐消弭。久而久之,个人将有可能让渡生活体验的丰富性,压抑个体生命的创造性,失去追求生命意义的热情。如果这种情况严重到相当的地步,我们将面临整体性、长期性的消费低迷。有关研究显示,年轻人的消费行为表现出寻求悦己体验、蕴含价值表达的整体趋向。在年轻人更关注满足非功能性需求的背景下,追求仪式感成为消费行为的鲜明特征之一,它不仅体现了自我个性,还满足了自我对于生活意义的追求。我国对于扩大内需未来十年的战略规划是继续全面促进消费,加快消费提质升级。关于消费升级的理解,我感觉不应仅仅是人们在物质生活水平方面的不断攀升,更应该强调人们自我价值的不断提升,使每个消费者作为独特存在的个体,可以通过消费丰富生活体验与经历,最终实现个人的进步乃至蜕变。

王新新

上海财经大学商学院教授

2024 年 2 月

摘　要

　　品牌仪式的渊源可以追溯到人类古老而神圣的仪式。近年来，"仪式"、"仪式感"在市场上成为消费者青睐的热门现象，不仅受到国家政策层面的重视，还成为不少企业和品牌用来打造差异化和产生溢价的重要战略。但是，把品牌仪式作为一个专门的构念进行研究的成果仍旧比较匮乏。尤其是，消费者的品牌仪式行为到底能带来什么样的核心价值？它是否有助于实现最深层次的、最可持续性的忠诚？它的作用机制是怎样的？为了回答这些问题，本研究通过文献研究法、半结构访谈、参与式观察和扎根理论研究，开展了相关机制的探索。

　　通过梳理仪式研究的相关文献，本研究发现仪式呈现"从神圣走向日常"的历史发展趋势。通过对照诸多仪式理论，筛查出考察仪式的七种视角，即作为功能的仪式、作为过渡的仪式、作为表演的仪式、视为权力的仪式、视为具身的仪式、视为互动的仪式以及作为象征的仪式。本研究以品牌仪式行为作为研究对象，完成了32次半结构深度访谈，遵循了扎根理论研究的程序，完成对访谈数据和知乎文本数据的分析：开放编码—轴向编码—选择性编码—理论饱和度检验。最终，发掘出了品牌仪式行为的作用机制:动机—品牌仪式行为—心理效应—意义赋予—品牌境界。

首先,该机制合理地阐释了产生品牌仪式行为的个人动机和社会动机。具体而言,个人动机指消费者从事品牌仪式行为是受到个人内在的特定因素所驱动,分为情感动机、认知动机和追求感官刺激。社会动机指消费者从事品牌仪式行为是受到社会外在的特定因素所驱动,分为三个维度:社会文化、情境因素和转型因素。在分析过程中,借鉴并丰富了 Tauber(1972)开发的许多购买动机。本研究发现,参与品牌仪式行为的消费者并不主要受到某种产品的功能性需求所驱动,而是受到个人内在的和社会外在的特定因素所驱动;其中,象征性需求的特征较为明显。

其次,经过扎根理论分析,结合前期的文献综述,根据解决问题的适用性,本研究借鉴了 Rook(1985)的仪式理论的内涵,即将仪式视为一种象征。基于此,任何一种品牌仪式行为本质上是具有象征性的行为,它表达特定的、与品牌相关的意义和情感。进而,确立了品牌仪式行为的三个维度:隐喻性(相似性、引申性)、重复性(程式性、复制性)、情感性(传达情感、激发情感)。其中,隐喻性指品牌仪式表达特定的象征意义,它来源于 Rook(1985)仪式理论的提炼。重复性指品牌仪式是复制特定的一套程序,它来源于任何一场仪式活动都具有固定的、清晰的特定程序(Mead,1956)以及 Cheal(1992)的复制仪式(rituals of reproduction)。情感性指品牌仪式引发特定的情感,它来源于仪式从个人那里引出特定的思想和情感(Mead,1956)。

接着,该机制发现品牌仪式行为产生相应的心理效应,表现为:品牌显性知识内化(品牌信息接收、识别品牌高识别度呈现、仪式规范摄入)、品牌隐性知识领会(品牌隐喻、身体学习、品牌内核)、品牌情感体验(情绪感染、情感释放)。其中,品牌显性知识内化是指消费者摄入用语言和文字明确表达和传递的品牌知识,它借鉴了仪式理论(Rook,1985)和内化理论(Deci 等,1994)。品牌隐性知识领会是指消费者掌握无法用语言和文字表达和传递的品牌知识,它借鉴了隐性知识理论(Polanyi,1958,2009;Drucker,2018;Nonaka,1994)。品牌情感体验是指品牌仪式行为触发相应的消费者情感,它借鉴了品牌体验的研究成果,它是品牌体验的一个维度(Brakus 等,2009)、或一种类型(Schmitt,1999),也是消费体验的一个常见元素(Hirschman 和 Holbrook,1986)。需强调的是,品牌隐性知识是无法通过语言、文字和概念来表达和传播的,但是它可以通过象征性行为例如品牌仪式行为来表达和传递,消费者通过体会和练习才能获得。

再次,该机制还发现了品牌仪式行为经过心理效应会促成消费者意义赋予,它分析了消费者"意义赋予"的发生维度:意义确认(认知匹配、身体匹配、情感认同)、意义投射(自我表达、能力体现、情感投射)、意义扩展(向外融合、个性化、演绎)与意义协商(排斥、异化诠释、品牌缺憾、做减法)。其中,意义确认是消费者理解并认可品牌意义。意义投射是指消费者进行自我的外化。意义扩展是指消费者基于品牌意义进行的拓展。意义协商是指消费者做出不同于品牌意义的评价和行为。它们继承和拓展了 Allen 等(2008)关于消费者作为品牌意义的共创者与反向品牌意义的创造者的论述。

最后,从品牌仪式行为的结果来看,该机制最终将会实现品牌境界。本研究通过扎根理论分析发现,品牌境界形成了具有东方意境的消费者—品牌关系,即消费者通过与品牌的共修,促成代际、行为、认知和精神上的升华,实现了自我价值的提升,达到消费者—品牌关系极致紧密的一种状态。品牌境界的提出借鉴了中国禅宗境界论(慧能,2013;铃木大拙,1998,2013;阿部正雄,1989;吴言生,2011)和隐性知识(Polanyi,1966,2009;Nonaka,1994;郁振华,2022)的理论内涵。品牌境界包括品牌代际传承(代际传统相传、品牌产品传家)、消费者—品牌合一状态(品牌体感养成、人器合一、共鸣)、智慧悟出(烦恼消除、洞察力、专业直觉)以及浑然忘我(品牌优先、废寝忘食)。品牌境界具有四个特征:引渡性、修炼性、内显性和超越性。品牌境界超越了品牌忠诚和品牌参与,实现了更高形式的消费者—品牌关系。品牌忠诚(Tellis,1988;Newman 和 Werbel,1973;Oliver,1997,1999;Keller,2001)和品牌参与(Hollebeek,2011a, 2011b;Hollebeek 等,2014;Patterson 等,2006;Sprott 等,2009;Mollen 和 Wilson,2010;Van Doorn 等,2010;Barari 等,2021;Vivek 等,2012)是研究消费者—品牌关系中关于品牌忠诚具有代表性的两个构念,从本质而言,它们分属交易忠诚和参与忠诚。

相较于品牌忠诚(交易忠诚)和品牌参与(参与忠诚),品牌境界的超越性主要体现为七个方面:(1)从理论基础而言,交易忠诚的理论基础是理性行为理论(theory of reasoned action)

(Fishbein,1980)、效用理论(utility theory)(Thaler,1985);它倡导的是"向市场(market to)"的理念,品牌营销的目的是管理市场和顾客。参与忠诚的理论基础是关系营销理论(Vivek等,2012)和社会交换理论(Blau,1964)、服务主导逻辑(Lusch等,2007);它倡导的是"与市场(market with)"的理念,品牌营销的目的是与顾客共创价值。相较之,品牌境界的理论基础则是隐性知识理论(Polanyi,1958,2009;Nonaka,1994)和禅宗境界论(慧能,2013;铃木大拙,1998,2013;阿部正雄,1989;吴言生,2011);它倡导的是"内市场(market inside)"的理念,品牌营销作用于顾客内在,目的在于实现顾客的自我超越与个体价值提升。(2)从主导角度而言,交易忠诚以品牌为主导,参与忠诚以品牌为主导、消费者参与,而品牌境界则是以消费者为主导的。(3)从表现角度而言,交易忠诚表现为消费者与品牌进行交易,参与忠诚表现为消费者与品牌进行互动,而品牌境界则表现为消费者将品牌的客体价值进行主体内化。(4)从价值角度而言,交易忠诚是一种价值交换,参与忠诚是一种价值共创,而品牌境界则是消费者的个体价值获得提升。(5)从关系角度而言,处在交易忠诚的消费者与品牌是一种物理共存关系,处在参与忠诚的消费者与品牌是一种共同创造关系,而处在品牌境界的消费者则与品牌是一种共同修炼的关系。(6)从资源角度而言,处于交易忠诚的消费者投入的是金钱,处于参与忠诚的消费者投入的是操作性资源(operant resources)如知识、经验、技术和人脉,而处于品牌境界的消费者投入的则是自己的身体与心灵。(7)从衡量角度而言,交易忠诚主要考察重复购买行为与承诺,参与忠诚主要考察超越交易的、无偿的、角色外行为,而品牌境界则考察消费者在代际传承、身心合一、认知提升和精神超越方面的表现。

本研究有四个方面的理论贡献:其一,本研究发现了品牌仪式行为是一种创造象征价值的消费者行为,提炼了构成品牌仪式行为的本质特征。其二,提出了"品牌隐性知识"的范畴,它补充了无法通过语言、文字和概念传递的品牌知识,鉴于目前关于品牌知识的研究成果囿于品牌显性知识,它填补了该领域空白,丰富了品牌知识的现有内涵。此外,它揭示了在动机—品牌仪式行为—心理效应—意义赋予—品牌境界作用机制当中,实施品牌仪式行为对于获得品牌隐性知识的必要性,以及品牌隐性知识在品牌境界最终形成过程中的前因作用。其三,本研究填补了消费者意义赋予如何发生的领域空白。它将诸多创造意义的刺激效应加以整合考察,尤其考察了非语言的线索产生意义的效应。并且,突破了以往将消费者视为品牌仪式作用客体的视角,探索了消费者作为主体是如何接收、筛选、共创和协商意义的。其四,本研究提出了一个扎根于东方文化情境的品牌构念:品牌境界。它融合了隐性知识和禅宗境界论的内涵,将品牌忠诚、品牌参与的内涵推进了一大步,不仅揭示了品牌仪式行为作用机制的最终结果,还发现了区别于传统品牌忠诚的较高级的消费者—品牌关系。

本研究的实践意义表现为四个方面:其一,这项研究提炼了品牌仪式行为的核心特征,为业界明确地指出了核心要素,有助于对品牌仪式的规划与设计。并且,品牌仪式行为的作用机制揭示了它是一项回报极高的战略,将通向品牌实现顶级忠诚度的殿堂。其二,本研究对品牌仪式行为前因的研究启示是,大多数品牌宜尽量使他们的客户较频繁地感官接触到该品牌,从个人动机、社会动机的相关维度入手,为发起品牌仪式行为创造条件,使消费者愿意投资(特别是身心投资)于能满足他们象征性需求的品牌。其三,本研究成果表明,品牌有一个重要的干预途径是源于意义的。消费者缺乏意义感并非无法弥补,品牌方可以激发人们在生活中寻求更多的意义,满足他们超越自身的需求,为消费者进行意义赋予创造条件和提供空间。品牌管理可以通过发起、维护和增强消费者的品牌仪式行为,提供一个多义性的舞台,让消费者进行意义赋予。其四,本研究为品牌走向卓越提供了策略性机制及其着眼点,其着眼点不应仅限于如何通过交易赚取消费者的货币价值,或者通过互动换取消费者的可操作性资源,还应该考虑如何从消费者内在着手,帮助其成长、超越和升华。换言之,品牌要有助于消费者将品牌价值转化为个体的内在价值,有助于消费者实现个体的价值提升。并且,此过程是一种共修关系,为了不断满足实现自我价值提升的消费者的需求,它将最终有助于实现品牌的自我超越。

本研究作为探索性的研究仍然存在局限性,有待于采取实验验证的方法或量化分析的方法深化研究;有待于扩展消费者意义赋予的具体内容;有待于对品牌仪式行为的象征价值进行细分研究;有待于深入挖掘时间范畴在品牌仪式行为中的战略作用。

关键词:品牌仪式行为;品牌境界;品牌隐性知识;意义赋予;禅宗境界论

Abstract

The origin of brand rituals can be traced back to ancient and sacred human rituals. In recent years, "ritual"and "sense of ritual"have become popular phenomena favored by consumers in the market, not only receiving attention from national policies, but also becoming important strategies for many enterprises and brands to create differentiation and generate premiums. However, research on brand rituals as a specialized construct is still relatively scarce. Especially, what core values can consumers' brand ritual behaviours bring? Does it help achieve the deepest and most sustainable loyalty? What is its mechanism? In order to answer these questions, this study explored the relevant mechanism through literature research, semi-structured interviews, participatory observation, and Grounded Theory Research.

By reviewing relevant literature on ritual research, this study found that ritual has shown a historical development trend of "moving from sacredness to daily life". Through theoretical comparison and screening, it found that, to date, there were seven main perspectives on rituals, namely ritual as a function, ritual as a transition, ritual as a performance, ritual as power, ritual as embodiment, ritual as interaction, and ritual as a symbol. This study focused on brand ritual behaviours to collect data from 32 semi-structured in-depth interviews and Zhihu community. Following the procedures of Grounded Theory Research, the interview data and Zhihu text data were analyzed through open coding-axial coding-selective coding-theoretical saturation test. Finally, the mechanism of brand ritual behaviours was discovered: motivation – brand ritual behaviours – psychological effects – meaning making – brand realm.

First, this mechanism reasonably explains the personal and social motivations that generate brand ritual behaviours. Specifically, personal motivation refers to the specific internal factors that drive consumers to engage in brand ritual behaviours, which can be divided into emotional motivation, cognitive motivation, and pursuit of sensory stimulation. Besides, social motivation refers to the specific external factors that drive consumers' brand ritual behaviours, which can be divided into three dimensions: social culture, situational factors, and transitional factors. During the analysis process, many purchasing motivations developed by Tauber (1972) were borrowed and enriched. This study found that consumers who participate in brand ritual behaviours are not primarily driven by the functional needs of a certain product, but are driven by specific factors from personal inside or social outside; Among them, the characteristic of symbolic needs is more obvious.

Secondly, through Grounded Theory analysis, combined with previous literature reviews, and based on the applicability of problem-solving, this study draws on the connotation of Rook's (1985) ritual theory, which regards ritual as a symbol. Based on this, any a brand ritual behaviour is essentially a symbolic behavior that expresses specific and brand-related meanings and emotions. Furthermore, three dimensions of brand ritual behaviours were established: metaphoricality (similarity, extensibility), repeatability (formulaicity, replicability), and emotionality (conveying emotions, stimulating emotions). Among them, metaphoricality refers to the expression of specific symbolic meanings in brand rituals, which is derived from Rook's (1985) ritual theory. Repeatability refers to the replication of a specific set of procedures in a brand ritual, which originates from the fixed and clear specific procedures of any ritual activities (Mead, 1956) and the rituals of reproduction in Cheel (1992). Emotionality refers to the brand rituals triggering specific emotions, which originate from the ritual eliciting specific thoughts and emotions from individuals

(Mead, 1956).

Subsequently, the mechanism found that brand ritual behaviours generate corresponding psychological effects, manifested as: internalization of brand explicit knowledge (brand information reception, identification of high brand-recognition presentation, ritual norms intake), brand tacit knowledge comprehending (brand metaphors, body learning, brand core), and brand emotional experience (emotional contagion, emotional release). Among them, internalization of brand explicit knowledge, refers to consumers' intake of brand knowledge that is clearly expressed and conveyed in language and writing, which draws on the ritual theory (Rook, 1985) and internalization theory (Deci et al., 1994). Brand tacit knowledge comprehending refers to consumers' mastery of brand knowledge that cannot be expressed and conveyed in language and text, which draws on the theory of tacit knowledge (Polanyi, 1958, 2009; Drucker, 2018; Nonaka, 1994). Brand emotional experience refers to the triggering of corresponding consumer emotions by brand ritual behaviours, which draws on the research results of brand experience; a dimension (Brakus et al., 2009) or type(Schmitt, 1999)of brand experience, and a common element of consumer experience (Hirschman and Holbrook, 1986). It should be emphasized that brand tacit knowledge cannot be expressed and disseminated through language, words, and concepts, but it can be expressed and conveyed through symbolic behaviours such as brand ritual behaviours, which consumers can obtain through experience and practice.

Furthermore, the mechanism also found that brand ritual behaviours, through psychological effects, facilitates consumer meaning making, which analyzed the dimensions of consumers' meaning making, i. e., meaning confirmation (cognitive matching, physical matching, emotional identification), meaning projection (self expression, ability expression, emotional projection), meaning extension (external integration, personalization, deduction), and meaning negotiation (exclusion, variant interpretation, brand defects, subtraction). Specifically, meaning confirmation refers to consumers understanding and recognizing the brand's meaning. Meaning projection refers to consumers externalizing themselves. Meaning extension refers to consumers' expansions based on brand meaning. Meaning negotiation refers to consumers' differerent evaluations and behaviours from the brand's meaning. They inherit and expand Allen et al. (2008) discourse on consumers as co creators of brand meaning and creators of reverse brand meaning.

Finally, as for the results of brand ritual behaviours, this mechanism ultimately achieves brand realm. Through

Grounded Theory analysis, this study found that the brand realm forms a consumer-brand relationship with an Eastern artistic conception; that is, through co cultivation with the brand, consumers realize intergenerational, behavioral, cognitive, and spiritual sublimation, achieve the advancement of self-value, and reach a state where the consumer-brand relationship is extremely close. The proposal of brand realm draws on the theoretical connotations of the Chinese Zen realm theory (Hui Neng, 2013; Suzuki Teitaro Daisetz, 1998, 2013; Abe Masao, 1989; Wu Yansheng, 2011) and tacit knowledge (Polanyi, 1966, 2009; Nonaka, 1994; Yu Zhenhua, 2022). The brand realm includes brand intergenerational inheritance (inheritance of intergenerational traditions, inheritance of brand products), consumer-brand unity state (cultivation of physical sense to brand, self-brand unity, resonance), wisdom enlightment (elimination of worries, insight, professional intuition), and unconscious selflessness (brand priority, forgetting all about eating and sleeping). There are four characteristics of brand realm as follows: guidance, cultivation, internality, and transcendence. The brand realm transcends brand loyalty and brand engagement, achieving a higher form of consumer-brand relationship. Brand loyalty (Tellis, 1988; Newman and Werbel, 1973; Oliver, 1997, 1999; Keller, 2001) and brand engagement (Hollebeek, 2011a, 2011b; Hollebeek et al., 2014; Patterson et al., 2006; Sprott et al., 2009; Mollen and Wilson, 2010; Van Doorn et al., 2010; Barari et al., 2021; Vivek et al., 2012) are two representative constructs in studying brand loyalty of consumer-brand relationship. Essentially, they belong to transaction loyalty and engagement loyalty.

Compared to brand loyalty (transaction loyalty) and brand engagement (engagement loyalty), the transcendence of brand realm is mainly reflected in seven aspects: (1) from a theoretical perspective, the theoretical basis of transaction loyalty is the theory of reasoned action (Fishbein, 1980) and utility theory (Thaler, 1985); it advocates the concept of "market to", and the purpose of brand marketing is to manage the market and customers. The theoretical basis for engagement loyalty is relationship marketing theory (Vivek et al., 2012), social exchange theory (Blau, 1964), and service-dominant logic (Lusch et al., 2007); it advocates the concept of "market with", and the purpose of brand marketing is to create value together with customers. In contrast, the theoretical basis of brand realm is the theory of tacit knowledge (Polanyi, 1958, 2009; Nonaka, 1994) and Zen realm theory (Hui Neng, 2013; Suzuki Teitaro Daisetz, 1998, 2013; Abe Masao, 1989; Wu Yansheng, 2011); it advocates the concept of "market inside", and brand marketing operates within customers, with the aim of achieving self transcendence and individual value advancement. (2) From a dominant perspective, transaction loyalty is brand dominant, engagement loyalty is brand dominant with consumer engagement; while brand realm is consumer dominant. (3) From a performance perspective, transaction loyalty is manifested as transactions between consumers and the brand, engagement loyalty is manifested as interactions between consumers and the brand; while brand realm is manifested as consumers internalizing the brand value. (4) From a value perspective, transaction loyalty is a form of value exchange, engagement loyalty is a form of value co creation, and brand realm is the enhancement of consumers' individual value. (5) From a relational perspective, consumers in transaction loyalty have a physical coexistence relationship with the brand, while consumers in engagement loyalty have a co creation relationship with the brand. However, consumers in the brand realm have a co cultivation relationship with the brand. (6) From a resource perspective, what consumers in transaction loyalty invest in is money, and what consumers in engagement loyalty invest in is operant resources such as knowledge, experience, technology, and networks. However, what consumers in brand realm invest in is their own body and heart. (7) From a measurement perspective, transaction loyalty mainly examines repeat purchase behaviours and commitment, engagement loyalty mainly examines voluntary and extra-role behaviours beyond transactions. Whereas, brand realm examines consumers' performance in intergenerational inheritance, physical and mental unity, cognitive enhancement, and spiritual transcendence.

There are four theoretical contributions in this study. First, it discovered that a brand ritual behaviour is a consumer behaviour that creates symbolic value, and extracted the essential characteristics that constitute brand ritual behaviors. Secondly, the concept of "brand tacit knowledge" was proposed, which supplements brand knowledge that cannot be conveyed through language, text, and concepts. Given that current research on brand knowledge is limited to brand explicit knowledge, it fills the gap in this field, and enriches the existing connotation of brand knowledge. In addition, it reveals, in the mechanism of motivation – brand ritual behaviours – psychological effects – meaning making – brand realm, the necessity of implementing brand ritual behavior to obtain brand tacit knowledge, as well as the antecedent role of brand tacit knowledge in the final formation of brand realm. Thirdly, this study fills the gap in the field of how consumer meaning making happens. It integrately examines multiple stimulating effects that create meaning, especially the effect that non-verbal cues generate meaning. Moreover, it breaks through the previous perspective of treating consumers as the objects of brand rituals, instead explores how consumers, as the subjects, receive, screen, co create, and negotiate meaning. Fourthly, this study proposes a brand construct rooted in the Eastern cultural context, i. e., brand realm. It integrates the connotations of tacit knowledge and Zen realm theory, taking a big step forward from brand loyalty and brand engagement. It not only reveals the ultimate result of the mechanism of brand ritual behaviours, but also discovers a higher-level consumer-brand relationship that differs from traditional brand loyalty.

The practical significance of this study is manifested in four aspects as follows. First, this study extracts the core characteristics of brand ritual behaviours, points out clearly core elements for the industry, which helps in the planning and design of brand rituals. Moreover, the mechanism of brand ritual behaviours reveals that it is a highly rewarding strategy that will lead to the realization of top loyalty for the brand. Secondly, it inspires of the study on the antecedents of brand ritual behaviours that most brands should try to make their customers more frequently come into sensory contact with the brand, through relevant dimensions of personal motivations and social motivations, to create conditions for initiating brand ritual behaviours, and make consumers willing to invest（especially physical and heart investment）in brands that can meet their symbolic needs. Thirdly，the results of this study indicate that brands have an important intervention pathway that stems from meaning. The lack of meaning among consumers is not irreparable. Brands can inspire people to seek more meaning in their lives，meet their needs to transcend themselves，and create conditions and space for consumers to make meaning. Brand management，by initiating，maintaining，and enhancing consumers' brand ritual behaviours，may provide a polysemous stage，for consumers to make meaning. Fourthly，this study provides a strategic mechanism and focus for brands to move towards excellence. Its focus should not be limited to how to earn consumers' monetary value through transactions，or operant resources through interactions. In addition，it should consider how to help consumers grow，transcend，and sublimate，from within consumers. In other words，brands should help consumers transform brand value into individual intrinsic value，and help consumers achieve individual value enhancement. Moreover，this process is a co-cultivated relationship that ultimately helps to achieve brand transcendence，in the process of meeting the needs of consumers who continuously achieve self-value enhancement.

As an exploratory study，there are limitations in it. First，further studies through experimental verification or quantitative analysis methods are needed. Secondly, the specific contents of meaning making need to be expanded. Thirdly, further research is needed to segment the symbolic value of brand ritual behaviours. Finally, it need to explore the strategic role of time in the process of brand ritual behaviours.

Keywords Brand Ritual Behaviour; Brand Realm; Brand Tacit Knowledge; Meaning Making; Zen Realm Theory

目　　录

图目录

表目录

第一章　绪　　论

本研究以隐性知识理论和禅宗境界论为理论基础,结合意义赋予和品牌关系的研究成果,旨在探讨品牌仪式行为的特征及其作用机制。本章介绍了本研究的基本情况,指出了研究背景在政策与社会、市场以及企业界的体现;研究目的在于深入考察品牌仪式行为的特征、相关构念与作用机制;研究的主要问题在于探索品牌仪式行为的价值、它与意义的相关性、以及它实现深层次忠诚的相关效应;研究内容包括发现了动机—品牌仪式行为—心理效应—意义赋予—品牌境界的作用机制,以及相关构念及其效应;研究思路是围绕提出的问题,通过文献综述和理论挖掘,结合半结构深入访谈、扎根理论分析与参与式观察等研究方法,探索相关构念与作用机制;研究创新点在于提出了"品牌隐性知识"、描述了"意义赋予"的发生维度、发现了品牌境界及其实现机制。

第一节　研究的背景与目的

一、研究的背景

(一) 政策与社会背景

2014 年 5 月,习近平提出"推动中国制造向中国创造转变、中国速度向中国质量转变、中国产品向中国品牌转变"的"三个转变"重要指示精神。2015年，我国发布《中国制造2025》战略，2016年6月，我国发布《关于发挥品牌引领作用推动供需结构升级的意见》。经过了漫长铺垫，国务院批复自2017年起，将每年的5月10日设立为"中国品牌日"。该节日的设立具有强烈的仪式感，它象征着国家层面充分重视和强调品牌建设的重要性，有利于共同营造品牌成长的社会氛围和市场环境，对内有助于满足国民对品牌的消费需求，对外具有拓展中国品牌的社会价值与民族形象的象征意义。它昭示着讲好中国故事、培育中国自主品牌，已成为历史的使命和时代的主流。

我国在经过数年高速的经济增长之后，目前在诸多领域出现了较为严重的内卷化现象。内卷化最早出自1963年人类学家格尔茨的著作《农业的内卷化》，当一种社会或文化模式发展到一个确定形式后，便停滞不前，或者无法转化为更高一级模式的情况。人们努力而忙碌，却不知道从何时起，越来越难以看到努力的成果，找寻不到生活的意义，忧郁、焦虑、烦躁、情绪低落……这些使人们产生了严重的精神内耗。一些心理学家发现，仪式的缺乏给现代人类带来一系列严重的后果，"如抑郁症、肥胖症、酒精依赖、毒品上瘾等（洛蕾利斯·辛格霍夫，2009）"。显然，这种社会发展背景为"仪式"、"仪式感"酝酿成为当今的市场热点，提供了适宜的培育土壤。

人们除了重视仪式在现实生活中的运用，形式多样的在线仪式亦逐渐发展起来。随着人们的消费行为越来越多地发生在线上，电子形态的仪式行为层出不穷。例如，网络纪念、虚拟礼物、电子红包等现象。消费者们在互联网上重新构建区别于现实生活的身份、角色和意义，甚至在互联网中不同的平台上也存在着不同的自我建构，消费者们选择在不同的社交领域展示不同的自我人设。不少新兴品牌敏锐地察觉到该趋势，实现了成功的仪式营销。例如，奶茶品牌"一点点"等在网络社群中集聚了大量粉丝，通过社群互动不断更新饮用仪式（李慧，2020）。网红奶茶"喜茶"隐藏菜单在小红书上被粉丝广泛讨论，传统的礼物赠送仪式在网络赠礼网站即可实现。鉴于此，蒋原伦（2009）考察了电子贺卡和网上拜年等"电子时代的民俗"。徐翔（2011）提出了在线仪式，即在互联网上通过网络媒介进行的仪式性事件与行动。

（二）仪式应用

在中国，消费者们日益看重消费中的仪式，打造"仪式感"成为普通消费者提高生活质量的一个常用词。中老年消费者热衷于茶道、花道、香道、抄经、下午茶、品酒、抽雪茄、游艇趴等，而年轻消费者更是发展出了剧本杀、私人影院、换装餐厅、野餐露营等具有仪式特征的消费类型。

近年来，仪式在我国企业界得到了广泛运用，例如，交房仪式、交车仪式、甚至装修仪式，成为商家较为时髦的营销手段。在现实中，"大多数品牌仪式如创造节日、仪式化场景塑造等，均是由品牌发起，用于增强消费者参与、建立互动和联系的营销手段（卫海英等，2020）"。例如，在快速消费品品牌中，奥利奥饼干有"扭一扭、舔一舔、泡一泡"的仪式，科罗娜有在啤酒瓶口放青檬片的仪式，农夫山泉农夫果园有"喝前摇一摇"的仪式，益达有

"两粒在一起,才最好"的仪式。在奢华酒店品牌里,瑞吉(St. Regis)独树一帜的马刀削香槟仪式成为消费者入住的必选体验之一,而嘉佩乐(Capella)设置的"太极启辰仪式"和"海上丝绸之路入夜仪式"增添了消费者住店的愉悦度。在电商领域,以天猫为首的平台打造出了"双 11"、"双 12"以及"99 划算节"等消费节日,成为电商屡屡打破销售记录的重要时机。

的确,品牌仪式是对抗信息化社会中信息超载的利器(Raj,2012)。大量乃至过量的信息会导致消费者倦怠,缺乏接受的意愿和能力。在这种情况下,消费者只愿意、也只能够记住简单的信息,甚至简单到一个或者几个动作。例如,农夫山泉为避免采用繁琐枯燥的文字陈述果汁饮料里的沉淀物问题,通过设计"农夫果园,喝前摇一摇"的品牌仪式,使它在短时间内得到了消费者的接受、传播、甚至二创,使其果汁饮料迅速跻身一流产品。

此外,品牌商运用仪式能产生极高的溢价。同样的产品,如果作为仪式的象征物出售,价格会出现惊人的飙升。根据钛媒体(松果财经,2022)报道,在外卖平台上,11 支装的红玫瑰原价 158 元,而情人节这一天的价格却上涨到 298.8 元。与此同时,ROSEONLY 永生玫瑰十二星座价格为 1314 元,永生花音乐球礼盒价格高达 2999 元,野兽派的一款永生花音乐盒也在 1600 左右。在小红书上,价格超过五位数的永生花品牌比比皆是。

(三) 品牌仪式战略

仪式除了在消费社会中广泛存在,还应用于生产过程、企业内部管理以及与友商竞争。比如,在广告公司中,助力商业广告的内部开发(Malefyt和Morais,2010);在消费中,仪式有助于将食物准备和消费组织在一起(Farb和Armelagos,1980);企业可以运用圣诞节神话作为中介(Miller,1995);在日本文化中,成为一种消费者的消费模式(Moeran和Skov,1995);还"通过盛宴体现物质丰富"来庆祝感恩节(Wallendorf和Arnold,1991,p. 13)。而且,仪式还可以调节消费活动,如旅行和旅游(Graburn,1977,1983;MacCannell,1976),以及在当地的节日、旧货交换会、餐馆和博物馆进行买卖双方的交换(Belk等,1989)。

对于品牌商而言,品牌一般通过定价、讲故事和提高体验等战略来实现差异化营销与定位。从这个角度而言,"仪式"也可以被理解为一项竞争性战略工具,品牌仪式足以成为差异化营销的一种新的战略。一个品牌时刻面临着被许多其他品牌所替代的风险,而那些采用品牌仪式作为营销战略的品牌,则具备了较多的竞争优势。多项研究表明品牌可以通过"仪式"获得神圣的地位(Sharma等,2017)。在旅游业与酒店业,仪式竞争的影响尤为明显(Sawyer,1997)。例如,不同的品牌酒店设计不同的入住仪式、晨间仪式和开床仪式,以此与其他品牌实现差异化。此外,供应商/零售商为消费者举办各种仪式(Otnes等,2013),如VIP客户酒会、茶会、香会等。这些仪式都成为品牌关系营销的一部分,强化了品牌与客户之间的纽带(Cayla等,2013)。Sharma等(2017)所调查的几乎所有的品牌管理人都反映,仪式很重要,但是他们却没有任何机制可以用来了解仪式是如何影响商业绩效的。

此外,仪式的运用还成为数字营销过程中打造品牌差异化的主要战略,尤其在时下盛行的短视频和直播中得到了较多的运用。例如,网红们设计了一个或数个象征性动作(结合音效和镜头运用),在每个视频制作过程中穿插其中或者置于首尾;这使他们有别于竞争者,在信息汪洋之中具备独特的识别性。

二、研究的目的

对于消费者而言,品牌仪式可以实现诸多消费功能:其一,省时。实施一项容易重复的仪式,比需要学习一组全新步骤的产品更加省时。消费者最快的解决方法就是用以前用过的方式。其二,疗愈。现代生活快速、混乱和带来创伤,尤其这两年来新冠疫情突然爆发和持续变异,这些外部的不确定性易使消费者产生了焦虑、急躁和不安全感。例如,Murray 等(2020)指出,新冠疫情导致了"昼夜节律紊乱(circadian disruption)"等一系列心理健康问题,而维持日常惯例可以实现稳定情绪的作用。在此意义上,品牌仪式能给消费者提供了一种确定性和秩序感,它使消费者可以隐遁在一片熟悉的避风港之中,从中寻找到慰藉和庇护。

品牌仪式作为品牌研究领域的一个专门构念,目前对它的研究尚处于肇始期,研究成果较为匮乏。本研究受到 Raj(2012)的启发,他指出品牌仪式会使消费者达到最深层次的、最可持续性的忠诚,在这个层次,特定的品牌成为消费者仪式的一部分。品牌为了强化与消费者之间的情感链接,会努力让消费者理解自身产品在复杂的意义网络(诸如使用意义、场合意义和生活意义)中所扮演的角色(Durgee,1990)。品牌仪式有利于建立较强的竞争壁垒,因为它会让消费者形成反射性选择,不仅强化了顾客的顺从,减少了顾客的抱怨,而且会使其忽略价格、产品、质量与体验等问题(Otnes 等,2012)。基于此,本研究拟对该效应的作用机制做更为深入的探索。

第二节　研究的问题与内容

一、问题的提出

关于近来消费仪式日渐盛行的现象,或许可以用马斯洛的需求层次理论加以阐释。随着经济的不断发展,消费者满足了必需的、功能性的需求之后,必然会出现消费升级的现象。换言之,其他需求都是以功能性需求得到满足为前提的。的确,该理论对于绝大多数的消费现象,具有相当程度的解释力。

但是,还有一些消费现象,例如仪式性消费现象,用马斯洛的需求层次理论并不能得到完全充分的解释。为了突出无法解释的问题所在,暂举一个典型而极端的例子——非洲刚果的"萨普(Sapeur)"现象:"萨普们"住在棚户区、饿着肚子,却会攒钱买上一身意大利或法国一线品牌的服饰和鞋履,走在肮脏破败的街道上,为的是收获频频回头的注目礼。这俨然成了他们在劳累的工作之余的一场仪式。

斯坦福大学的一项最新研究成果为解释此类现象提供了思路与佐证。根据 Beyer(2022),在《情感》(《Emotion》)杂志上,

Aaker 及其合作者发现,意义对于收入较低的人比拥有更多经济来源的人而言,更能预测出幸福感。换句话说,钱多的人可能会更幸福,但钱少的人认为幸福与意义感有关——他们的生活有目的、价值和方向的信念。Aaker 等人的研究显示,意义对富人也有重要影响,有意义感比只有幸福感能带来更持久的安乐。此项研究成果得到了全球六大洲 123 个国家的 50 多万人的数据支持。这篇新论文中的研究是相关性研究,所以作者不能说是意义带来幸福,还是幸福带来意义。但是,他们假设其中一个在推动另一个方面发挥了作用。Aaker(Beyer,2022)说:"与其他研究一致,成功找到意义的人同时体验到意义和幸福,但是没找到意义的人并不幸福。"研究人员提出了一些可能性,来解释为什么对于收入较低的人来说,意义与幸福的相关性更强。Aaker(Beyer,2022)说:"经济拮据可能会造成这种实际的和情感上的压力,以至于人们不得不试图给自己的处境赋予意义。"

显然,除了提供功能性价值之外,品牌仪式行为还能给消费者带来其他价值,这是一种什么类型的价值?它与意义具有怎样的相关性?它是否有助于实现最深层次的、最可持续性的忠诚?它的作用机制是怎样的?

二、研究的内容

本研究以品牌仪式行为作为研究对象,通过扎根理论的研究方法,借鉴隐性知识理论和禅宗境界论,汲取品牌忠诚和品牌参与的研究成果,发掘出了可以阐释这类现象的作用机制:动机—品牌仪式行为—心理效应—意义赋予—品牌境界的作用机制。该机制合理地阐释了品牌仪式行为产生的个人动机和社会动机,还发现了品牌仪式行为所产生的后效即心理效应,以及以意义赋予为中介,最终将有助于实现品牌境界。

（一）梳理品牌仪式研究的核心议题,明确本研究的对象

本研究通过文献回顾,梳理了关于仪式、品牌仪式的理论文献和实证文献,爬摸了相关理论、内涵、特征与效应,厘清了研究现状中的主要成果与缺口,明确了以品牌仪式行为为研究对象。并且,通过掌握历史发展趋势和理论对比的结果,确定了适宜本研究的仪式内涵。根据目前文献,仪式发展呈现"从神圣走向日常"的历史发展趋势。它主要有七种代表性的仪式理论,即作为功能的仪式、作为过渡的仪式、作为表演的仪式、视为权力的仪式、视为具身的仪式、视为互动的仪式以及作为象征的仪式。

本研究认为"作为象征的仪式"汲取了营销领域的研究成果,适合本研究的问题与目的,也适合仪式的发展趋势。因此,品牌仪式行为本质上是具有象征性的行为,它表达特定的、与品牌相关的意义和情感。它包括三个维度:隐喻性（相似性、引申性）、重复性（程式性、复制性）、情感性（传达情感、激发情感）。其中,隐喻性指品牌仪式表达特定的象征意义,它来源于 Rook (1985)仪式理论的提炼。重复性指品牌仪式是复制特定的一套程序,它来源于任何一场仪式活动都具有固定的、清晰的特定程序(Mead,1956)以及 Cheal(1992)的复制仪式(rituals of reproduction)。情感性指品牌仪式引发特定的情感,它来源于仪式从个人那里引出特定的思想和情感(Mead,1956)。

（二）考察品牌仪式行为的个人动机与社会动机，填补研究缺口

本研究首先充分考察了关于仪式和品牌仪式的动机的研究成果，发现目前文献对仪式的动机研究比较丰富，但是对品牌仪式的动机研究不够全面和深入。通过扎根理论研究，本研究探寻了品牌仪式行为的动机，归纳为个人动机和社会动机。其中，个人动机分为情感动机、认知动机和追求感官刺激；社会动机梳理出了三个维度：社会文化、情境因素和转型因素。

具体而言，个人动机指消费者从事品牌仪式行为是受到个人内在的特定因素所驱动。社会动机指消费者从事品牌仪式行为是受到社会外在的特定因素所驱动。在分析过程中，借鉴并丰富了 Tauber(1972)开发的许多购买动机。本研究发现，参与品牌仪式行为的消费者并不主要受到某种产品的功能性需求所驱动，而是受到个人内在的和社会外在的特定因素所驱动；其中，象征性需求的特征较为明显。

（三）探讨从品牌仪式行为到品牌境界的作用机理

通过扎根理论研究，本研究探索了品牌仪式行为作用机制：动机—品牌仪式行为—心理效应—意义赋予—品牌境界。由此可见，品牌仪式行为产生的直接后效是心理效应，它表现为：品牌显性知识内化（品牌信息接收、识别品牌高识别度呈现、仪式规范摄入）、品牌隐性知识领会（品牌隐喻、身体学习、品牌内核）、品牌情感体验（情绪感染、情感释放）。

其中，品牌显性知识内化是指消费者摄入用语言和文字明确表达和传递的品牌知识，它借鉴了仪式理论（Rook，1985）和

内化理论(Deci 等,1994)。品牌隐性知识领会是指消费者掌握无法用语言和文字表达和传递的品牌知识,它借鉴了隐性知识理论(Polanyi,1958,2009;Drucker,2018;Nonaka,1994)。品牌情感体验是指品牌仪式行为触发相应的消费者情感,它借鉴了品牌体验的研究成果,它是品牌体验的一个维度(Brakus 等,2009)、或一种类型(Schmitt,1999),也是消费体验的一个常见元素(Hirschman 和 Holbrook,1986)。

需强调的是,品牌隐性知识填补了品牌知识的空白。本研究通过运用隐性知识理论,经过扎根理论分析,提出了品牌隐性知识的范畴。品牌隐性知识是无法通过语言、文字和概念来表达和传播的,但是它可以通过象征性行为例如品牌仪式行为来表达和传递,消费者通过体会和练习才能获得。品牌隐性知识对于实现品牌知识向消费者智慧的转变发挥了重要的前因作用。本研究发现品牌隐性知识是一种身体学习,只有通过领悟和练习(Drucker,2018)才能获得。相较之,品牌广告等只能有效地表达和传递品牌显性知识,而消费者要想获得品牌隐性知识,通过品牌仪式行为是一条重要的实现路径,它最终有助于消费者主体的智慧悟出。

消费者产生了心理效应之后,通过"意义赋予",最终实现品牌境界。现有的关于意义的文献主要考察了意义的分类和内容,尝试解释不同的仪式产生了哪些意义(例如,Wallendorf 和 Arnould(1991)考察了感恩节的主位意义(emic meaning)与客位意义(etic meaning))。但是,在意义如何发生的问题上缺乏有力的文献支持,意义赋予如何发生是一个重要而空白的领域。本研究继承和发展了 Allen 等(2008)关于消费者作为品牌意义的共创者的研究成果,结合当代消费者发展的新动向,确立了消费者意义赋予的发生情况。通过扎根理论分析,本研究剖析了消费者"意义赋予"的发生维度:意义确认(认知匹配、身体匹配、情感认同)、意义投射(自我表达、能力体现、情感投射)、意义扩展(向外融合、个性化、演绎)与意义协商(排斥、异化诠释、品牌缺憾、做减法)。其中,意义确认是消费者理解并认可品牌意义。意义投射是指消费者进行自我的外化。意义扩展是指消费者基于品牌意义进行的拓展。意义协商是指消费者做出不同于品牌意义的评价和行为。它们继承和拓展了 Allen 等(2008)关于消费者作为品牌意义的共创者与反向品牌意义的创造者的论述。

(四) 借鉴禅宗境界论,提出品牌境界

通过半结构访谈和扎根理论分析,本研究发现了品牌仪式行为作用机制的最终结果是实现品牌境界。品牌境界形成了具有东方意境的消费者—品牌关系,即消费者通过与品牌的共修,促成代际、行为、认知和精神上的升华,实现了自我价值的提升,达到消费者—品牌关系极致紧密的一种状态。品牌境界的提出借鉴了中国禅宗境界论(慧能,2013;铃木大拙,1998,2013;阿部正雄,1989;吴言生,2011)和隐性知识(Polanyi,1966,2009;Drucker,2018;郁振华,2022)的理论内涵。品牌境界包括品牌代际传承(代际传统相传、品牌产品传家)、消费者—品牌合一状态(品牌体感养成、人器合一、共鸣)、智慧悟出(烦恼消除、洞察力、专业直觉)以及浑然忘我(品牌优先、废寝忘食)。品牌境界具有四个特征:引渡性、修炼性、内显性和超越性。

品牌境界具有创新性,在于它超越了营销学领域里的品牌忠诚(Tellis,1988;Newman 和 Werbel,1973;Oliver,1997,1999;Keller,2001)和品牌参与(Hollebeek,2011a,2011b;Hollebeek 等,2014;Patterson 等,2006;Sprott 等,2009;Mollen 和 Wilson,2010;Van Doorn 等,2010;Barari 等,2021;Vivek 等,2012),实现了更高形式的消费者—品牌关系。品牌忠诚和品牌参与是研究消费者—品牌关系中研究品牌忠诚具有代表性的两个构念,从本质而言,它们分属交易忠诚和参与忠诚。品牌境界作为一种新型的消费者—品牌关系状态,相较于品牌忠诚(交易忠诚)和品牌参与(参与忠诚),品牌境界的超越性主要体现为以下七个方面(参见表 5.1):

(1) 从理论基础而言,交易忠诚的理论基础是理性行为理论(theory of reasoned action)(Fishbein,1980)、效用理论(utility theory)(Thaler,1985);它倡导的是"向市场(market to)"的理念,品牌营销的目的是管理市场和顾客。参与忠诚的理论基础是关系营销理论(Vivek 等,2012)和社会交换理论(Blau,1964)、服务主导逻辑(Lusch 等,2007);它倡导的是"与市场(market with)"的理念,品牌营销的目的是与顾客共创价值。相较之,品牌境界的理论基础则是隐性知识理论(Polanyi,1958,2009;Nonaka,1994)和禅宗境界论(慧能,2013;铃木大拙,1998,2013;阿部正雄,1989;吴言生,2011);它倡导的是"内市场(market inside)"的理念,品牌营销作用于顾客内在,目的在于实现顾客的自我超越与个体价值提升。(2)从主导角度而言,交易忠诚以品牌为主导,参与忠诚以品牌为主导、消费者参与,而品牌境界则是以消费者为主导的。(3)从表现角度而言,交易忠诚表现为消费者与品牌进行交易,参与忠诚表现为消费者与品牌进行互动,而品牌境界则表现为消费者将品牌的客体价值进行主体内化。(4)从价值角度而言,交易忠诚是一种价值交换,参与忠诚是一种价值共创,而品牌境界则是消费者的个体价值获得提升。(5)从关系角度而言,处在交易忠诚的消费者与品牌是一种物理共存关系,处在参与忠诚的消费者与品牌是一种共同创造关系,而处在品牌境界的消费者则与品牌是一种共同修炼的关系。(6)从资源角度而言,处在交易忠诚的消费者投入的是金钱,处在参与忠诚的消费者投入的是操作性资源(operant resources)如知识、经验、技术和人脉,而处在品牌境界的消费者投入的则是自己的身体与心灵。(7)从衡量角度而言,交易忠诚主要考察重复购买行为与承诺,参与忠诚主要考察超越交易的、无偿的、角色外行为,而品牌境界则考察消费者在代际传承、行为合一、认知提升和精神超越方面的表现。

第三节　研究思路与研究方法

一、研究思路

本研究遵照"揭示现象→探寻原因→归纳理论"的思路,探讨品牌仪式行为产生心理效应、通过意义赋予形成品牌境界的实现机制。本研究依据 Gioia 等(2013)方法的一般原则,包括以下步骤:(1)研究设计:选择"如何(how)"型研究问题,重点在于揭示概念之间的关系,并以开放的态度考察现有文献;(2)数据收集：让受访人用自己的话谈论感兴趣的现象；(3)数据分析：初始数据编码以保存受访人真实的声音，二阶编码以获得更抽象的、以理论为中心的主题和维度，并组合成数据结构；(4)扎根理论表达：在数据结构中形成二阶概念之间的动态关系，并将理论与文献联系起来。本研究的基本思路，参见图1.1。

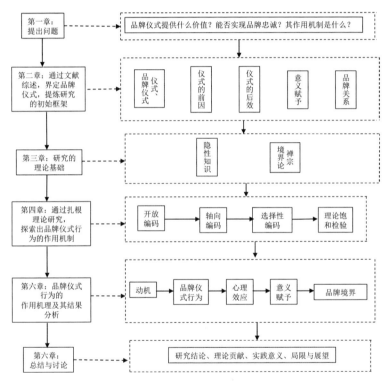

图 1.1　本研究的基本思路图
资料来源：作者整理

　　首先，本研究通过回顾关于仪式、品牌仪式的理论文献和实证文献，考察现有研究的成果与缺口，确定了本研究的研究对象与核心构念。

其次,结合预访谈和参与式观察的成果,提炼了一个研究品牌仪式的初始框架,如图 1.2 所示。该初始框架仅仅作为扎根理论研究的研究起点和背景参照,并非一个已定的理论模型。它会根据扎根理论研究的开展不断地加以修改,它是免于因隔绝的理论发展造成知识丢失和知识孤立的风险而设置的。

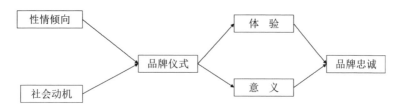

图 1.2　研究品牌仪式的初始框架
资料来源:作者整理

根据 Goldkuhl 和 Cronholm(2010),在扎根理论研究的理论化过程中,将不断发展的理论与已有的研究联系起来至关重要。现有理论可以作为由经验数据构建新涌现理论的基础。一些研究人员(例如,Bruce,2007;Kelle,2005;Seaman,2008)曾经在扎根理论中使用先验理论,并主张应让先验理论在数据分析和理论生成中产生比以往更多的影响。Bruce(2007,p. 2)认为,"定性研究也有指导数据收集和分析阶段的理论预期"。Seaman(2008,p. 14)主张,"现有理论的使用应该扩大了而不是限制了分析的可能性"。因此,根据 Goldkuhl 和 Cronholm(2010),理论的生成和扎根之间是相互作用的,它们平行运作。相互作用的一种方式是使用前台(foreground)概念和背景(background)概念。理论的生成和扎根过程既是一个创造性的过程,也是一个检验的过程。鉴于此,本研究将图 1.2 的初始框架仅仅作为背景参照,而在扎根理论研究过程中比较和判断理论时,可能会出现新的见解,最终会对该初始框架加以修正。

然后,本研究完成了 32 次半结构的深度访谈,对访谈数据的分析遵循了扎根理论研究的程序:开放编码——轴向编码——选择性编码——理论饱和度检验。通过循环研究的过程,不断地验证、修正和补充早期的初始框架。最终,得出一个完善的理论模型(见图 4.2),探索出了品牌仪式行为的作用机制:动机—品牌仪式行为—心理效应—意义赋予—品牌境界的作用机制。

接着,本文借鉴了隐性知识的理论成果,用来考察品牌仪式行为的后效:心理效应,形成了一个新的构念:品牌隐性知识。同时,借鉴了禅宗境界论(慧能,2013;铃木大拙,1998,2013;阿部正雄,1989;吴言生,2011)的理论成果,用来阐释和支撑本研究的主题和效应,形成了品牌境界的构念。

最后,本书探讨了品牌仪式行为、品牌隐性知识和品牌境界的理论意义和实践意义、研究局限性以及进一步研究的方向。

二、研究方法

本研究基于禅宗境界论和隐性知识理论,是一项关于品牌仪式行为通过意义赋予实现品牌境界的探索性的质性研究。仪式影响人们的思想与精神层面(Rook,1985),而这些难以通过问卷法加以测量。Rook(1985)指出,研究消费者的仪式行为需要研究者尝试更全面的、质性的方法。质性研究可以更好地记录人们难以直接描述的感受,它更适合仪式研究的特点。

质性研究是一种对多重现实进行探究和建构的过程,在此过程中,研究者将自身投入到实际发生的事情之中,以此来探究"局内人"的生活体验和意义(Maxwell,1996)。质性研究的目的并不在于验证或推论,而在于探索深奥、抽象的经验世界的意义(Strauss 和 Corbin,1998)。质性研究主要采用"参与式观察(Participant Observation)、深度访谈(Intensive Interview)、现象学、解释学等方法",强调研究者与被研究者之间的接触与互动,"通过'深描'(Thick Description)来建构扎根理论"(冯健和吴芳芳,2011)。因此,本研究结合了文献研究法、扎根理论研究、半结构的深度访谈和参与式观察法等质性的研究方法,对研究主题与效应进行了深入的探索。

(一) 文献研究法

本研究的文献研究分为三大部分工作。

第一部分是检索、整理过去十年的中、英文实证文献。英文文献检索主要通过 Web of Science、ABI 商业信息全文数据库(Abstracts of Business Information /INFORM Global)、EBSCO 等主要数据库进行检索。中文文献搜集主要通过"中国知网"数据库进行检索。检索所采用的关键词主要包括:仪式、品牌仪式、意义、意义赋予、境界、品牌境界、价值、象征价值、隐性知识等,以及这些关键词的复合组合检索。

本研究的检索与筛选方法参照了 PRISMA 条例(Moher等,2009)的流程。首先,根据标题的相关性,剔除不相关文献;然后,对剩余的文献,根据论文摘要的相关性,剔除不相关文献;接着,对剩余的文献,根据论文全文内容的相关性,剔除不相关文献。最后,再对剩余的文献进行内容分析,研究者进行阅读、分类和提炼。并且,在对文献库存进行深入阅读的过程中,根据重要文献的参考文献,再不断补遗增加十年前的研究成果。这一阶段的文献研究成果在于,梳理前人的研究成果,整理相关变量及其效应,排查出研究的热点领域、薄弱领域和空白领域,从而初步确定了本研究的自变量和因变量。

第二部分是考察相关的理论文献。根据研究主题,排查文献库存中所采纳过的各种理论,通过比较研究,考察它们的优势和不足,探索出适用于本研究的基础理论。进而,深入阅读本研究的基础理论的代表著作和相关应用性论文,探索出了考察本研究相关变量的理论突破口。

第三部分是挖掘相关的中外史料。鉴于本研究主题具有悠久的历史渊源,因此纵向考察了它的中外历史发展脉络,定位了研究对象在当前的形态,推断了未来的发展趋势。同时,发现了有助于启发本研究的经典案例与历史实践,进一步提炼、验证和反刍了本研究的理论视角。

（二）扎根理论方法

扎根理论（Grounded Theory）由美国学者 Glaser 和 Strauss 于 1967 年提出,是质性研究的重要理论和方法组成。目前,扎根理论是社会科学领域中广泛应用于分析定性数据的方法。扎根理论"最适用于尝试理解行为人从主体互动经验中建构行为意义的研究（Suddaby,2006）"。Hammersley（1990）认为,扎根理论方法相对规范统一,是质性研究中最为科学的一种研究方法。并且,扎根理论研究方法的适用性已在 Journal of

Marketing、Journal of Business Research 等国际权威期刊的诸多研究成果中得到了验证和认可。

本研究采用扎根理论的方法进行了质性研究,完成了从"品牌仪式行为"到"品牌境界"的理论路径构建和作用机制分析。扎根理论作为质性研究的一种方法,适用于在对现象了解不足的情况下,基于经验资料,以数据为基础,形成和建构新的阐释理论,以此揭示研究领域的本质过程。因此,对于某些尚未得到充分阐释的新问题与新现象,采用该方法有利于理论归纳和升华。迄今为止,品牌仪式行为缺乏较为完整而实用的理论观察与阐释,因此适合于采用扎根理论的方法进行探索性的研究。扎根理论的核心步骤主要是"开放编码—轴向编码—选择性编码—理论饱和度检验",以此建构理论和模型。

在扎根理论的正统形式中,它规定了从经验数据生成类别的严格的归纳方法。"扎根的理论是从数据中推导出来的,然后通过数据的特征示例加以说明"(Glaser 和 Strauss,1967,p.5)。在编码过程中应避免使用既定的理论类别。根据伍威·弗里克(2021),在循环式的扎根理论研究中,研究者对经验研究和数据采取"开放性原则(principle of openness)"的态度,这意味着研究论题的理论结构化被推迟,直到它通过被研究人员自行'浮现'出来为止"(Hoffmann-Riem,1980,p.343)。

但是,关于扎根理论使用者应该摆脱假设以便使研究领域的"真实性"显现出来的规则,一直存在争议。一直以来,扎根理论使用者们广泛地讨论了现有理论的影响问题(例如,Bruce,2007;Kelle,2005;Mills 等,2006;Seaman,2008)。并且,一些研究人员

（例如，Goldkuhl 和 Cronholm，2010）曾经在扎根理论中使用先验理论，并主张应让先验理论在数据分析和理论生成中发挥比以往更多的作用。Goldkuhl 和 Cronholm（2010）指出，正统扎根理论不愿引入既定理论会导致知识的丢失。在理论发展过程的某些阶段，使用既有理论可能会给我们带来灵感，也可能会挑战一些抽象概念。还有一种可能是将经验发现和抽象概念与其他理论进行比较和对比。此外，在单纯的归纳抽象过程中，还明显的存在一种隔绝知识的风险。隔绝的理论发展也意味着存在非累积理论发展的风险。Goldkuhl 和 Cronholm（2010）认为，在理论化过程中，将不断发展的理论与已有的研究联系起来非常重要。现有理论可以作为由经验数据构建新涌现理论的基础。

因此，Goldkuhl 和 Cronholm（2010）建议将质性研究和既定的文献相结合来发展理论框架。这意味着扎根理论研究可以积极地使用现有理论，旨在对现有理论和从新数据编码所产生的新抽象概念进行知识合成。此外，不断反思研究的兴趣非常重要。在研究问题上保持相当开放的同时，也可以持有相当明确的研究目的。因此，该研究方法能更好地保证本研究结论的可靠性。

（三）半结构深度访谈法

民族志研究包括两种了解受访者行为的方式：深度访谈与田野观察。为了提炼仪式化行为所隐含的意义，可能还需要深度的开放式访谈（Rook，1985）。深度访谈需要与被访者深入沟通，"研究者并不施加过多的引导和干预，被访者一般都可以完整、准确地表达想法，内心深处的真实意见难以隐藏，从而确保研究的信度和效度,具有较高的真实性(Authenticity)(甘露和卢天玲,2013)"。因此,半结构访谈有利于搜集到受访人较为真实自然的陈述信息和个人感受的描述。它较为适合本研究的选题内容,能够丰富研究者的素材和视野,为早期的研究框架增加新的概念。

本研究拟定了十个纲领性问题,围绕这些问题,通过深度的半结构访谈,总共收集了 32 份从事品牌仪式行为的受访人提供的图片和访谈数据。先期收集受访人的相关图片,有效地激发了访谈的自然展开与深入,有利于研究者围绕研究问题聚焦访谈。此外,实际访谈规模是以理论饱和为准的,而不是人口学意义上的"代表性",或者新的个案缺乏"额外信息"(伍威·弗里克,2021,p. 19)。

(四) 参与式观察法

仪式行为就其本质而言,许多都需要田野观察(Rook,1985)。参与式观察(Participant Observation)是质性研究的一种重要方式,最早由 Linderman(1924)提出。研究者深入到所研究对象的生活背景中,在实际参与研究对象日常社会生活的过程中所进行隐蔽性的观察,"其目的是为了直接获取研究设计所需要的分析资料(蔡宁伟和张丽华,2014)"。参与式观察法尤其适用于研究人类生活所体现的社会文化背景,"从局内人(Insiders)而非局外人(Outsiders)的视角研究事件的发展过程、人与事件的关系及组合、事件的时间连贯性和模式等(乔金森,2009)"。参与式观察主要通过长期的直接的接触和跟踪,来考察被调查者的行为、反应和思想,"由于基本采取了面对面接触的方式,而且通过了日复一日、甚至年复一年的检验,其观察和追踪得出的信度和效度要更为可靠(蔡宁伟和张丽华,2014)"。因此,该方法具有"换位思考、情感介入、发现问题、捕捉原创、得到信任等诸多积极作用(马翀炜和张帆,2005)",鉴于参与式观察较易靠近被调查者,它有利于观察到平日难以察觉的现象、"了解到'局外人'难以入场了解的问题(蔡宁伟和张丽华,2014)",以此洞悉潜在关系的真相,接近因果关系的本质。

Bryman(2004)划分了完善的观察者、观察者即参与者(更偏向观察)、参与者即观察者(更偏向参与)和完全的参与者等四类参与式观察者的身份。本研究的作者以"完全的参与者"身份亲身实践了"茶道"5 年以上、"香道"1 年以上,同时,累计参与茶会 38 次、香会 16 次;此外,还参与了多项其他类型的品牌仪式,例如,品牌商举办的抄经、品酒、打高尔夫、艺术活动和游艇趴等。通过研究者本人直接的、完全的参与、体悟、观察以及与其他参与者的多次倾谈,加深了对品牌仪式行为这一研究主题的认识。

第四节　研究的创新点

一、提出"品牌隐性知识"的范畴

本研究通过扎根理论分析,运用隐性知识理论和禅宗境界论,提出了品牌隐性知识的范畴,指不以语言和概念来表达,而以象征性行为来表达的品牌知识,消费者只有通过体会和练习才能获得。作为品牌仪式行为所产生的心理效应的一个维度,品牌隐性知识是基于象征性行为所产生的,它无法通过语言、文字和概念的表达和传播来传授给消费者。因此,消费者通过品牌仪式行为有望获得品牌隐性知识。

此外,品牌隐性知识在实现品牌境界方面发挥着重要的前因作用。品牌仪式行为借助品牌显性知识加以说明,消费者发生品牌仪式行为时会产生相应的品牌情感体验,并领会到品牌隐性知识。当消费者通过品牌仪式行为内在地产生心理效应之后,了解了品牌意义,随后再经由消费者意义赋予的过程加以外化,最终促成消费者将品牌知识转化为个人主体智慧,有望实现品牌境界。

本研究通过对品牌仪式行为的考察,发现了品牌隐性知识是一个新范畴,并且确定了它的三个维度:品牌隐喻、身体学习、品牌内核,它丰富了品牌知识的现有内涵。根据目前的研究成果,对于品牌知识的研究主要集中在显性知识的细分领域,例如记忆中品牌痕迹、品牌属性、品牌关联内容等,这些知识都是可以通过语言、图片和视频进行显性传播的。但是,无法通过语言和文字进行传播的隐性知识在品牌知识中缺乏界定和考察。而隐性知识(Polanyi,1958,2009;Nonaka,1994)却只有通过领悟和练习(Drucker,2018)才能获得。它对于品牌知识应当如何更加有效地、多元地影响消费者,以及企业如何将品牌隐性知识作为一个品牌战略工具来使用提供了新的启发。此外,品牌隐性知识对于如何深入地理解东方文化情境的市场,如何加深理解品牌知识的有效传播,具有理论贡献和实践意义。

二、描述"意义赋予"的构成

首先,从目前的文献看,我们确实了解了很多关于如何从单个线索诸如颜色、标识、音乐、声音、字体、视觉修辞和风格、包装以及嗅觉、味觉和触觉等感官元素来推断意义的知识。但是，正如 Batra（2019）所指出的，我们需要研究更多类型的创造意义的刺激，它们的效应需要更完整地加以整合。并且，我们需要更多地了解非语言的线索所产生的意义，最重要的是，多个线索如何共同创造一致的配置，从而极大地促进品牌传递意义和消费者获取意义。更重要的是，学术界在研究消费仪式时绕不开地关注到了意义。例如，Wang 等（2021）探讨了仪式行为增加生活的意义，减少孤独。具体到品牌仪式后效的研究中，专门考察意义的成果寥寥（McCracken，1986）。

其次，诸多探讨意义的文献，是从品牌传递意义的角度入手的，即把消费者看成品牌作用的客体，却很少研究对于消费者作为主体是如何接收以及赋予意义的。基于价值共创时代的到来，消费者不再被视为被动的、消极的意义接收器，而是价值共创者，他们会积极地、主动地筛选意义和共创意义。现有的文献考察了较为丰富的意义内容，尝试解释不同的仪式产生了哪些意义（例如，Wallendorf 和 Arnould（1991）考察了感恩节的主位意义（emic meaning）与客位意义（etic meaning））。但是，在意义如何在消费者身上发生的问题上缺乏文献支持，意义赋予如何发生是一个重要而空白的领域，尤其从消费者的角度考察意义赋予的发生情况，特别具有理论和实践意义。

最后，本研究剖析了"意义赋予"的发生维度：意义确认、意义投射、意义扩展与意义协商。从这方面来看，本研究以品牌仪式行为为突破口，尝试从消费者的角度，考察了他们通过品牌仪式行为获取/传递的意义时可能发生的行为规律。而这些意义赋予的一个有益的结果将是帮助消费者最终实现品牌境界。

三、发现"品牌境界"及其实现机制

本研究经过扎根理论分析,发掘了一个具有创新性的构念:品牌境界。其中,"境界"的内涵是从禅宗境界论(慧能,2013;铃木大拙,1998,2013;阿部正雄,1989;吴言生,2011)的经典论述中汲取而来的。同时,品牌境界参照和发展了营销学中的交易忠诚(Tellis,1988;Newman 和 Werbel,1973;Oliver,1997,1999;Keller,2001)和参与忠诚(Van Doorn 等,2010;Barari 等,2021;Vivek 等,2012)的构念,用境界的丰富内涵补充并超越了交易忠诚和参与忠诚的内涵。基于此,本研究提出了品牌境界的构念,并提炼了它的四个范畴——品牌代际传承、消费者—品牌合一状态、智慧悟出、浑然忘我。

本研究最终发现了一种新的消费者—品牌关系的状态。与交易忠诚和参与忠诚相比,相同之处在于:品牌境界也是对消费者—品牌关系的一种描述,它也同样具有品牌忠诚度和品牌参与度。但是,较之前两者,品牌境界主要有七方面的超越:

(1)从理论基础而言,交易忠诚的理论基础是理性行为理论(theory of reasoned action)(Fishbein,1980)、效用理论(utility theory)(Thaler,1985);它倡导的是"向市场(market to)"的理念,品牌营销的目的是管理市场和顾客。参与忠诚的理论基础是关系营销理论(Vivek 等,2012)和社会交换理论(Blau,1964)、服务主导逻辑(Lusch 等,2007);它倡导的是"与市场

(market with)"的理念,品牌营销的目的是与顾客共创价值。相较之,品牌境界的理论基础则是隐性知识理论(Polanyi,1958,2009;Nonaka,1994)和禅宗境界论(慧能,2013;铃木大拙,1998,2013;阿部正雄,1989;吴言生,2011);它倡导的是"内市场(market inside)"的理念,品牌营销作用于顾客内在,目的在于实现顾客的自我超越与个体价值提升。

(2) 从主导角度而言,交易忠诚以品牌为主导,参与忠诚以品牌为主导、消费者参与,而品牌境界则是以消费者为主导的。

(3) 从表现角度而言,交易忠诚表现为消费者与品牌进行交易,参与忠诚表现为消费者与品牌进行互动,而品牌境界则表现为消费者将品牌的客体价值进行主体内化。

(4) 从价值角度而言,交易忠诚是一种价值交换,参与忠诚是一种价值共创,而品牌境界则是消费者的个体价值获得提升。

(5) 从关系角度而言,处在交易忠诚的消费者与品牌是一种物理共存关系,处在参与忠诚的消费者与品牌是一种共同创造关系,而处在品牌境界的消费者则与品牌是一种共同修炼的关系。

(6) 从资源角度而言,处在交易忠诚的消费者投入的是金钱,处在参与忠诚的消费者投入的是操作性资源(operant resources)如知识、经验、技术和人脉,而处在品牌境界的消费者投入的则是自己的身体与心灵。

(7) 从衡量角度而言,交易忠诚主要考察重复购买行为与承诺,参与忠诚主要考察超越交易的、无偿的、角色外行为,而品牌境界则考察消费者在代际传承、行为合一、认知提升和精神超越方面的表现。

本研究还发现了品牌境界的实现机制。通过把品牌仪式行为作为考察对象，发现了动机—品牌仪式行为—心理效应—意义赋予—品牌境界的作用机制，该机制最终促成品牌境界的实现。目前为止，只有少数学术成果把"品牌仪式"作为一个专门的构念加以研究，而且主要是作为一个结果变量加以考察。现在，本研究全面地考察了品牌仪式行为的前因变量，发现了促成品牌仪式行为的个人动机（情感动机、认知动机和追求感官刺激）和社会动机（社会文化、情境和转型）。并且，发现了品牌仪式行为所产生的心理效应的维度：品牌显性知识内化、品牌隐性知识领会、品牌情感体验。接着，深入挖掘了它经由意义赋予（意义确认、意义投射、意义扩展和意义协商），进而实现的最终结果——品牌境界。品牌仪式行为的作用机制就是品牌境界的实现机制，它以消费者为主体的视角，探索了发展消费者—品牌更高级关系的新路径，它的发现对于研究领域和业界实践都是具有较重要的指导意义。

第二章 文献综述

本章系统地考察了仪式理论、实证文献与史料,发现了仪式呈现"从神圣到日常"的历史发展趋势,以及七种代表性的仪式理论。首先,整理了仪式的前因、后效与调节,以及品牌仪式的定义与特征,指出了研究现状的突破口。其次,对意义与品牌意义、意义赋予与品牌意义赋予进行了文献梳理,指出了意义赋予根据主体的不同,可以分为文化意义赋予、消费者意义赋予和公司意义赋予,并整理了消费者意义赋予的类型,即共享的意义赋予和个性化的意义赋予。最后,考察了品牌关系的研究成果,尤其是品牌忠诚和品牌参与的类型和相关效应。

第一节 仪式与品牌仪式的概念与效应

一、仪式

(一) 仪式研究:从神圣到日常

1. 仪式研究溯源

仪式(ritual)源自于拉丁语 ritus,最早来源于人类学领域的研究。仪式是指一种既能表达价值和意义,又有重复模式、规律的系列活动(Snoek,2008;Rook,1985)。通常被界定为象征性的、表演性的、由文化传统所规定的一整套行为方式(郭于华,2000)。仪式是一种规范化的行为,本质上反映社会事件的过程、结构以及象征意义,与个体主观意识和互动对象特征具有不同程度的联系(Haviland,2006)。Geertz(2008)认为仪式是一种从现实生活升华到映射现实生活、激发内涵和激情的过渡阶段。彭兆荣(2007)认为,仪式主要指与宗教有关的教义陈述、祭祀、仪礼、庆典、礼拜活动等。Insoll(2004)指出,仪式是通过多种媒介形式表达出来的、基于特定文化和习俗建立的一种信息交流体系,该体系中信息本身带有明显的象征意义。冉雅旋等(2017)则将仪式概括为由文化和传统所限定的一整套表演性、象征性的行为方式,这些行为能够在特定群体和文化中发挥传递、沟通、强化和整合秩序的作用。

Bell(1992,1997)对仪式进行了彻底的历史性回顾,从进化论、后结构主义以及后来的众多人类学理论,都把仪式分析作为对文化和理论分析的一种特殊的验证方法。长期以来,大量的人类学研究探索了仪式在神圣的、宗教的和意识形态层面的作用。仪式概念最早出现在宗教领域,作为区分神圣(sacred)与世俗(profane)的手段,被描述为一种"宗教的手势语言"(Taylor,1994)。微观社会学的先驱 Durkheim(1912,2001)将宗教神圣领域划分为信仰与仪式两部分。其中信仰是信念状态,表明了圣物的性质、圣物和圣俗之间的关系。他结合宗教仪式,指出"仪式"是产生于群体的行动方式和行为规则,它规定了个体在面对圣物时的举止和行为,"神圣事物出现时,指导人们如何去做的行为规范(Durkheim,1912,2001)"。

　　Turner(1969)将人类社会关系分为日常状态和仪式状态,其中仪式状态作为反结构状态,溶解了日常社会结构与规则,通常会产生共睦态(communitas)。仪式理论在人类学中被视为个体和群体身份发生转折时的过渡。Gennep(2019)提出了仪式在"分离—过渡—聚合"中发挥的作用,首先个人或群体从原先的处境中分离,进入连接了过去和未来的阈限阶段(liminal phase)进行过渡,此时个体或群体特征变得模糊,最后仪式主体进入一个新阶段,重新获得相对稳定的状态(Gennep,2019)。

　　在社会学领域,Goffman(1959)提出互动仪式的概念,认为仪式存在于日常生活的互动中,有时会模仿神圣仪式的严肃性,但是在实质上更加松散。Goffman(1967)的《场合社会学》探讨了仪式如何在普通场合进行,以及如何战略性地组织日常的面对面的社交互动。因此,仪式可以在非正式的和世俗的情境下,代表一种个体必须守护和设计其行动的符号意义的方式(Goffman,1967)。Collins(2004)在 Durkheim 和 Goffman 的基础上,从微观社会学角度提出互动仪式链理论,指出在互动仪式的过程中,参与者聚集在同一场所,通过关注共同焦点(**对象或活动**),共同感受到彼此微妙的情感联结,从而带来如群体团结(group solidarity)、个体情感能量(emotional energy)、群体符号和道德感等一系列的结果。参与者的情感能量被"捆"在一起,将个体从一种仪式连接到另一种仪式,从而形成互动仪式链。该理论强调情感和符号的重要性,Collins(2004)关注个人的日常仪式,强调象征意义在仪式中的作用——贯穿了仪式的始终,一方面象征资本(*如个体身份*)是进入仪式的必要因素,另一方面象征符号(*如形象化文字、姿势*)是仪式完成的结果。

心理学视角下的仪式研究强调仪式具有管理个人生活冲动(impulse life)(Meddin,1980)以及调节社会关系(Rook,1984)的作用。例如,一些仪式可能是强迫症的表现(Freud,1959),仪式化的动作可以满足个体对秩序的基本需求。同时,仪式还具有控制冲动的功能(Erikson,1977),可以增强个体的控制感。此外,仪式的象征意义对威胁和焦虑起到了缓冲作用,因此可以使个体的注意力更加集中,有效阻止其他负面思维侵入,提升了个体的行为表现(Lang 等,2015;Brooks 等,2016;Hobson 等,2017)。个体发展理论将过渡仪式与日常仪式相结合,指出个体的生命周期可划分为从婴儿期、幼儿期乃至老年期的八个人生阶段,每个阶段的挑战都反映在过渡仪式和日常仪式之中。个体通过过渡仪式获得的身份与社会地位的标志性转变,并在后续的日常仪式行为中加以巩固(Erikson,1951)。

在中国,仪式自古就表现为对"礼"的重视,也呈现了从神圣到日常的历史发展脉络,从先秦的"礼不下庶人"发展到唐宋以降的"礼下庶人"。例如,在《仪礼》十一七篇中,冠、婚、丧、相见为士礼,乡饮、乡射通于士与大夫之间,少牢馈食、有司彻为大夫礼,燕、聘、公食大夫为诸侯礼,觐为诸侯见天子礼,唯独没有庶人礼(*杨志刚*,1994)。荀子在《荀子·富国》中强调:"由士以上则必以礼乐节之,众数百姓则必以法数制之。"荀子还在《礼记·

王制》中强调:"听政之大分,以善至者待之以礼,以不善至者待之以刑。"士族的高贵身份,一直都通过一定的礼仪表现出来。"礼不下庶人"的状况一直延续到唐代,宋代完成了"礼下庶人"的转挟(**杨志刚**,1994)。《政和五礼新仪》订庶人礼,士庶通礼在宋代得以完善、提高,是因为庶人社会地位的提高,必然要求产生适合于他们生活方式的礼仪(**杨志刚**,1994)。到了晚明,当人们将民间信仰与日常生产、生活相融合时,当宗教活动与生计活动相交融时,信仰的色彩逐渐淡去,演化为代代相传的习俗(**樊树志**,2004)。

总之,仪式缓解了神圣的和世俗的文化界限(Douglas,1966),从宗教学、人类学领域逐渐拓展到社会学、心理学以及管理学领域,从特殊群体、特权阶层逐渐发展到平民阶层,从特定的神圣场合演变到日常生活。

2. 仪式在营销领域的研究

仪式理论在营销领域的研究肇始于 20 世纪 80 年代。与早期的宗教学和社会学领域对仪式的研究相比较,对消费仪式的研究则将重点从宏大的、宗教的、神秘的和信仰的象征意义,转移到了研究它的日常发生。的确,仪式充满了人类的日常生活,从晨起到睡前的每个环节都可能寻其踪迹(Collins,2004)。仪式和仪式化活动在日常生活中随处可见(Rook 等,1983;Garry 等,2015),如个人打扮仪式、问候和分别仪式、传统节日的装饰仪式、家庭庆祝仪式、企业庆典仪式、商家迎宾仪式等。日常生活中的仪式行为较为常见,例如个体为出席某重要场合而进行的梳洗打扮(Rook,1985)、全家为迎接新年而进行的集体房屋扫除(Belk 等,1989)都是模仿了神圣仪式的庄严性,但在具体执行上相对宽松(Goffman,1951)。

显然,仪式行为弥散于多种消费活动中(Rook,1985;McCracken,1986;McGinnis 和 Gentry,2004;Johnstone 和 Conroy,2005),例如,享乐体验(Gilde 等,2011)、产品使用(Oakes 等,2013)、以及人际交往(Garner,2015)。关于仪式集中嵌入的消费情境,李堃等(2018)总结了三类:传统节日、生命重要转折以及美学艺术。

以 Rook(1985)为代表的研究做出了奠基性的工作,明确了营销领域中仪式的概念、特点、要素、标准与意义(Rook 和 Levy,1983;Rook,1984,1985)。Rook(1985)指出,目前对仪式的许多定义并不令人满意,因为它们把仪式体验局限于宗教的或神秘的情境。有一些解释把仪式误解为本质上是原始的、倒退的行为,而另一些解释则把仪式描述为只发生在大规模的公共场合。他的定义强调仪式行为的象征性,"仪式是一种表达性的、象征性的活动,由多种行为构成,这些行为以固定的、幕式的(episodic)顺序发生,并且往往随着时间的推移而重复。仪式行为具有戏剧性的脚本和行动,且执行时具有正式性、严肃性和内在紧张性"。

随后,McCracken(1986)指出,仪式是确认、唤起、分配以及修正传统文化秩序符号和意义的机会。Bell(1997)指出,仪式是一种重复的象征性动作,它承载着系列的期望或规则,受到文化影响,倾向于保持不变。仪式可以发生在世俗里或宗教中。Collins(2004)指出,仪式是各种象征符号的聚集体,其本质在于揭示价值意义。Weinberger(2015)认为，从超越时空的视角来看，仪式是重复的、标准化的行为。Brooks 等(2016)指出，仪式是指预先设定序列的象征性动作，具备形式性和重复性，构成仪式的行动通常缺乏直接的工具性目的。它与常规行为相比，仪式化的行为与仪式所述目标没有明显的因果关联，是一种非功能性的行为。

在综合了 Rook(1985)和 Cohn(1990)、Crews 和 Boutcher (1986)、Schippers 和 Van Lange(2006)等观点的基础上，Vohs 等(2013)将仪式定义为一种象征性活动，通常包括以固定的、幕式顺序发生的重复和不寻常的行为。相较之，Wang 等(2021)则对消费者在仪式的主体性方面有所推进。她及其合作者明确指出，仪式作为一种行为类型，它由营销人员提供，或者由消费者创造，由几个步骤组成，以固定的顺序进行，具有正式性、刚性(rigidity)、重复性、充满意义。在这个定义中，它明确地指出了消费者也是创造仪式的主体之一。

此外，诸多研究者开展了仪式理论应用于各类消费情境的阐释性研究。Wallendorf 和 Arnould(1991)、McKechnie 和 Tynan(2006)、Weinberger(2015)等学者借鉴宗教仪式的研究成果，重点探讨感恩节、圣诞节等仪式中的消费者行为。Sherry (1983)在日常礼物交换方面进行了开创性的研究，她突出了在购物场合中的"自然主义(naturalistic)"背景的仪式。Escalas (1993)、Otnes 和 Lowrey(1993)、Otnes 等(1995)和 Ruth 等 (1999)则拓展到了社交舞会、婚礼、生日聚会、礼物交换等仪式场合。Otnes 和 Scott(1996)、Sawyer(1997)、Arnould 和 Price

（1993）、Miklas 和 Arnold（1999）拓展到了广告、竞争、仪式器物、服务消费等领域。Siehl 等（1991）、Arnould 和 Price（1993）拓展了仪式在服务提供领域的应用。毛立静和卫海英（2022）的研究表明，服务仪式通过感官印记和会话价值的链式中介作用正向影响消费者的品牌体验。

随着时代的发展，研究领域出现了品牌仪式的开创、发展与管理（Muniz 和 Ogunn，2001；Muniz 和 Schau，2005；Schau 等，2009；Prexl 和 Kenning，2011；Sharma 等，2017；郑玲等，2017；冉雅璇等，2018）。还出现了休闲体验仪式、数字仪式等新兴主题（Goulding 和 Shankar，2011；Burroughs，2014；Rocha 等，2016；Peperkamp，2018；Simons，2019；Bartholomew 和 Mason，2020）。

3. 仪式的代表理论

（1）作为功能的仪式

Durkheim 强调仪式的神圣性，特别是社会团结和群体认同如何创造社群。他通过仪式的功能对仪式进行了概念化，认为仪式是社会群体定期重申自己并维持现状的手段（Durkheim，1912）。仪式是在整合力量，它将人们聚集在一起建立群体认同。仪式维持这些（共同）信仰的活力，从而个人的社会性得到加强（Durkheim，1912）。事实上，人们参与并分享社区的重要性，并公开重申集体所持有的信仰和价值观。宗教集体仪式往往会产生集体欢腾（collective effervescence）（Durkheim，1912）。

Goffman 将涂尔干的理论扩展到日常社交活动或互动仪式

上,其中许多活动受身份地位的影响。例如,顺从(Deference)可能涉及"表现仪式",如敬礼、邀请、赞美以及回避仪式……这会使表现者与接受者保持距离(Goffman,1967)。Goffman 证明,仪式重申了社会差异和地位不平等。仪式为其成员提供超凡的宗教意识形态,将持久的信息、价值观和情感转化为可观察的行为(Rappaport,1979)。

（2）作为过渡的仪式

有些理论家们把仪式理解为个人和群体的一个过渡过程。仪式最初的功能在于"过渡"(Durkheim,1912,2001),诸多仪式如成人仪式、婚礼仪式、葬礼仪式等,都是人们从旧的状态进入新的状态的一种过渡。Van Gennep(2019)指出,当人们"从一个明确的位置传递到另一个同样明确的位置"时,就会发生一种过渡仪式。人类学家 Turner(1969)认为,这种过渡代表了一个短暂的、临时的、动态的空间,它几乎没有或根本没有过去或未来状态的属性。事实上,我们不能简单地依靠过去来管理这种过渡。仪式的发起就处在"既不在这里也不在那里;它们处于中间(betwixt)和之间(between),或"阈限的(Liminal)"(Van Gennep,2019)。他们作为一个群体的成员,在假设、规范、地位和身份方面处在模糊状态。

这与 Turner(1969)区分结构与反结构的概念相关,他认为反结构与日常生活的社会结构相对立,不属于仪式前后的社会结构部分,处在一个反结构的特殊时空中。期间,影响群体关系的诸多因素如制度、习俗、角色、地位、金钱等将不再对人们起到约束作用。Turner 讨论了在仪式发起者中平等主义精神的形成,他称之为"共睦态（communitas）",共睦态就是一种反结构环境下的关系,发生在仪式的阈限阶段。Belk 等（1989）指出,入会仪式、宗教朝圣、反文化群体等都可能是共睦态发生的阈限环境。这些人经历了相似的期望、过程和挑战,并服从于仪式长老的普遍权威（Turner,1967）,仪式长老的工作是协调该过渡的结构。"强烈的同志关系和平等主义"倾向于在该群体中出现（Turner,1969）。如果仪式的目标实现了,发起者就获得了一个新的身份,转型就完成了。

（3）作为表演的仪式

仪式被概念化为一种戏剧性的或上台的展示。仪式上演解决冲突的社会戏剧（Turner,1967,1969）。Goffman（1959,p.17,22,24）将仪式分析为表演,指出表演者在特定的"环境"中为"观众"表演,并与特定的"外表（appearance）"（即从事工作、社交活动）和"方式（manner）"相关联。Goffman（1959）指出,仪式作为一种表演,缘于社会成员在社会大舞台上为了塑造出被人接受的形象。为了获得理想中的自我,仪式更程式化,参与痕迹更重,表演的目的更明显。Moore 和 Myerhoff（1977）确定了仪式的六个正式属性:重复、行动、特殊行为、顺序、上演和集体维度。

他们强调了仪式的发展、表演（performance）和结果,以及传达的信息和意义。例如,仪式塑造了社会互动和社会生活观。Manning（1994）发现仪式建立了社群并创造了意义,而 Magolda（2000）则将仪式与制度价值联系起来。Quantz 和 Magolda（1997,p.222）认为,学校生活中的日常小仪式代表了"创建社群

（或抵制社群）的真正工作……尤其是那些个人之间的小动作，这些小动作象征性地确认或挑战个人在现状中的位置。"Quantz(1999)指出，许多公共行动发出某些信号（例如，通过服饰、语言）都是一种"表演"。

（4）视为权力的仪式

仪式被视为权力的体现。在宏观层面，仪式可以塑造整个社会的规范、道德与文化，成为一种社会控制的手段。社会控制理论(social control theory)表示，宗教、法律、道德和教育是调整社会关系和社会行为的四类强力(Watts 等，2016)。仪式展示盛大的政治权力的表演(Geertz，1981)，它维持社会的团结(Durkheim，1912，2001)，也使社会神秘化，从而使统治体系长久化(Eliade，1998)。Bell(1992)用"仪式化"概念来描述某些战略和社会行为，从而将仪式化实践与其他活动区别开来，与仪式化实践相关的权力关系是定义、授权和约束(Bell，1992)，而不是施加全面的社会控制的行为。尽管权力关系是不对称的，但它需要一定程度的灵活性（例如谈判）。传统宗教主要通过仪式来塑造社会价值观和社会规范(Robbins，2015)。例如，Mitkidis 等(2017)通过对印度大宝森节(Thaipusam Kavadi)的本地参与者的田野实验发现，宗教仪式可以约束人们的不道德行为。Kertzer(1989)通过许多跨文化的例子，说明了政治仪式及其符号在煽动或减少冲突以及产生或加强政治制度与进程方面的力量。仪式期间的保密也是权力的标志。Watts 等(2016)利用贝叶斯系统发育法(Bayesian phylogenetic method)分析了南岛语族(Austronesian)的 93 种传统文化，发现仪式既能传递亲社会信念和道德观念,还能塑造社会等级制度和权力制度。Stewart 和 Strathern(2014,p. 76)强调"通过秘密行为获得或行使权力,这将参与者与其他人区分开来"。那些拥有秘密的人比其他仪式参与者处于更强大的地位。日常仪式具有与宗教仪式类似的功能,即传递和强化社会规范。仪式可以通过祖辈关系(*即垂直方向*)和朋友关系(*即水平方向*)传递社会规范(Rossano,2012),例如,婴儿与照顾者之间的互动仪式,临终时家人的仪式活动。

(5) 视为具身的仪式

具身认知理论认为表现行为与特定的效价在随后产生的判断中具有相容效应(Barsalou,1999)。Wilson(2002)认为感知和行动系统所使用的表征对于理解更高层次的认知过程是必要的。认知加工需要个体的感知—运动系统的参与,且它内嵌在一个生物、心理和文化的外部情境之中(*叶浩生*,2011)。Turner(1967,p. 28)发现某些仪式符号"可能会引起欲望和感觉",如产生乳状物质的和象征母乳的木依(mudyi)树苗。Stewart 和 Strathern(2014,p. 1117)认为仪式是"实践和表演",但是"一种具身的表演"。当成年人表达具有方向性的想法(*事实的或隐喻的*)时,同时发生的手势可能具有在神经运动发育早期所观察到的相应特征(Kinsbourne,2006)。仪式可以对个体的认知—注意力和控制感—产生影响(*冉雅璇等*,2018)。

(6) 视为互动的仪式

Collins(2004)的互动仪式链理论(interaction ritual chain

theory)考察了互动仪式场景,指出了仪式四要素:互动符号、共享情感、现场聚集和共同关注,它们使仪式参与者获得圈内人的身份符号,深化了彼此之间的关系。Gainer(1995)通过深度访谈发现,即使仪式中消费者从未谋面,但是经历了同一消费仪式的消费者之间会产生密切的关系。Cova 和 Salle(2000)构建了一个通过仪式来管理 B2B 关系的模型,强调了仪式有助于增强企业的互动性。Ruffle 和 Sosis(2007)通过以色列宗教为研究对象的田野实验,发现仪式参与频率正向影响群体内的合作倾向。Cayla 等(2013)通过对 B2B 情境中的网球比赛赞助仪式的质性研究,发现赞助仪式可以凝聚积极的商业关系。此外,Schroeder 等(2014)对商业握手仪式进行了实验考察,发现该仪式可以促进合作意向、减少自利行为。Bradford 和 Sherry(2015)考察了大学校园的区域仪式,发现公共仪式强化群体关系和群体契合。显然,群体仪式可以强化和融洽个体与群体内的联结(Wen 等,2016;Nielsen 等,2015)。

(7) 作为象征的仪式(见表 2.1),是本研究所持的观点,它汲取了营销领域的研究成果。Rook(1985)最早定义了消费者行为中的仪式:"仪式指的是一种表达性的、象征性的活动,由多种行为构成,它们以固定的、幕式的顺序发生,并且往往随着时间的推移而重复"。随后,McCracken(1986)和 Holt(1992)认为仪式是对社会文化意义进行唤起、维护、传递或操纵,它因此会赋予日常生活更深层次的意义(Bradford 和 Sherry,2013)。前文已展开,在此不赘述。

表 2.1 不同视角的仪式研究

视　角	代表文献
作为功能的仪式	Durkheim(1912,1973,2001)、Goffman (1951,1971)
作为过渡的仪式	Van Gennep(2019)、Turner(1967,1969)、Erikson(1951)
作为表演的仪式	Goffman（1959）、Moore 和 Myerhoff（1977）、Manning (1994)、Magolda(2000)、Quantz 和 Magolda(1997)、Quantz (1999)
视为权力的仪式	Bell（1992，1997）、Kertzer（1989）、Stewart 和 Strathern (2014)
视为具身的仪式	Barsalou(1999)、Wilson(2002)、Stewart 和 Strathern(2014)、Kinsbourne(2006)
视为互动的仪式	Goffman(1967)、Collins(2004)
作为象征的仪式	Rook(1985)、McCracken(1986)、Holt(1992)

资料来源:作者整理

二、仪式的前因

(一) 个人动机

Tauber(1972)开发了许多购买动机,其基本前提是购物者受到各种心理社会需求的驱动,而不是那些与购买某种产品严格相关的需求所驱动。这些动机可分为个人动机(即角色扮演、转移注意力、自我满足、了解新趋势、体力活动和感官刺激)和社会动机(即社会经验、与他人的沟通、同伴群体吸引、地位和权威以及讨价还价的乐趣)。根据该研究成果的分析框架,通过文献梳理,本研究发现消费者的个人动机可分为以下两个维度,即认知维度和情感维度(详见表 2.2)。

表 2.2 个人动机的认知维度和情感维度

文　献	认知维度	效　应
Otnes 等，2012，2018	非凡信念（extraordinary beliefs EBs）	参加仪式的前因有非凡信念（extraordinary beliefs EBs），并将非凡信念区分为联系 EBs，控制 EBs，附魔 EBs 和超级 EBs
Erikson，1977，1982	迷信和魔法信仰	仪式行为来自迷信和魔法信仰
Myers 等，2017；Holak，2008	仪式信念	仪式与意愿源于仪式信念
Zhang 等，2014；Stambulova 等，2012	仪式信念	仪式对参与者的影响，源于仪式信念正向调节作用
Norton 和 Gino，2014；Legare 和 Souza，2012	仪式信念	仪式对参与者的影响源于仪式信念
Hobson 等，2018	目标驱动的缺陷	经历了目标驱动的缺陷会引发更多仪式行为
Prexl 和 Kenning，2011	品牌信任，外在回报	品牌信任正向促进品牌仪式程度。消费者外在回报正向影响品牌仪式强度。
Hobson 等，2018	目标差异（goal discrepancy）	目标差异引发仪式行为

文　献	情感维度	效　应
Hobson 等，2018	情感缺陷（emotional deficit）	经历了情感的缺陷会引发更多仪式行为
Erikson（1977，1982）	羞耻感、内疚感、自卑感、困惑感和孤立感	仪式行为来自羞耻感、内疚感、自卑感、困惑感和孤立感
Celsi 等，1993；Keinan，1994；Lang 等，2015；Padgett 和 Jorgenson，1982	消极情绪	以消极情绪为特征的情况下，如高度焦虑、不确定压力、容易出现仪式化行为

（续表）

文　献	情感维度	效　　应
Alcorta 和 Sosis，2005；Zumwalt，1982	压力	公开演讲和运动比赛等压力情境会导致个体的仪式化行为
Lang 等，2015	不安情绪	不安情绪会正向预测演讲中的仪式化行为
Hirsh 等，2012；Kratky 等，2016；Dunbar 等，2012；Xygalatas，2008	焦虑	焦虑感促使生物体回到熟悉的低熵状态（low-entropy states），以便重新获得控制感。仪式动作，通过刺激内源性大麻素系统产生抗焦虑患的作用
冉雅璇等（2018）	情绪	情绪是产生仪式行为的前因
Wellman 等，2014	情感体验、负面情绪、正面情绪	情感体验、负面情绪如不安或焦虑、正面情绪都是产生仪式的前因
Boyer 和 Liénard，2006	正面情绪	正面情绪是产生仪式的前因
Johnson，2009；Maloney，2013	积极情绪	积极情绪如乐趣是再次参加仪式的原因
Arnould 和 Price，1993	超凡情感体验	再次参与仪式会漂流此源于此前的超凡情感体验（如兴奋感、愉悦感）
Vohs 等，2013；Raj，2012	兴趣和好奇	初次参与仪式会缘于兴趣和好奇
Prexl 和 Kenning，2011	内在回报，新颖寻求	消费者内在回报正向影响品牌仪式强度。消费者新颖寻求与品牌仪式强度负相关。
Raj，2012	体验，正念	体验、正念会促成品牌仪式

资料来源：作者根据文献整理

1. 认知维度

Otnes 等(2012,2018)发现了非凡信念(extraordinary beliefs,EBs)是参加仪式的重要前因,并将非凡信念区分为联系 EBs、控制 EBs、附魔 EBs 和超级 EBs。类似地,Erikson(1977、1982)将仪式行为解释为来自迷信和魔法信仰。仪式信念(belief in rituals)即仪式参与者是否相信仪式的作用(冉雅璇和卫海英,2017)。Myers 等(2017)和 Holak(2008)发现,仪式信念与仪式参与意愿正相关。Norton 和 Gino(2014)、Legare 和 Souza(2012)指出,仪式对参与者的影响源于仪式信念。Brooks 等(2016)通过"仪式 vs. 随机行为 vs. 无仪式"的组间实验发现,仪式组被试的测试成绩最高,以此证明仪式信念对仪式的有效性具有关键的前因作用。Prexl 和 Kenning(2011)发现,品牌仪式强度的前因有品牌信任和消费者外在回报,它们正向促进品牌仪式程度。品牌信任指消费者期望品牌履行其承诺表现的意愿,消费者外在回报指消费者从品牌仪式获得的外在功能性价值。此外,Hobson 等(2018)发现,经历了目标驱动的缺陷会引发更多仪式行为,而且,目标差异(goal discrepancy)也会引发仪式行为。

2. 情感维度

诸多研究表明,正面和负面情绪都有可能促使个体参与仪式行为。冉雅璇等(2018)指出,情绪是产生仪式行为的前因。Wellman 等(2014)指出,情感体验、负面情绪如不安或焦虑、正面情绪都是产生仪式的前因。Erikson(1977,1982)认为,仪式行为有时来自羞耻感、内疚感、自卑感、困惑感和孤立感。仪式化行为似乎特别容易出现在以消极情绪为特征的情况下,如高度焦虑、不确定和压力(Celsi 等,1993;Keinan,1994;Lang 等,2015;Padgett 和 Jorgenson,1982)。公开演讲和运动比赛等压力情境会导致个体的仪式化行为(Alcorta 和 Sosis,2005;Zumwalt,1982)。例如,Lang 等(2015)通过操控演讲者的不安情绪,采用运动捕捉技术,测量个体在公开演讲时的手部动作,发现不安情绪与演讲中的仪式化行为呈现正向相关。Hobson 等(2018)发现,经历了情感的缺陷(emotional deficit)会引发更多的仪式行为。Hirsh 等(2012)和 Kratky 等(2016)发现,焦虑会促使生物体回到熟悉的低熵状态(low-entropy states),例如仪式行为,以便重新获得控制感。Dunbar 等(2012)和 Xygalatas(2008)的研究佐证了这一点,仪式中重复的、并且常常剧烈的动作,如旋转、吟诵、跳舞或俯伏,似乎通过刺激内源性大麻素系统(endocannabinoid system)产生抗焦虑的作用。

正面情绪可以促使人们参与仪式(Boyer 和 Lienard,2006)。Prexl 和 Kenning(2011)发现,品牌仪式强度的前因包括:消费者新颖寻求、消费者内在回报,消费者内在回报指消费者从品牌仪式获得的内在情感价值,它正向影响品牌仪式强度;消费者新颖寻求是消费者的特质因素,表现为消费者追寻新颖事物的倾向性,它与品牌仪式强度负相关。Raj(2012)指出,体验和正念的共同作用会促成品牌仪式。对于初次参与的仪式,个体的兴趣和好奇会促使其产生参与意愿和行为(Raj,2012;Vohs 等,2013)。对于再度参与的仪式,积极情绪(如乐趣、愉悦、兴奋)会促使个体维护仪式,并加强再次参与的意愿(Johnson,2009;Maloney,2013)。Arnould 和 Price(1993)考察了科罗拉多流域的漂流仪式特征发现,超凡情感体验(如兴奋感、愉悦感)会驱动消费者再次参与漂流仪式。

(二) 社会动机

本研究援用 Tauber(1972)的社会动机(即社会经验、与他人的沟通、同伴群体吸引、地位和权威以及讨价还价的乐趣等)来考察影响消费者参与品牌仪式的另一前因。通过文献整理,初步梳理出三个维度:社会文化维度、自然环境维度和转型维度,具体如表 2.3 所示:

1. 社会文化维度

社会文化方面的冲突、矛盾和缺陷常常会引发个体发生仪式行为。Holt(2002)指出,文化冲突是产生仪式的前因。Moisio 和 Beruchashvili(2007)指出,文化矛盾是产生抱怨仪式的原因。Hobson 等(2018)指出,缺乏归属会增加仪式行为,经历了社会方面的缺陷也会引发更多仪式行为。Watson-Jones 和 Legare(2016)指出,被排斥的儿童与被社会包容的儿童相比,更有可能模仿群体内其他成员类似仪式的行为。Raj(2012)指出,习惯和惯例虽然不是品牌仪式,但是随着体验的丰富度和正念强度的增加,会促成品牌仪式。冉雅璇和卫海英(2017)指出,基于社会文化的品牌基础意义会向品牌仪式意义迁移。

社会文化会对个体产生潜移默化的作用,Norton 和 Gino(2014)、Schroeder 等(2014)以及 Legare 和 Souza(2012)指出,仪式图式的文化传承会促使人们自然而然地发生仪式行为。传统节日在现代社会中持续再现,不可避免地具有了浓郁的商业

表 2.3 社会动机的三个维度

文　献	社会文化维度	效　　应
Holt,2002	文化冲突	文化冲突是仪式产生的前因
Moisio 和 Beruchashvili,2007	文化矛盾	文化矛盾是产生抱怨仪式的原因
Hobson 等,2018	缺乏归属,社会性缺陷	缺乏归属会增加仪式行为;经历了社会方面的缺陷会引发更多仪式行为
Watson-Jones 和 Legare,2016	社会排斥	被排斥的儿童与被社会包容的儿童相比,更有可能模仿群体内其他成员类似仪式的行为
Raj, 2012	习惯和惯例	习惯和惯例会促成品牌仪式
Norton 和 Gino, 2014; Schroeder 等, 2014;Legare 和 Souza,2012	仪式图式(ritual schema)	仪式图式(ritual schema)的文化传承会促使人们自然而然地发生仪式行为
Weinberger,2015;Sezer 等,2016	传统节日	传统节日是社会仪式行为的集中表达
Belk 等, 1989; Scheinbaum 和 Zinkhan, 2012;Caplow,1982	传统节日	购买仪式器物
冉雅璇和卫海英,2017	品牌基础意义	品牌基础意义向品牌仪式意义的迁移

文　献	自然环境维度	效　应
Alcorta 和 Sosis，2005；Lang 等，2015；Ahler 和 Tamney，1964	对大自然因不可控制和难以预测而感到恐惧	形成人类与大自然进行沟通的宗教仪式
Homans，1941	恶劣天气	渔民在航海过程中遭遇恶劣天气会举行仪式
Aisyah，2022	自然灾难	印度尼西亚的 Sidorejo 村民通过仪式交流来为应对自然灾难做好准备
Andriani，2014	自然灾难,人为灾难	采用治愈仪式应对自然灾难,采用冥想仪式来应对人为灾难
Awazu，2013	关东大地震	默祷在关东大地震之后,在日本传播开来
Ai 等，2005	9·11 恐怖袭击事件	9·11之后美国人祷告仪式频率显著提升

文　献	转型维度	效　应
Alcorta 和 Sosis，2005；Zumwalt，1982	不确定事件	不确定事件如死亡、诞生、婚礼和毕业会促使人们参加仪式
阿诺尔德·范热内普，2010	地域过渡、个体与群体过渡、怀孕与分娩、诞生与童年、成人礼、订婚与结婚、丧葬	过渡礼仪模式即分隔——边缘——聚合,是一种地位变化的社会机制
Coman 和 Sas，2016	自我身份	为了构建更合理的自我身份,运用消费仪式

（续表）

文　献	转型维度	效　应
Cowan 和 Spielmann(2017)	新的人生时刻	通过佩戴新的珠宝来分享新的角色与身份
Tajfel，1982；Rook，1985；Belk 等，1989；Schouten，1991	身份与地位的转变	身份与地位的转变会借助过渡仪式来传达
Campos 等，2015	纵向过渡仪式	为了构建新的自我身份运用纵向过渡仪式来指导其消费行为
Bradford 和 Sherry Jr，2013；Sykes 和 Brace-Govan，2015	未婚转向已婚	当女性由未婚转向已婚身份时，会在购买婚纱、婚鞋中出现过渡仪式
Afflerback 等，2014 ）	向母亲过渡	向母亲过渡中，会出现两种消费仪式：筑巢和馈赠
Clarke，2004；LaCoste Nelson，2006	转变为母亲	使用诸如尿布袋之类的物品来表示从社会文化上转变为母亲
Houston，1999	分娩	日本女性在分娩中通过体验分娩的痛苦来构建母亲身份
Bonsu 和 Belk，2003	丧葬	加纳家庭成员重视丧葬仪式以此体现与再建构社会地位
Solomon 和 Anand，1985	毕业工作：职位晋升	毕业工作的年轻人和获得职位晋升的经理人会运用着装仪式
Rook，1985 和 Gentina 等，2012	女性成年	女性成年会运用化妆仪式

资料来源：作者根据文献整理

气息,消费活动成为社会仪式行为的重要组成部分(Weinberg-er,2015;Sezer 等,2016)。某些产品与特定的节日密切相关,消费者必然会购买这些不可或缺的仪式器物。例如,西方人在感恩节时购买火鸡、南瓜(Belk 等,1989),在情人节时赠送贺卡与巧克力(Scheinbaum 和 Zinkhan,2012)等。因此,在传统节日中,Caplow(1982)指出,人们对这些产品的消费伴随着高度的情感性与象征性,消费者会投入较多的时间与金钱进行挑选和购买。

2. 自然环境维度

仪式通常用来帮助人们应对危机问题。一方面,仪式发生在灾难之前,用于准备应对。例如,印度尼西亚的 Sidorejo 村民通过仪式交流来为应对自然灾难做好准备(Aisyah,2022)。Al-corta 和 Sosis(2005)和 Lang 等(2015)指出,由于人类对大自然因不可控制和难以预测而感到恐惧,所以通过宗教仪式为渠道与大自然沟通。

另一方面,仪式发生在灾难之后,用于灾后治愈。人们通过参加仪式来重获控制感(Ahler 和 Tamney,1964;Lang 等,2015)。例如,19 世纪初期,Malinowski(2014)考察了美拉尼西亚(Melanesia)渔民行为发现,渔民是否举行仪式与航海过程中是否遭遇恶劣天气,呈正相关。当然,Homans(1941)指出,这与恶劣天气所引发的不安情绪有关。例如,Andriani(2014)关注到,人们采用治愈仪式应对自然灾难(*如安德鲁斯飓风、2004年海啸和各大洲的各种地震*),采用宽恕仪式来应对人为灾难(*如殖民化、奴隶制、种族灭绝、艾滋病毒流行和内战*)。例如,Ai

等(2005)发现,在 9 · 11 恐怖袭击事件之后,美国人祷告仪式的频率明显提高。例如,Awazu(2013)发现,单词"mokutō"默祷本身起源于中国,但在 1923 年关东大地震遇难者追悼会之后,它在现代日本的使用传播开来。

3. 转型维度

"过渡"一词取自阿诺尔德 · 范热内普(2010)对仪式的研究成果,他提出过渡礼仪模式即分隔—边缘—聚合,它是一种地位变化的社会机制,通常发生在地域过渡、个体与群体过渡、怀孕与分娩、诞生与童年、成人礼、订婚与结婚、丧葬事件上。的确,某些不确定事件, 如死亡、诞生、婚礼和毕业会等,也会促成仪式的产生。

因为个体具有构建自我身份的需求(Tajfel,1982),所以他们会借助过渡仪式,向外界表达和传递其身份与地位发生了转型。Bonsu 和 Belk(2003)指出,个体运用仪式指导消费行为,较易得到社会认同,而违背仪式指导消费行为,则易导致身份构建失败。在生命转型期,个体会在消费过程中运用仪式,以便在特定的社会文化情境下,构建较为合理的自我认同(Coman 和 Sas,2016)。在世界不同的社会文化背景下,普遍会出现这种现象。当女性由未婚向已婚转型时,会通过购买婚纱、婚鞋来完成过渡仪式(Bradford 和 Sherry,2013;Sykes 和 Brace-Govan,2015)。在向母亲转型的过程中,消费品通常通过两种流行的消费仪式获得安排,即筑巢和馈赠(Afflerback 等,2014)。母亲们使用诸如尿布袋之类的物品来表示她们从社会和文化上转变为母亲(Clarke,2004;LaCoste Nelson,2006)。日本女性通过在分娩中体验痛苦(*避免使用止痛药*),来构建母亲身份(Houston,1999)。在加纳,家庭成员通过丧葬仪式(*例如,安排仪式规模与流程,购买仪式器物*),完成对逝者及其家族社会地位的体现与再建构(Bonsu 和 Belk,2003)。

个体在经历了象征着生命转折的过渡仪式之后,还会在日常生活中运用其他的仪式行为巩固和强化新的身份和地位。Solomon 和 Anand(1985)发现,毕业工作的年轻人和获得职位晋升的经理人会运用着装仪式(dressing ritual),指导自己购买得体的职业装或高档衣饰,以此巩固"上班族"的新身份。Rook(1985)和 Gentina 等(2012)发现,年轻女性会根据化妆仪式(making up ritual)来进行化妆品消费,以此巩固成年人的新身份。在每一个新的人生时刻,消费者通过佩戴新的珠宝来分享和巩固新的角色与身份(Cowan 和 Spielmann,2017)。

随着个体经历不同的生命周期,其身份与社会地位会发生相应变化,相关的消费活动与仪式行为出现交集(Rook,1985;Belk 等,1989;Schouten,1991)。Campos 等(2015)还运用时间维度构成了"纵向过渡仪式"的观察视角。随着个人社会地位的转变,个体会遵循纵向的、由多个相互连接的象征性行为所构成的活动轨迹。它表现为即使同一品类的消费品(*例如,服饰、车*),在个人不同阶段、身份与社会地位的生命周期中,也会出现不同的消费目的和消费方式。个体为了构建新的自我身份,会运用纵向过渡仪式来指导其消费行为。Campos 等(2015)以汽车消费为例,处于不同人生阶段的个体会随着社会资本的积累和社会地位的提高,逐渐增强通过购买汽车来构建自我身份的意愿,由起初的经济实用转变为彰显社会身份。

三、仪式的后效与调节

随着仪式研究的纵深发展,以及仪式感在市场上的兴起,市场营销与品牌管理领域开始重视仪式的应用价值。表 2.4 提供了目前文献中所考察的仪式的后效与调节,有的是基于实证研究,有的是基于理论考察,它们都为本研究提供了参考依据。

表 2.4 仪式的后效和调节

文 献	构 念	结 果
Turner, 1969;Deegan,1989	仪式	共同目标(communal goals)＋
Prexl 和 Kenning,2011	品牌仪式强度	消费者对品牌的忠诚度 ＋
Durkheim, 1912; Turner, 1969;Collins,2004	仪式	集体欢腾、共睦态、群体团结等群体状态,道德感、神圣感等个体情感 ＋
Paez 等,2007;Ruffle 和 Sosis, 2007;Sosis, 2003;Wen 等,2016	人际关系仪式	提升团队中的亲密关系 ＋
Fischer 等, 2014;Hopkins 和 Reicher, 2017;Konvalinka 等,2011;Paez 等,2015;Xygalatas 等, 2013	集体仪式	使情感和注意力体验保持一致 ＋
Fischer 等, 2014;Paez 等, 2007; Rime, 2007; Swann 等, 2012	集体仪式	提高归属感 ＋
Homans,1941	仪式	给予信心、消除焦虑、社会组织＋
Fiese 等,1993	仪式	自尊 ＋
Whitehouse, 2002; Wood, 2016	定期的轻松的宗教仪式	隐性的自我控制、适应性行为 ＋

（续表）

文　　献	构　　念	结　　果
Yingfeng，2011	仪式	社会认同＋ 分享信息或价值＋ 使事物神圣化＋ 刺激消费＋ 品牌形象＋ 消费环境、消费文化＋
Herrmann-Pillath 等，2019	仪式	互信与社区＋
Norton 和 Gino，2014	仪式	悲伤－
Gainer，1995	参与式消费仪式	与亲朋好友建立亲密关系；为相识甚远的人搭桥＋
Moisio 和 Beruchashvili，2007	抱怨仪式	释放沮丧；加强团结＋
Brooks 等，2016	微小仪式	焦虑 －
Hobson 等，2018	仪式	情绪缺陷（emotional deficit）－ 目标差异（goal discrepancy）－ 缺乏归属（affiliative deficits）－
Sosis，2000	仪式	协调；群体凝聚力＋
Kuran，1998	仪式	公众对凝聚力的投入（commit-ment）；他人表现出的投入（com-mitment）＋
Bulbulia，2004；Irons，2001；Sosis，2003	宗教仪式	难以伪造的投入（commitment）＋
Liénard 和 Boyer，2006	集体仪式	危险防范系统（hazard-precaution system）＋
McDonald 和 Karg，2014	仪式化观众行为	满意度、团队认同、商品化支出、比赛出席率＋
Driver，1996	仪式	更高的自由感、爱和参与感＋
Jennings，1982	体育中的仪式	获得或分享知识＋

（续表）

文　献	构　念	结　果
Baumeister 和 Leary，1995；D Aquili 和 Laughlin，1975	体育中的仪式	促进社会融合＋
Rappaport，1996；Tambiah，1996	仪式	保持现有的传统＋
Otnes 等，2012	集市仪式	提升体验，差异化品牌＋
Sharma 等，2017	内部仪式化	品牌回想＋
	外部仪式化	品牌认可（brand recognition）＋
Wang 等，2021	仪式行为	增加生活的意义，减少孤独＋
Stanfield 和 Kleine，1990；Meddin，1980；Imber-Black，1992；Higgins 等，2019	仪式	指导个体表达情感、管理情绪、认知环境，强化个体记忆 ＋
Siehl 等，1991	仪式	（如果客户体验到其预期的参与程度获得确认，那么）参与度、满意度、快乐体验；信息交流、角色的积极评价；对质量的积极评价；专心、信任、义务＋
Fiese 等，2006；Rook，1984；André 等，2014；Cecilia 和 Jorgen，2017；Gainer 和 Fischer，1991；Otnes 和 Mcgrath，2001；Afflerback 等，2014	仪式	实现身份转换 ＋
Belk，1997；Durkheim，1912；Schouten 等，1995；Cayla 等，2013	仪式	帮助群体成员形成集体身份 ＋
吴炆佳和孙九霞，2018；朱兴涛和张传运，2019	仪式	建构集体记忆 ＋
Bell，1997；Cheal，1988；Collins，2004；Durkheim，1973；Etzioni，2000；唐靖，2008	仪式	塑造群体凝聚力 ＋

（续表）

文　献	构　念	结　果
Hirschman 和 Touzani，2011	仪式	维护共同价值观、发挥管理功能 ＋
McCracken，1986	仪式	操纵社会文化意义 ＋
Driver，1998；高丽华，2014；Cross 等，2017	仪式	反映社会动态变化 ＋
Cayla 等，2013	仪式	构建更广泛的网络社会 ＋
Nguyen 和 Belk，2012；郭文和杨桂华，2018	仪式	建立和修复社会秩序 ＋
卫海英等，2020	品牌仪式	心流体验 ＋；品牌信任 ＋
Vohs 等，2013；Vohs 和 Wang，2012	品牌仪式	品牌体验（抚慰感、效能感、秩序感、特殊感）＋
Carlton-Ford，1992	仪式	集体力量感和价值感 ＋
Bradford 和 Sherry，2015	传统节日的消费仪式	赋予日常生活更深层次的意义 ＋

文　献	构　念	调　节
冉雅璇等，2018；Zhang 等，2014；Stambulova 等，2012	仪式信念	当仪式动作激发与结果相关的心理表征时，仪式信念会正向调节仪式对参与者的影响 ＋
		当仪式动作没有激发与结果相关的心理表征时，仪式信念则不会产生影响 －

注：“＋”表示正向效应；“－”表示负向效应
资料来源：作者根据文献整理

（一）仪式作用于个体，产生不同的情感效应和认知效应

首先，仪式能产生正向的、积极的情感效应。Vohs 等（2013）研究显示，简单的仪式动作（例如在没打开包装之前搿

断巧克力)有助于提升食品口味评价,安抚焦虑情绪、表达情感。Massa 等(2016)考察了安大略省葡萄酒庄发现,仪式能够带来激情体验,进而促使口碑传播。而且,在消费过程中,仪式行为能够促使个体产生积极的情绪体验(Holbrook 和 Hirschman,1982)。例如,在购物、参加音乐会以及观看体育赛事的过程中,消费者通过化妆仪式或着装仪式等,来构建与消费环境相匹配的自我身份,这会促成积极的情绪体验(Johnstone 和 Conroy,2005)。Fiese 等(1993)通过研究家庭仪式发现,仪式能提高自尊。仪式还能够为消费者带来"共睦态"(即 communitas,指个体的社会类别和地位差异消失,暂时出现一种人人平等的感觉(Marler,1999)、"流体验"(即 flow,指消费者的感官在时间和空间中产生一种难以忘怀、毫不费劲的流畅感(Marler,1999)和"极度喜悦"(即 ecstasy,指个体从某些神圣事物中获得的一种超越现实的欣喜与愉悦(Belk 等,1989)等体验。McGinnis 和 Gentry(2004)将这三者概括为特定消费环境下的玩乐(play)体验。攀登珠峰(Tumbat 和 Belk,2011)、粉丝参加乐队庆典演唱会(Oakes 等,2013)或极限冲浪(Canniford 和 Shankar,2013)等消费活动中的仪式行为都能给消费者带来这些积极的情感体验。仪式与消费者体验、消费者旅程、消费者情感、感知真实性能产生直接的效应(Veeck 等,2018;Moufahim 和 Lichrou,2019;Higgins 和 Hamilton,2019;Chaney,2020)。Driver(1996)发现,仪式行为有助于产生更高的自由感、爱和参与感。

其次,仪式还能缓解负面的、消极的情感状态。仪式可以对抗并减轻不确定性环境下的焦虑感知(Malinowski,2014),能降低个体对不可控事件的焦虑感知(Sosis 和 Handwerker,2011)。仪式能激活大脑中的多巴胺奖励系统,从而给人带来情绪抚慰(Alcorta 和 Sosis,2005),能帮助个体在严重的负面事件中减缓悲伤感知(Norton 和 Gino,2014)。仪式能缓解悲伤情绪(如失去爱人)(Norton 和 Gino,2014),还能降低焦虑情绪(例如英国高中生毕业舞会有助于释放焦虑情绪)(Tinson 和 Nuttall,2010),例如仪式有助于平复个体在公开演唱和数学测验时的焦虑情绪(Brooks 等,2016)。研究显示,强迫症患者和自闭综合症患者通过反复性行为弱化焦虑情绪,如果阻碍这些行为会增加患者的狂躁与不安(Liénard 和 Boyer,2006;Lang 等,2015)。Moisio 和 Beruchashvili(2007)考察了减肥品牌社群发现,减肥者的牢骚仪式能释放压力和挫败感,进而有助于修复身心与自我。辛格霍夫(2009)通过心理咨询的临床案例发现,仪式能解决夫妻矛盾、过渡危机、父母告别等问题。Jacobs(1989)考察了25 位曾被性侵的女性发现,参与宗教仪式有助于降低恐惧、缓解愤怒与情感疼痛感,进而有利于受害者的心理康复。Romanoff 和 Thompson(2006)倡导在临终关怀治疗的心理辅导中,加入"讲故事"仪式即让患者分享自己的疾病和生命,以此增强临终者的社会联结感和平静的情绪。

仪式化赋予消费行为神圣意义与传承性价值,有助于唤起消费者的情感认同与归属(方迎丰,2011)。集体仪式能够使情感和注意力体验保持一致(Konvalinka 等,2011;Xygalatas 等,2013;Fischer 等,2014;Paez 等,2015;Hopkins 和 Reicher,

2017）。在消费过程中，仪式行为能够进一步强化信仰系统，因为文化赋予个体特定的信仰起初处于变化和不稳定的状态（Holt，1992）。一方面，通过仪式团体活动或品牌传道活动，品牌的神圣意义得以维持（Wang 等，2018）。承载着文化象征内涵的消费仪式是产生敬畏情绪的重要来源（Shiota 等，2007；Gordon 等，2017）。另一方面，在日常生活中，个体通过消费仪式行为，可以体验到神圣感（Belk 等，1989）。显然，维持神圣感的仪式是一种投资过程，消费者通过持续投入时间、精力和金钱，使产品具有和保持其神圣感，从而与日常俗物加以区分（Belk 等，1989；Epp 和 Price，2010；Fernandez 和 Lastovicka，2011）。起初，那些被赋予神圣意义的产品可能看上去并无二致，但是持续的仪式则可以保护和维持其神圣性（Solomon 和 Anand，1985）。

再次，仪式有助于产生不同程度的认知效应，能够提高个体专注力和记忆水平（Meddin，1980；Stanfield 和 Kleine，1990；Siehl 等，1991；Imber-Black 和 Roberts，1992；Norton 和 Gino，2014；Brooks 等，2016；Higgins 和 Hamilton，2019），有助于获得或分享知识（Jennings，1982）。一方面，Anastasi 和 Newberg（2008）发现，天主教的大学生在诵读经文后，会显示出更高水平的专注力。另一方面，Boyer 和 Lienard（2006）指出，仪式会对个体的注意力资源产生直接影响，因为仪式的无意义行为会占领工作记忆和认知资源，而重复行为则会减弱暂时记忆。Kay 等（2008）基于控制补偿理论证实，控制剥夺的个体为了恢复控制感，更易表现出规律重复的仪式化动作。因此，当个体处于控制感缺乏的情境下,如遭受灾难、困难以及压力等,仪式中重复和刻板的动作能够满足个体的控制感需求(Ai 等,2005)。对此,Brooks 等(2016)的研究做出了印证,他们发现不断执行重复的仪式化行为,满足了人们对秩序的基本需求,使人们的注意力集中在当下活动中,从而分散了人们对消极情绪的关注。重复消费仪式可以看作是补偿机制,使消费者在遭受损失后,恢复自身的控制感(Norton 和 Gino,2014)。Hobson 等(2018)的研究进一步佐证,仪式有利于管理情绪和产生个人效能和自信。仪式分段动作的处理有助于使人的注意力远离潜在的负面影响源,而相同动作的处理有助于使人的注意力朝向目标。品牌仪式能够给消费者带来秩序感、效能感、抚慰感和特殊感的品牌体验(Vohs 等, 2013;Vohs 和 Wang,2012;Prexl 和 Kenning,2011)。其次,仪式还具有自我激励和预言功能,如比赛前做了幸运祈祷仪式(如十指交叉、祝祷成功)的运动员,相比于未实施仪式者,呈现更高的自我效能感与更佳的成绩(Damisch 等,2010)。

当然,仪式也可能产生负面的情绪效应。Warren 和 Campbell(2014)指出,仪式中稳定的、重复的流程化动作可能约束参与者的自主性,进而会使得参与者产生负面态度。当个体控制感处于正常水平时尤其如此,仪式行为可能易使参与者感知被控制,使其逃避仪式(冉雅璇,2018)。此外,Collins(2004)指出,某些仪式特别是宗教仪式的一些元素可能较易引起负面的情绪。例如,地洞、洞穴、教堂等的仪式场景会引起警觉情绪,怪异面具、雕塑、图画等的仪式特征会唤起害怕情绪,神与魔鬼惩罚的仪式桥段会导致恐惧情绪(Alcorta 和 Sosis,2005;Watts 等,2016)。

(二) 仪式有助于个体建构身份认同与集体认同

仪式行为有助于合理地构建自我认同(Tajfel,1982),有助于个体实现身份转换(Rook,1984;Gainer 和 Fischer,1991;Otnes 和 Mcgrath,2001;Fiese 等,2006;Afflerback 等,2014;André 和 Bernard,2014;Cecilia 等,2017)。根据不同的周遭环境,个体通常会构建多种自我认同(Holt,1992;Escalas,1993;Gainer,1995;Johnstone 和 Conroy,2005)。品牌集体消费仪式(如抢购苹果新机)能给参与成员带来非凡体验与满足,并因此获得他人的赞赏与认同(Cowan 和 Spielmann,2017)。进一步,认同感的获得能为个体带来安全感、愉悦感等积极情绪体验(Johnstone 和 Conroy,2005)。因此,仪式可以促使个体在情感上与他人或自己团结(Driver,1991)。即使对于社会距离较远的陌生人,经历过同一消费仪式的顾客也能产生较密切的关系(Gainer,1995)。Hobson 等(2017)证实,新创仪式可以增加陌生人之间的信任和合作。

仪式有助于个体成员形成集体身份认同(Durkheim,1912;Schouten 和 Mcalexander,1995;Belk,1997;Cayla 等,2013),增强个体间的交流互动,促进社会融合(D Aquili 和 Laughlin,1975;Baumeister 和 Leary,1995);仪式化行为可展示和强化相应的身份标识,建构集体记忆(吴炆佳和孙九霞,2018;朱兴涛和张传运,2019),塑造群体凝聚力(Durkheim,1973;Cheal,1988;Bell,1997;Etzioni,2000;Collins,2004;唐靖,2008),进一步提

升团体归属感(Paez 等,2007；Rime,2007；Swann 等,2012；Fischer 等,2014)和身份认同感(Paez 等,2007,李堃等,2018)。仪式与消费者的人际网络变化有关(Sterchele,2020),集体参与团体仪式可以保护和防止品牌神圣地位的再世俗化,从而维持品牌的宗教内涵(Pimentel 和 Reynolds,2004)。由于履行仪式需要特定的物理场所,它区分了圈内人和圈外人,从而增加了消费者对仪式成员的偏好(Hobson 等,2017)。对于服务者与消费者而言,借助服务仪式可以缩小距离、增加亲密度,有利于促成商业友谊(Otnes 等,2012)。鉴于仪式往往与特定的器皿和动作相关联,消费者通过这些仪式器皿和动作可以界定和强化自己的集体认同(Otnes 和 Lowrey,2004)。品牌仪式化的行为过程激发了消费者对某一品牌或消费群体或亚文化的认同,增强了其对特定社群和文化的品牌归属感(薛海波,2015)。同样,高雅艺术消费的仪式行为亦向外界传达了自身的群体归属(Solomon 和 Anand,1985；Escalas,1993)以及属于某个小圈子的象征性信息(Gainer,1995),它强化了个体的群体认同感与归属感(Johnstone 和 Conroy,2005；Gentina 等,2012；Taheri 等,2016)。在组织中,Erhardt 等(2016)通过研究餐饮服务组织发现,多种仪式动作设计可以向员工传递友爱、创新、竞争和高效的核心价值观。Plester(2015)通过考察组织中的进餐仪式发现,仪式有利于塑造企业文化,激发员工的忠诚和努力。不仅对于组织内部员工,对于外部利益相关者而言,Sueldo 和 Streimikiene(2016)发现仪式同样具有建立和传播企业文化的学习功能。总之,仪式有助于加强公众对凝聚力的投入(Kuran,

1998），有助于加强群体凝聚力（Sosis，2000），加强团队认同，提高比赛出席率（McDonald 和 Karg，2014），加强集体力量感和价值感（Carlton-Ford，1992）。

群体认同的重要形式之一是家庭认同（family identity）。家庭认同指个体对家庭随时间变化的连续性（continuity）、呈现状态（present situation）及其特点（character）的一系列主观感觉（Bennett 等，1988）。家庭仪式通过身份转换、成员交流和架构巩固等途径，可以加强家庭联系，形成家庭认同（Wolin 和 Bennett，1984）。例如，核心家庭就餐仪式使个体感知到家庭一致性，从而增强家庭身份承诺（Yu 等，2015）。此外，大家族成员还会通过婚礼（Nguyen 和 Belk，2012）、祭祀（Bonsu 和 Belk，2003）等重大仪式活动强化家族认同。

对很多消费者而言，消费本身就是一种具有象征性意义的仪式（McCracken，1986；Tsang，2003）。仪式对文化秩序中传统的象征和意义加以确认、唤起、赋予意义或转变（McCracken，1986），通过执行群体规范以维护共同的价值观、发挥管理功能（Hirschman 和 Touzani，2011），它以达到个人沟通和群体分类为目的，可以对社会文化意义进行操纵（McCracken，1986），从而建立和修复社会秩序（Nguyen 和 Belk，2012；郭文和杨桂华，2018），帮助构建更广泛的网络社会（Cayla 等，2013）。因此，仪式的变革反映了社会的动态变化（Driver，1998；高丽华，2014；Cross 等，2017）。顾客运用消费仪式行为，申明和强化其所属群体的共同价值观（Nguyen 和 Belk，2012），借助仪式行为向外界传达与群体认同相关的信息。从而，保持现有的传统（Rappaport,1996;Tambiah,1996)。这其中,仪式是一种象征性表达行为,与社会文化意义的传播行为相关,它对社会文化意义进行维护、传递或者操纵(Holt,1992)。传统节日中的消费仪式凸显和放大了世俗生活中的休闲时刻,赋予日常生活更深层次的意义(Bradford 和 Sherry,2015)。例如,不同的饮酒仪式象征着不同的文化意义,传达了个体对其所属社会阶层与群体的认同(Gherrier 和 Gurrieri,2014)。具体而言,年轻人在狂欢派对中多饮香槟和啤酒,通过举起酒杯、高声欢呼、一饮而尽等系列动作,传达了喜悦或激动的情绪;而在贵宾接待或商务宴请中则常消费高档红酒,个体通常手握高脚杯、细细品味,就酒水品质展开讨论和赞美(Otnes 和 Lowrey,2004)。同理,美国人在圣诞节给亲友互赠礼物,这种行为象征着美国社会的家庭价值观。可见,部分仪式用以揭示消费体验所承载的文化内涵(如婚礼仪式),传达价值和精神(Kreinath 等,2006)。

(三) 仪式会提高消费者的满意度和忠诚度

仪式有助于提升消费者的满意度。品牌仪式可以影响消费者的长期购买行为和对品牌的价值判断(Prexl 和 Kenning,2011;Vohs 和 Wang,2012;Vohs 等,2013)。仪式行为带来的娱乐体验(McGinnis 和 Gentry,2004),具有使个体从现代社会结构中解脱出来的"反结构"性质(Marler,1999),当消费者感受到 "共睦态"、"流体验"抑或"极度喜悦"时,他们会努力重新体验之(Celsi 等,1993)。Neale(2010)的"仪式—忠诚"模型指出,消费者的社会仪式和个体仪式对其态度忠诚和行为忠诚均产生正向效应。Otnes 等(2012)发现礼物赠予、口头问候等语言仪式能增强消费者的服务满意度。薛海波(2021)发现社群互动仪式(人际互动仪式和自我互动仪式)对粉丝忠诚产生显著的正向效应。

仪式体验会在人类生命中留下高度情感化的烙印,因此也会影响消费者的行为(Ustuner,2000)。个体在消费过程中的仪式会增加内在兴趣,加大对活动的投入,从而促成更积极、更持久的参与行为,因而促进并改善消费。仪式是一种激发消费者活动兴趣的手段(Vohs 等,2013)。仪式行为能够唤起个体的神圣体验,引发个体对特定消费领域的高水平承诺和持久参与行为(Belk 等,1989)。持久参与行为对消费者的唤醒(arousal)潜能具有相关性,显示了产品与自我的关联程度(Richins,1991)。重复参与体验能够强化产品和消费之间的关联,进一步促成持久参与行为(McGinnis 和 Gentry,2004;Russell 和 Levy,2012)。

仪式有助于增强自我约束的主观感觉,产生适应性行为。Whitehouse(2002)和 Wood(2016)发现,定期的轻松的宗教仪式有助于产生隐性的自我控制与适应性行为。Irons(2001)、Sosis(2003)和 Bulbulia(2004)研究表明,宗教仪式有助于产生难以伪造的投入。仪式有助于改善行为的自我控制,改善个体的消费行为(Vohs 等,2013)。仪式由一系列严格而重复的动作组成,它会提升个体的自律性感知,进而增强消费者的自我控制行为,如减少摄入卡路里、选择健康食物(例如,餐前仪式行为能增加随后选择健康食品的概率)以及做出亲社会行为(Tian 等,2018)。

　　此外,仪式行为通过影响个体的内在卷入度(intrinsic involvement),提升个体对产品的购买意愿(李堃等,2018)。面对相同的消费对象,受到仪式活动刺激的个体通过拥有更高水平的内在卷入度,会产生更强的产品支付意愿;亲自参与并完成仪式化行为的个体(相较于未亲自参与仪式活动的个体)会表现出更强的支付意愿(Vohs 等,2013)。对于文化象征性产品的购买,仪式突出体现其促进消费的作用。多项研究表明,某些产品在特定的文化情境(如传统佳节)中作为仪式器皿,成为具象征性的符号或图腾,因而被赋予了特定的文化意义,它刺激产生消费者的文化共鸣,以及对仪式器皿产品的购买行为(Wallendorf 和 Arnould,1991;McKechnie 和 Tynan,2006;Tynan 和 McKechnie,2009;Scheinbaum 和 Zinkhan,2012)。Okleshen 和 Grossbart(2001)通过研究温纳贝戈—艾塔斯卡旅游俱乐部,探究了仪式活动、共睦态和市场绩效之间的关系,发现了仪式活动不仅使人们在情感上团结紧密,而且对品牌的市场绩效产生正向效应。

(四) 仪式信念的调节作用

　　关于仪式信念的调节作用,即仪式信念如何影响仪式对个体的作用,前人的研究成果存在争议。冉雅璇等(2018)指出,一类研究认为仪式的效果类似于迷信(superstition)。在参与过程中,仪式的功能相当于安慰剂(placebo),参与者是否相信仪式有效与仪式的效果直接相关,因此仪式信念正向调节仪式对参与者的影响(Stambulova 等,2012;Zhang 等,2014)。

另一类研究则认为仪式信念不会左右仪式对个体的影响。该类研究强调仪式图式(ritual schema),经过社会化的正常个体都会形成这种图式,它使人们受到仪式的影响是隐性的(Legare 和 Souza,2012;Norton 和 Gino,2014;Schroeder 等,2014)。例如,Norton 和 Gino(2014)通过让被试想象"爱人去世"的情景,实验验证了仪式信念并不调节仪式对情绪的影响。又如,Legare 和 Souza(2012)的实验表明,一项巴西仪式会对美国被试同样产生作用,这间接地证实了信念不会对仪式的作用产生影响。

冉雅璇等(2018)进一步指出,不同类型仪式的动作差异会导致不同的心理表征(mental representation)。例如,Zhang 等(2014)研究发现,逃避型仪式动作(如扔球)比接近型仪式动作(如接球)更容易令人产生逃脱厄运的心理表征,从而降低感知负面事情发生的可能性。因此,当仪式动作激发与结果相关的心理表征时,仪式信念会正向调节仪式对参与者的影响;反之,当仪式动作没有激发与结果相关的心理表征时,仪式信念则不会影响仪式对参与者的作用。

四、品牌仪式

(一) 品牌仪式的定义

早在 2001 年,Muniz 和 O'guinn(2001)便提出仪式是品牌社区中的重要构成之一。关于品牌仪式的定义,目前有三种观点。

第一种观点以 Prexl 和 Kenning(2011)为代表,其定义在目前的文献中引用略多：品牌仪式是指品牌要求并正式启动的一系列预先定义的行动。品牌仪式是被品牌正式宣传为使用或体验一个产品的"最佳"方式（Kapitàny 和 Nielsen，2015；Ran 和 Wan，2023）。Prexl 和 Kenning（2011）认为从本质上讲，品牌仪式即仪式在品牌活动中的运用，其本质和仪式并无差别。因此，他们结合社会学理论，将品牌仪式界定为存在于品牌活动中的仪式："'品牌仪式'一词的功能性定义认为，品牌仪式是一种仪式，其中品牌有意识地、有意地与创造情感愉悦氛围的行为或活动相关联。在品牌仪式中，品牌和/或品牌产品成为仪式的核心"。此外，Muniz 和 O'guinn（2001）也认为，品牌仪式是指品牌有意识地与能够创造愉快情绪气氛的活动或行为仪式相关联。

第二种观点以国内学者为代表，他们强调品牌仪式的互动特征，将其定义为消费者与品牌之间具有仪式特征的互动行为（薛海波，2015；冉雅璇和卫海英，2017；郑玲等，2017；He，2023）。薛海波（2015）认为品牌仪式就是消费者与某品牌之间的一种仪式化互动行为，它能够为消费者带来特殊的情感体验，进而增强了消费者与品牌之间的情感关联。郑玲等（2017）指出品牌仪式针对的是品牌消费仪式。而品牌消费仪式是从品牌设计构建时产生的。在消费者使用产品过程被体现，是消费者与产品之间的互动行为。郑玲等（2017）在 Rook（1985）的研究成果的基础上，对品牌仪式的设计进行了步骤阐明。他们指出第一步是创建象征物，形成仪式载体，第二步是构建仪式脚本，将消费者与品牌联系起来，第三步是激发消费者参与,增强互动。通过上述三个步骤就促成了品牌仪式。冉雅璇和卫海英(2017)指出,品牌仪式是通过品牌基础意义向品牌仪式意义的迁移而形成,互动方式是意义"链"迁移的驱力。

第三种观点以 Raj(2012)为代表,强调品牌仪式是一个专门的构念,指出品牌仪式的品牌属性,认为品牌仪式是习惯和惯例的延伸。他将品牌仪式定义为消费者与品牌产生联系时发生的习惯性行为。Raj(2012)所说的"品牌仪式"是指必须与客户建立一种真正改变他们行为的纽带,让他们从偶尔使用你的产品变成他们生活中不可或缺的一部分。Raj(2012)指出,品牌仪式会使消费者达到最深层次的、最可持续性的忠诚。在这个层次上,你的品牌是他们仪式的一部分。品牌在消费过程中发挥着极强的象征意义,是消费者构建自我概念和社会身份的重要工具(Raj,2012)。

现阶段关于品牌仪式的类型的讨论相当有限,亟待深化。目前的观点主要集中在认为发起方是品牌。郑玲等(2017)指出品牌仪式一般是由品牌设计和建构的。营销者应努力探索如何将品牌与仪式联系起来,进而促使品牌资产的形成与维护(Sharma 等,2017)。卫海英等(2020)指出,现实中大多数品牌仪式如创造节日、仪式化场景塑造等,均是由品牌发起,用于增强消费者参与、建立互动和联系的营销手段。费显政和黄雅静(2018)进了一步,指出品牌仪式可能是个人的,但也往往植根于一个团体或社会。关于品牌仪式的相关效应,详见表2.5。

表 2.5 品牌仪式的效应

文献来源	前 因	自变量	后 效
Mi 等(2021)		品牌仪式感	消费者信任 ＋
Otnes 等(2012)		品牌仪式程度	喜悦、兴奋和娱乐感 ＋
Ran 和 Wan (2023)		复杂的品牌仪式 简单的品牌仪式	真诚的品牌 ＋ 令人兴奋的品牌＋
Prexl 和 Kenning (2011)	消费者对品牌的卷入度	品牌仪式强度 ＋	
	消费者新奇感	品牌仪式强度－	
	品牌信任	品牌仪式强度 ＋	
	品牌仪式对消费者的内在回报	品牌仪式强度 ＋	
	品牌仪式对消费者的外在回报	品牌仪式强度 ＋	
		品牌仪式强度	品牌忠诚度 ＋
McCracken(1986)；Muñiz 和 Schau(2005)		品牌仪式	消费者情感利基 ＋
Muñiz 和 O'Guinn (2001)		品牌仪式	安全感、方向感、归属感 ＋
de Waal Malefyt (2015)		品牌仪式	构建时间身份 ＋
He(2023)		品牌仪式	品牌依恋 ＋
Liu 等(2022)		品牌仪式	正念状态 ＋
Maschio(2015)		品牌仪式	神圣感 ＋

注：＋表示正向效应；－表示负向效应
资料来源：作者根据文献整理

（二）品牌仪式的特征

1. 程式复制性

仪式行为被设计成符合刻板的脚本，人们认为按照规定的脚本行动是具有内在回报的(Bird，1980)。Rook(1985)指出，仪式体验是围绕一系列情节性事件而建立的。仪式的显著特征是这些情节性事件是以一种精确的、固定的序列连接起来的。Insoll(2004)指出,仪式呈现出模块化和序列化的编排方式,具有立体(刚性)、凝聚(熔合)和累赘(重复)特征。仪式都具有固定的、清晰的特定程序,以此反映仪式的神圣、规范和完整性(孙乃娟等,2019)。仪式的最终存在表现为这种不可简化的完整结构(彭兆荣,2007)。关于程式性还有一层意思是指特定的时间和地点,Holt(1992)将它概括为支架性,并举例加以说明。他指出,观众观看职业棒球比赛的体验以及众多其他消费活动(例如其他观赏运动、参与性运动、音乐会、剧院、电影、节日、游行)具有集体性、形式化、重复性、支架性(在特定的时间和空间)、戏剧性和情感特性。薛海波(2015,第57页)指出,"品牌仪式通常由几个或一系列行为动作构成,它一般会遵循一定的操作程式,……这使得品牌仪式成为一种标准化的行为动作,便于人们学习、模仿、掌握和分享"。品牌仪式如"戏剧脚本",与消费体验相关联(Sharma等,2017)。因此,品牌仪式的特征通常表现出形式性,例如 Amati 和 Pestana(2015)指出的"顺序和结构";以及程序性,即品牌仪式要求一系列按照固定顺序进行的事件和行为,例如奥利奥的"扭一扭、舔一舔、泡一泡"。

仪式行为的事件序列是随着时间的推移而不断复制的。Cheal(1989)认为复制仪式(rituals of reproduction)是基于紧张的"互动仪式";通过这种仪式的互动传达了一种强大的象征意义,即将分裂为原子的个体转化进入一个"小世界"。Gainer(1995)则把参加艺术活动视为 Cheal 所说的"复制仪式"。类似于 Goffman(1971)所描述的"维护仪式(maintenance rituals)",

个人处于混乱的和非人格化的后工业世界中,参与该仪式以建立和维护特定的"小世界"的纽带。仪式的复制性体现为根据规定的程序和模式来组织一系列活动,在特定时间重复出现,使之成为一种文化传统和习俗延续(孙乃娟等,2019)。Pettegrew(2017)研究了仪式在癌症患者的医疗过程中的作用,指出医疗研究人员从两个基本方面构想仪式:1)重复性行为,例如工作人员的"上下班"仪式或重复性的任务:如工作人员——患者的透析任务等;2)旨在有利于治愈的仪式,例如帮助泰国难民营苗族改善个人卫生的戏剧仪式。品牌仪式的重复性体现日常生活中的常规动作或者周期性展演。"当品牌仪式成为消费者日常生活中不可或缺的一部分时,该行为往往具有日常性、例行化的特征(薛海波,2015)"。因此,Park(1998)将品牌仪式的特征描述为典型性(品牌仪式有一套以正式脚本或规范制定的模式;例如,搭配牛奶吃奥利奥)以及行为的重复性。或者,如 Amati 和Pestana(2015)所指出的"频率性"。

2. 表演象征性

仪式的重要特征还包括观众、唤起回忆和风格化的舞台,以及相信参与者的社群。因此,某些人认为,仪式行为的一个特征是必须公开或以某种方式共享(Tetreault 等,1990)。从人类学的角度而言,仪式脱胎于功能性的生产生活行为,最终演化为具有表演性质的行为。"仪式最初起源于人们狩猎、耕作、战斗、分娩、埋葬、聚餐等功能性活动(莫晓宇,2017,第 93 页)"。逐渐地,某些生产生活行为以类型化与重复性的方式固定下来,人们将之赋予了神圣化和宗教化的色彩。如薛艺兵(2003)所言,"人类将自己这种超常态的行为赋予了意义,将它变成了交流的手段或表演的形式"。因此,"狩猎、耕作、战斗、分娩、埋葬、聚餐等活动在保持功能性的同时,也被抽象出并演化为祭祀、出征、祈福、葬礼、庆典等仪式(莫晓宇,2017,第 93 页)",由此"具有的独特性使它与其他类型的行为区别开来"(康拉德·菲利普·科塔克,2012,第 509 页)。因此,表演性成为仪式最为突出的特征,"表演是构成仪式情境的行为基础,仪式情境就是表演的情境"(薛艺兵,2003)。

　　神话常常出现在各种节日仪式里,因为它通过隐喻和联想完成了象征性意义。Barthes(1999)指出,"符号表意的过程分为三个层次,即明示意义、隐含意义和神话","神话是一种传播的体系,神话是一种意指作用的方式"(Barthes,1999)。仪式的定义差异较大,但通常强调有脚本的行为、人工器物的使用、严肃而激烈的气氛以及行动的象征意义(Rook,1985)。作为仪式,消费仪式的共同特点是有限的、模式化的、重复的,并且主要是象征性的实践(Davis-Floyd,1992)。消费仪式与成人仪式一样,有助于调整到新的身份,促进融入新的社会群体(Smith,1999;Friese,2001)。与所有仪式一样,消费仪式赋予"世界意义",是"社会规范和道德情感的戏剧性展现"(Montemurro,2002)。约翰·费斯克(2004)认为仪式是"组织化的象征活动与典礼活动,用以界定和表现特殊的时刻、事件或变化所包含的社会与文化意味。"简·艾伦·哈里森(2008)指出,"仪式是人类的一个永远的需要……我们大多数人都是凡夫俗子,只有在集体性仪式的那种平凡、中庸的气氛中才能自得其乐。"Afflerback

等(2014)研究了女性过渡为人母的消费仪式,发现了两个显著的消费行为即筑巢和接受礼物是以仪式化的形式进行的,还挖掘了其中的象征性意义。

孙乃娟等(2019)指出,仪式具有象征性,通过拟态化表演,仪式将参与者带入特定的情境,通过对特定情境的抽象、凝练、概括,激发出超越时空的、形而上的整体象征。这种象征意义能够加强仪式对社会行为的心理约束,从而完成文化的传承(*孙乃娟等*,2019)。Siehl 等(1991)指出,组织可以设计和上演不同形式的仪式,从而在服务提供者和客户之间产生不同程度的心理卷入(*即心理亲密感或距离感*)。徐翔(2011)指出,仪式具有参与性、程序性、表演性、场合性。Otnes 等(2012)根据仪式行为的作用,指出服务仪式具有表演象征性。Wallendorf 和 Arnold (1991)对感恩节的研究也表明,共享的消费活动被象征性地用于证明进入小世界;他们的研究还表明,互动仪式的共同象征性并不一定依赖于面对面的互动。Valadez 等(1984)在讨论私下进行的、参与式的仪式时指出,即使是由孤立的个人进行的共同行为,也可能在建立社会关系方面具有重要的象征作用;例如,各自从事家务仪式的家庭主妇通过讨论她们对家务的关注和表现,就能够利用参与该仪式来建立和维护与其他参与者的共同纽带。

品牌仪式也表现出(*对于消费者*)缺乏直接的工具性目的(Prexl *和* Kenning,2011)。品牌仪式具有意义表达性。从人类学家的角度而言,品牌仪式是一种文化表演,消费者通过它表达意义和情感(Maschio,2015)。薛海波(2015)指出,品牌仪式的行为动作对行为人来说都具有一定的象征意义。品牌在其营销和广告中嵌入了意义,旨在鼓励消费者采取特定品牌或产品类别的仪式性行为(Otnes 和 Scott,1996)。例如,Amati 和 Pestana(2015)围绕食品和饮料(奥利奥饼干和科罗纳啤酒)指出了"意义和符号"、"表演和美学"是品牌消费仪式的构成要素之一。

3. 情感关联性

仪式往往在每次举行时都以相同的方式进行,因此仪式事件起到了记忆的作用,它从个人那里引出特定的思想和情感(Mead,1956)。对于消费者来说,每一次品牌仪式化行为可以获得良好的品牌体验和深刻的大脑印记,这"在无意识中增强了消费者对品牌的认知和情感关联(薛海波,2015)"。品牌仪式有意识地与创造情感愉悦氛围的行动或活动相联系(Prexl 和 Kenning,2011)。传统的营销刺激逻辑,例如 Shove(2010)的 ABC 模型,是从意念到行为,即先影响消费者的观念和态度,再影响其行为。与此不同,品牌仪式的刺激逻辑则"是从行为到意念,即通过影响和改造消费者与品牌相关的行为模式,在周期性重复过程中建立消费者对品牌的认同和情感关联(薛海波,2015)"。

五、研究现状的突破口

鉴于品牌仪式在业界的实践已经走向热门,但是关于品牌仪式的研究却刚起步,因此关于品牌仪式的研究与应用是一个较为紧迫的研究领域,具有较强的现实指导意义。通过考察研究品牌仪式的现有文献,本研究发现存在四方面的理论缺口。

第一,大多数文献把研究重点放在仪式、仪式行为、仪式性消费上,将品牌仪式行为作为品牌领域的一个专门构念加以研究的成果较为匮乏。在该领域的少数成果中,主要把品牌仪式作为一个结果变量加以考察的。现在,亟待把品牌仪式行为作为一个前因变量加以研究,以期考察它会带来哪些后效,尤其是它与品牌忠诚度的演化机理缺乏完整的理论解释框架。此外,目前研究品牌仪式行为的考察视角不够多元,理论基础较为单一,有碍于对相关效应的突破性挖掘。

第二,目前的文献对于仪式的研究较多集中在社会和集体维度,尤其对于传统仪式和节庆中的社会性参与行为呈现了较充足的成果。然而,品牌仪式在个体层面("消费者—品牌"互动层面)的维度表现、价值感知和心理加工的精细机制鲜有研究进行探寻(孙乃娟等,2019)。因此,对品牌仪式行为的考察提上了日程。

第三,在品牌仪式后效的研究中,考察意义的研究寥寥(McCracken,1986)。但是,基于消费仪式的特征,意义是极为重要且不容缺失的研究领域。学术界显然已经关注到了这一点,例如 Wang 等(2021)考察了仪式行为增加生活的意义、减少孤独的效应。从现有的文献来看,不仅关于意义的机制在理论上进行深入挖掘的空间较大,而且关于其深层后效还有进一步探索的必要性。

现有文献缺乏立足于消费者主体的意义赋予的过程分析,较多地聚集在意义赋予的内容方面,尤其在关于自我意义建构领域做出了较为丰富的探索。但是,这些研究主要以品牌或者仪式为出发点,考察了品牌或仪式给消费者带来哪些意义。例如,Wallendorf 和 Arnould(1991)考察了感恩节的主位意义(emic meaning)与客位意义(etic meaning)。但是,关于意义赋予在消费者身上是如何发生的问题上缺乏文献研究,是一个亟待填补的缺口。

第四,无论理论阐释,还是实证研究,极度缺乏针对东方文化情境下的品牌仪式的阐释与应用。现有仪式的文献主要是基于西方文化背景的研究结果,对于非西方文化背景下仪式的考察限于加纳(Bonsu 和 Belk,2003)、日本(Houston,1999)、越南(Nguyen 和 Belk,2013)等国消费者特定的仪式行为。因此,冉雅璇等(2018)指出未来"一方面应通过古籍分析和质性方法提炼中国背景下的仪式内涵,另一方面亟须编制出一套契合中国文化的仪式操纵方法"。李堃等(2018)也强调,未来的研究可加强对东方文化情境中消费者仪式行为的分析。

第二节　意义赋予

一、意义与品牌意义

(一) 意义

意义,英文 meaning,根据辞典简编版,意义有两层含义:其一指意旨、含意;其二指行为、事物的价值或重要性。冯友兰(1984)认为,只有对某一事物或人的行为有所了解,才说明该事物对他有意义。从语言学和语义角度来看,"意义"本身具有模糊性(Putnam,1973)。因此,解释的结果取决于个人的态度、经历、情绪和活动,这些都会被用于推导和预示意义(Ogden 等,

1946)。冯友兰(1984)指出，正是人的觉解，才使得万事万物具有了意义，否则"宇宙只是一个混沌"。可见，意义的第二层含义是以第一层含义为基础的。关于意义的这两层含义，杨国荣(2018)、胡塞尔(2007)、阿尔弗雷德·舒茨(2012)以及格雷马斯(2005)亦有相关阐述。

杨国荣(2018)将意义区分为理解—认知之维的意义和目的—价值之维的意义。理解—认知之维的意义主要涉及"是什么"的追问，表现为可思议性；其无意义则表明有悖逻辑的规则，从而难以理解。目的—价值之维的意义对应的是"意味着什么"的追问，有意义就在于有价值，体现了人的目的性规定；这个层面的无意义，往往表现为荒谬。胡塞尔(2007)提出了两种意义的区别，一方面是"基本上主观而偶然"的表达，另一方面则是"客观"的表达。如果只根据声音的表面内容就可以理解，不必理会说话者与说话情境，那么这个表达就是客观的。反之，如果可能意指的概念——整体群组属于表达本身，而本质上其每一次实际上的意指又必须取决于说话者与说话情境，该表达则本质上就是主观而偶因的。阿尔弗雷德·舒茨(2012)明确提出了"客观意义"和"主观意义"。如果所谓他人行为所要表达的意思无非就是告知性的表达内容，我可以一举掌握到它。"然而如果所谓的意味意义并不是只在告知行为当中的"被告知的意思"，而是指告知者籍由此项告知欲表达一些什么，也就是赋予它一个意义，为此缘故，他才要在此时此地向眼前这个人完成表达动作(阿尔弗雷德·舒茨，2012)。""一方面我可以把外在世界的现象视为他人体验的指标，我除了会注意外在世界，还会加以诠释,于是我会说它们具有客观意义"。所谓客观意义是指它本身是可理解的,是独立于任何人的行动、思想、判断活动的,因此具有匿名性和不变性。"但另一方面,我也能借由这些来注视有理性者活生生意识的形成过程,外在世界的现象正是这个意识的标记(主观意义)。"因此,主观意义不可能是匿名的,因为它只从自己意识的意向性作用而来。阿尔弗雷德·舒茨(2012)补充道,在日常生活中,我们诠释对方意思的明晰程度要达到什么地步,是由我们的利益来决定的。因此,社会世界的每个意义诠释都是"实用取向的"。格雷马斯(2005)指出,意义有时被理解成一个指代,有时被理解成一个方向。前者被看作一种代码,而后者显得像是一个意向,一个建立在要走的路程和其终点之间的关系。人体作为一个形体,它拥有充当表达代码之载体的所有条件。格雷马斯(2005)主张,意义为人存在,同时人也是生产意义的主体,人有能力为自己也为人类世界生产意义。

(二) 品牌意义

1. 两大流派

根据营销文献,"品牌意义"可划分为两大流派(Bauer 和 Kaven,2017)。一个流派是品牌管理文献(例如,Keller,1993;Hatch 和 Schultz,2003;Kapferer,2012),他们将品牌意义理解为消费者根据所接触的相关品牌信息而产生的品牌联想(Keller,1993)。因此,他们从管理视角出发,将管理者视为品牌意义的发起者,创造、实现、并控制着品牌意义(Kapferer,2012)。McCracken(1989)提出意义转移模型,名人首先从其公共角色中获得象征性特性,然后通过将名人与产品联系起来的营销传播,将这些特性转移到特定的产品,最后被消费者认可和消费。

与此相关的是,Keller(2003)把品牌意义视为在消费者心目中的品牌联想(brand associations)的完整网络,由消费者与品牌的互动和有关的品牌传播(包括不受营销人员控制的传播)产生。当然,许多联想都涉及该品牌的功能或利益,包括其质量,但也包括反映身份的象征性方面内容,它包括品牌个性(Aaker,1997)、个人价值观、群体和民族/国家认同、家庭和民族传统等(见 Strizhakova 等,2008)。Keller(1993)关于品牌联想的开创性研究表明,消费者推理可能是一个主要的心理过程,它通过显性的名人广告产生意义转移效应。根据 Keller(1993),消费者形成品牌联想的一个重要方式是从记忆中与产品本身无关的其他信息中推断出这种联想,即二次联想。具体而言,消费者推断出该品牌与配对实体例如名人都具有某些特征(例如,通过背书或联合品牌来配对),从而为该品牌产生"二级"链接。然后,这些推断出的二级关联可能会激活配对实体的特定特征向品牌的转移(Keller 1993)。消费者推断与 McCracken(1989)通过名人广告的明确信息对品牌态度产生的非评价性意义转移效应极度一致。由于广告明确强调品牌和名人的配对,消费者通过有意识的认知处理和推理,意识到双方之间有目的的偶然性(De Houwer 等,2005)。冉雅璇和卫海英(2017)指出,"品牌基础意义包括产品意义(产品功能和产品价值)、情感意义(基础情绪和道德情绪)和文化意义(联想意义和价值观意义)三个层面,品牌仪式意义涵盖自我概念意义、自我展示意义、自我参与意义和自我更新意义。品牌基础意义是促使仪式意义展现的前置因素,是品牌仪式的根本内因"。

　　另一个流派是消费者文化理论(CCT)文献(例如,Muniz 和 O'Guinn,2001;Holt,2002;Escalas 和 Bettman,2005;Allen 等, 2008),他们反对品牌意义仅仅源于品牌相关传播的观点(例如, Allen 等,2008;Holt,2002),认为营销传播只是品牌意义的来源之一(Allen 等,2008;Batey,2008)。因此,CCT 学者认为,除了公司,消费者在意义创造中也发挥着至关重要的作用(Allen 等,2008;Batey,2008),消费者并不是品牌意义的被动接受者, 而是主动的意义创造者(Holt,2002)。Berry 明确地定义了品牌意义:"品牌意义是指顾客对品牌的主导感知"(2000,p. 129)。Allen 等(2008)将品牌意义定义为:它是理解关于品牌的小单位信息和体验的结果(Allen 等,2008)。Batey(2008)指出品牌意义是由消费者主动创造的,是个体的和主观的。而且, 品牌意义受到消费者的图式以及他或她的价值观、经历、动机和愿望的影响。此外,品牌意义是有背景的,并受到消费者情绪的影响。最后,品牌意义是基于消费者过去对相应品牌的体验塑造的(Batey,2008;Allen 等,2008)。

　　Batra(2019)指出最吸引消费者的品牌除了能提供所需的功能优势之外,还能提供象征性的"意义",它可以帮助消费者建立和表达自我认同(Belk,1988;Levy,1959;Malar 等,2011)。 亦有相关文献关注消费者如何使用品牌为他们的生活增添意义(例如,Arnould 和 Thompson,2005)或向他人发表个人声明(例如,Escalas 和 Bettman,2005)。Batra(2019)根据相关文献指出品牌意义的几种潜在类型:柔软与力量、精致与粗俗、性感与安全、自然与非正式（naturalness and informality）、养成（nurturance）与自信、社会责任与真实性。Batra（2019）指出，品牌意义比品牌个性涵盖的领域要广泛得多，还涉及企业形象（例如，Fombrun 和 Van Reil（1993）的社会和生态责任；Davies 等（2004）建议的无情（傲慢、控制）和非正式（随和）、文化意义（Levy，1959，1981；McCracken，1986，1989）、价值观（Schwartz等，2012）和感觉与情绪（Batra 和 Holbrook，1990；Diener 等，1995）。

2. 三种视角

不同的理论常常采取不同的视角考察品牌意义。通过梳理品牌文献，发现了关于品牌意义的三种理论流派（Tierney 等，2016），即时间视角、社会情感视角和文化视角。这三个流派的共同之处在于强调品牌意义并不是单一的共同的理解（Allen等，2008）。他们的不同之处在于从不同的视角阐述了品牌意义的异质性来源所在。

第一，品牌意义是由参与其过程的参与者独特地决定的，并且本质上是渐进的（例如，Kates 和 Goh，2003；O'Reilly 和 Kerrigan，2013）。因此，该流派认为品牌意义是一种异质性的、不断发展的理解。一方面，它指认知的理解，即市场参与者利用营销传播，通过对话和交流互动在时间和地理空间上，从认知上塑造和重塑传播的意义（Kates 和 Goh，2003）。虽然这种认知视角牢固地植根于有意识的信息处理，但是还是需要考虑情绪影响的体验视角（Holbrook 和 Hirschman，1982）。另一方面，它指情感理解，即"意义"的结果是由情绪的感知偏见所形成的

(Ogden 等,1946)。过去的文献业已确立了消费者情绪在消费和品牌相关体验中的核心作用(例如,Holbrook 和 Hirschman,1982)。总之,由于这种认知和情感所影响的结果反映了群体和个人的社会文化和社会历史环境(O'Reilly 和 Kerrigan,2013),因此所产生的意义不是静态的,而是渐进的,随着时间的推移以及不断变化的社会文化环境而演变(Kates 和 Goh,2003;Hollenbeck 等,2008)。

第二,品牌意义是社会协商过程的结果(例如,Muniz 和 O'Guinn,2001;Brown 等,2003)。例如,通过交换和消费体验,市场参与者重塑组织沟通的意义,以便反映感知个人相关性(例如,Holt,1995),如价值观、目标和动机(Belk,1988;Escalas 和 Bettman,2005)。因此,市场参与者将品牌意义作为一种差异化方法进行评估并使其合法化(例如,Berry,2000;Muniz 和 O'Guinn,2001;Allen 等,2008)。

第三,品牌意义受到文化和情境的影响(例如,Torelli 等,2012;Al-Mutawa,2013)。消费者并不是被动地接收品牌信息,而是从认知上和特质上(idiosyncratically)塑造意义,以反映他们自己的社会文化状况(Arnould 和 Thompson,2005;Torelli 等,2012)。塑造是通过市场参与者之间持续的话语和消费实践来实现的(Kozinets,2001;Al-Mutawa,2013),这使品牌意义成为一种可塑的资源(Pitt 等,2006)。此外,思维的不断演变——从交换的意义到通过多个参与者的互动所建构的意义——表明品牌意义是在市场参与者的网络中发展起来的,因此是有背景的(Vargo 和 Lusch,2008;Merz 等,2009)。背景指的是一组独特的参与者及其之间的相互联系,这些参与者最终影响服务生态系统中微观(如服务交换)、中观(如用户社群)和宏观(如社会文化网络)层面在时间上分散的互动(Chandler 和 Vargo,2011)。

显然,大多数研究人员倾向于从消费者的角度考虑品牌意义,Vallaster 和 von Wallpach(2013)和 Tierney 等(2016)则考虑到了利益相关者网络这个更为广泛的视角。Tierney 等(2016)将品牌意义定义为一种异质性的、不断发展的情感和认知理解,这种理解归因于品牌是社会协商过程的结果。他们通过考察全球健康品牌 BUPA 来说明品牌意义构建的互动性、社会情感性和情境性,这导致了品牌意义的异质性。

需要注意的是,虽然基于信息的品牌概念已经在理论和研究中取得卓有成效的成果,但它只代表了品牌性质和品牌过程的一个视角。尽管作为信息的品牌概念和作为品牌知识管理者的品牌管理者仍然主导着当前的思想(例如,Keller,2003;Keller 和 Lehmann,2005)。但是,基于知识(Knowledge-based)的品牌概念模糊了信息和意义之间的区别:"品牌联想是记忆中与品牌节点相连的信息节点,包含了品牌对消费者的意义"(Keller,1993,p. 3)。在品牌研究中,信息(information)和意义(meaning)之间有明显的区别(McCracken,2005)。Allen 等(2008)指出,信息是根据关联模型(*该模型侧重于分解的、隔离的和以产品为中心的属性*),将复杂的结构分解并缩减为可管理的小块。反之,意义则是指将小块组合成更大、更复杂、更抽象的整体,去推导出意义,就是从许多较小的单位中获得更大的意义。一个有趣的悖论出现了：在寻找意义的过程中，语境就是一切；但是在寻找信息的过程中，语境就是噪音。因此，信息和意义是无法相互理解的，那种追求基于信息观念的最大化将损害对意义的追求。

二、意义赋予与品牌意义赋予

（一）意义赋予

意义赋予在英文中有 meaning making（Allen 等，2008）和 sense making（Adamson，2022）两种表述。人具有一种意义赋予的能力，而不论这种能力是源自人的动物性本能，还是心灵的本体论特征，或某种意向性结构，亦是某种先天的本性（邵明，2015）。"行为的意义是在自我采取某种立场的活动中建立起来的。但我也可以将不是出于我的活动之体验称为有意义的。所谓我察觉到体验的意义，是我注意到它，把它从我的其他体验中"凸显"出来。"（阿尔弗雷德·舒茨，2012）这种"凸显"出来的体验，可说是我们对它"意义赋予"。

人的意义赋予活动包含广泛，有理性认知活动，也有价值规范活动、审美情感活动或宗教信仰活动等等（邵明，2015）。冯友兰（1984）提供了"执"和"破执"的两条路径。其一，以"形而上学正的方法"，通过名言概念而得到对普遍性的"理"的认识，有助于事物意义的呈现。其二，借助佛家和道家的"形而上学负的方法"，对名言概念的否定方式（"遮诠"）也可以更好地使意义世界得到澄明。类似地，邵明（2015）指出，人们通过两种方式进行意义赋予。其一，人们通过语言概念符号赋予事物以一定的意义，例如概念的实指定义就是基本的意义赋予行为,属性分类和关系类比等等也是基本的获得意义的方式。其二,人们还可以通过非概念方式,如想象、回忆、联想、虚构、同情、共鸣、仁爱或信仰等等,为周围的事物赋予出千姿百态、无限丰富的意义来,就像我们在人际伦理、艺术创作或宗教体验等生活行为中所看到的那样。

此外,意义赋予可能还有两种路径,一种是向外索取,一种是向内建构。Aaker 及其同事(Beyer,2022)假设富裕的人更容易获得"外部幸福来源",因此可能不依赖于"内部建构的意义感"。正如 Aaker 所说,"对于较富有的人而言,让他们从生活中已有的意义中受益,但并没有转化为幸福,可能更加有效。"Aaker 及其合作者还指出,已经被证实有助于意义感的体验——包括牢固的人际关系和宗教信仰——通常不用花钱。因此,如果经历了消极或挑战,然后能够给它赋予意义(make sense),是体验生活有意义的一种途径(Beyer,2022)。

（二）品牌意义赋予

品牌意义赋予的范式可追溯至 Belk(1988)关于财产和扩展自我以及 Hirschman 和 Holbrook(1982)关于象征性消费者体验的奠基性文章。Holt(2002)指出,通过营销传播活动,消费者将品牌意义作为一种资源——从某种意义上说,是一个意义平台。最终,品牌意义赋予(brand meaning making)是由 Allen 等(2008)作为一个新的研究范式提出的。Allen 等(2008)将意义创造解释为将许多小块片段(small pieces)组装成一个抽象的、复杂的整体。Allen 等(2008)指出品牌意义赋予的主体有文化生产系统(例如,大众传媒、电影产业、作家与记者、时尚产业设计公司、社会批评家、潮流意见领袖、边缘社会群体的反叛分子以及重大的历史事件)、消费者和企业。根据以上主体的不同,品牌意义赋予可区分为文化意义赋予、消费者意义赋予和公司意义赋予,如图2.1所示。根据 Allen 等(2008)的阐述,消费者不是品牌营销传播的被动接受者,因此也不是公司有意传达的意义的被动接受者。相反,消费者是意义的积极创造者。他们将这种意义创造解释为将许多小块片段组装成一个抽象、复杂的整体。在消费者文化理论(CCT)领域,大量研究人员研究了消费者如何转变和重新塑造品牌固有的象征意义,以推进他们自己的身份项目(Holt,2002;Schau 和 Gilly,2003;Arnould 和 Thompson,2005;Escalas 和 Bettman,2005)。

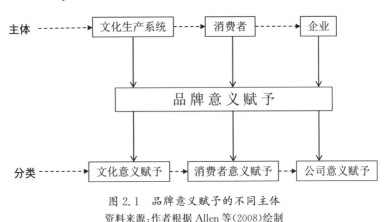

图 2.1　品牌意义赋予的不同主体
资料来源:作者根据 Allen 等(2008)绘制

如 Batra(2019)以及 Fournier 和 Alvarez(2019)所描述,为产品和品牌的文化意义做出贡献的实体是多种多样的。它们包括产品、广告、(名人)代言人、包装和零售环境的多感官要素。

尽管某些实体是固定元素,如产品和品牌,但其他实体,如人类线索,则更具活力和异质性。Fournier 和 Alvarez 将品牌的娱乐也看作推动和支持品牌文化意义的要素,包括其象似性(iconicity)。他们还指出,营销人员、其他消费者和社交网红(social influencers)还采用故事,包括品牌传记,来发展品牌的文化意义。在某些情况下,品牌作为主角扮演着神话和隐喻的角色,其使用据称有助于消费者,因为他们管理着与文化相关的消费角色,并维护着重要的文化和亚文化价值观。Fournier 和 Alvarez 还描述了品牌社群的工作,以及这种社群如何创造文化和亚文化价值观、神话、品牌意识形态和仪式,并使之保持活力。Fournier 和 Alvarez 还指出了被污名化群体在影响品牌和产品文化意义方面的作用。

另一方面,McCracken(1986)依据符号互动理论提出了商品的文化意义流动模型。McCracken(1986)研究了意义的转移,认为意义起源于文化;从那里被转移到品牌中,并最终转移到消费者中(McCracken,1986)。McCracken(1986)的模型指出,意义从文化构成世界通过广告和时尚系统向消费品转移,然后又从消费品通过占有仪式、交换仪式、打扮仪式和转让仪式,向个体消费者转移。文化是品牌最终从中获取意义的普遍类别的来源和所在。因此,McCracken(1986)的意义转移模型指出了意义的两个来源:企业与更广的文化生产系统,其模型强调的是意义从文化构成的产品或品牌向消费者的单向流动。

鉴于本研究的目的是探索消费者品牌仪式行为的结果,研究个体消费者的品牌意义创造过程,探究消费者意义赋予是合适的视角,因此,本研究借鉴了 Holt(2002)和 Allen 等(2008)研究成果,承认个体消费者在解释品牌传播和品牌意义创造中的积极作用,将研究重点确定为 Allen 等(2008)所提出的以上三种意义赋予之中的消费者意义赋予。

此外,Allen 等(2008)与 Batey(2008)一致认为,意义产生的背景发挥着重要作用,并有可能影响由此产生的意义。Allen 等(2008)指出的一个背景因素是当今消费者的营销精明(marketing-savviness):消费者越来越多地掌握了营销技术的内幕知识,这些知识塑造了他们在解释品牌信息时所使用的假设和框架。类似地,Holt(2002)预测,在后现代条件下,未来消费者将把所有品牌都理解为商业实体,品牌将不再可能掩盖其商业动机。因此,他认为品牌与盈利动机的距离将在消费者对品牌真实性的判断上以及消费者的品牌意义评估中发挥次要作用(Holt,2002)。Muniz 和 O'Guinn(2001)认为,品牌社群对品牌意义具有积极的解释功能,例如社群中消费者之间对品牌意义的评估、谈判和解释。这些研究者认为,品牌意义是在营销人员和消费者之间进行社会性协商的,而不是从公司原封不动地传递给消费者的。

三、消费者意义赋予

新兴范式的研究人员强调,个体消费者的阐释活动可以影响、塑造和重塑品牌的文化意义。Allen 等(2008)指出消费者作为意义赋予的共创者,把品牌运用到了自我认同管理的任务之中,消费者既可能是品牌意义的合作者,也可能是品牌意义的反对者。这种范式的转变有利于人们关注消费中未得到充分探索的、强大的体验的和象征性的方面：即人们在现实生活中所看重的意义。消费品从简单的信息载体转变为个人和社会身份建构的意义丰富的工具。消费者被重新定义为积极的意义赋予者，而不是营销产品和沟通的被动接收者。

新兴范式支持以消费者为中心（相对于文化驱动的）的品牌意义赋予模式（Thompson 和 Haytko，1997），以及消费者作为意义赋予者的扩展定义，包括对文化共享意义的适应、操纵和修正。Wipperfurth（2005）也是新兴范式的倡导者，他指出，当个人通过为品牌/产品创造新的意义、用途或仪式来增强原始品牌理念，然后将该信息转化为主流时，消费者共创就发生了。《哈佛商业评论》的最新文章明确地提出了"sensemaking"（Adamson，2022），它指的是："企业采用苏格拉底式的方法，不是告诉客户该怎么想，而是帮助他们创建一个框架，在这个框架内消费者做出自己的决定（Adamson，2022）。"该文分析揭示了销售代表让客户接触信息的三种方式：提供信息（提供全面的信息）、讲述信息（与买家分享自己的观点）和意义赋予（引导客户自己证明，帮助顾客进行意义赋予）。虽然每种方式都在一定程度上有效，但是意义赋予显著地增加了购买的可能性。

（一）消费者意义赋予的内涵

尽管品牌是信息的发送者，但它并不是意义的唯一生产者。相反，它所派生的意义是由接收者通过解释积极创造的。Batey（2008）借鉴了消费者心理行为的成果，揭示个体在信息解释以及随后的品牌意义创造中的积极作用。品牌所传递的传播信息包括各种感官信息,消费者对这些刺激的选择和处理具有主观性。所选择的信息被传输到人脑并由人脑进行解释。在这个过程中,解释描述了一个人对感知到的刺激所赋予的意义。这些意义可以从刺激本身以及从个人的思想中演变而来。人的思维在其中的作用意味着解释的过程受到人的图式的高度影响。图式是指每个人所持有的一种感觉和信念体系,反映了他或她对世界某些因素的知识和经验。这些图式对信息编码和解码的动作进行指导,从而使人倾向于以特定的方式感知刺激(Batey,2008)。

此外,Batey(2008)指出,对刺激的解释在很大程度上受到消费者个人价值观、经历、动机和愿望的影响。因此,由此产生的品牌意义是主观的,并且每个消费者都有所不同。应该强调的是,接受刺激的特定背景在解释过程中发挥着至关重要的作用。该背景(context)不仅包括个人和社会文化环境(circumstances),还包括情境(situational ones),如特定的时间和地点。这意味着,两个消费者感知到相同的刺激可能会得出明显不同的解释,从而从相同的情况中获得不同的品牌意义。此外,应该考虑到,消费者每次遇到品牌,品牌意义都得到了建立和持续。因此,在解释过程中,人类大脑也可能借鉴过去的品牌体验和品牌意义,这可能有助于塑造源自特定刺激的意义(Batey,2008)。

最后,重要的是要意识到情感在品牌意义创造中的作用(Batey,2008)。品牌是基于认知和情绪在人类记忆中编码的。这两个组成部分是不可分割的(Gordon 等,2001),因此消费者对品牌的感受会整合到他或她对品牌的想法中(Batey,2008)。

当消费者接触到一个品牌刺激时,注意到该刺激的概率是由情绪而非认知思维来决定的(Gordon 等,2001)。因此,情感对于品牌意义的创造是不可或缺的,因为没有情感就不可能建立起思想联系(mental connection)(Batey,2008)。而且,在广告中,情感画面(emotional images)和视觉隐喻(visual metaphors)的使用非常有效,因为它吸引了意识的直觉部分(Batey,2008)。

总之,消费者对刺激的解释所产生的品牌意义是高度主观的。这是因为它受到消费者的个人价值观和经历、过去与品牌的接触,以及特定的背景和在接触刺激时出现的情绪的影响(Batey,2008)。

(二) 消费者意义赋予的类型

1. 共享的意义赋予

Fournier 和 Alvarez(2019)和 Batra(2019)都指出,文化模型是由特定领域结构(或文化图式)所组成的、由一个社会群体所共享的且稳定的认知网络,如价值观、信仰和隐性理论,它通过神话、仪式、意识形态、惯习(habitus)和隐喻来表现。当这些认知网络及其表现嵌入文化模型中时,品牌和产品在这些文化网络中获得意义。与文化心理学家的观点一致,在这种文化背景下,品牌意义不是对品牌象征的异质性感知,而是一种一致性理解(consensual understanding),即一个抽象的品牌形象代表了一个文化群体的本质(即,公众对基本文化元素的象征性达成一致,Torelli,2013)。在关注品牌如何获得文化意义的问题时,Fournier 和 Alvarez(2019)围绕消费者心理学的四个核心概念构建了他们的论点:品牌联想、产品类别联想、社会认同和自我认同。

根据 Allen 等(2008),品牌在本质上首先具有通过营销系统和文化传统所创造的共享意义(shared meaning)。为了实现有效的沟通和服务于融入社会的功能,意义必须在一些基本层面上与文化成员们共享(Blumer,1969;McCracken,1986)。沿着这个思路,品牌的意义是由消费者共享的:消费者可能会因为对特定的品牌关联的喜好程度而有所不同,但是他们通常都同意与品牌名称相关的关联(Alvarez 等,2013)。例如,宝马是"款式和驾驶性能",沃尔沃是"安全",可口可乐是"美式和活力"(Keller,2003,p. 87)。但是,探索性研究表明,被广泛分享的品牌意义的比例可能低至 50%(Hirschman,1981a)。

显然,共享的意义赋予是通过消费者对营销系统和文化传统所创造的意义的理解、认可和共享来实现的。张曙光(2008)基于 McCracken(1986)的意义流动模型探讨了商品符号意义的社会建构,认为商品的符号意义首先是在市场的主导下进行了生成与传播,然后在消费者的协商性参与下进行了共识建构。通过社会性话语,消费者重新配置品牌的赞助广告信息(Ritson 和 Elliott,1999)。消费者甚至扭曲了品牌意义,将其转移到意料之外的方向,并以令人惊讶的方式重新定义品牌(Firat 和 Venkatesh,1995;Thompson 和 Haytko,1997;Holt,2002;Kozinets 和 Handelman,2004)。从这个角度看,品牌不属于管理者;而是处在消费者、品牌经理和其他代理人协商和重新阐释品牌意义的更广泛的消费文化结构中,品牌是被语境化的(Arnould 和 Thompson,2005)。

Chang(2005)对所谓的隐形品牌进行了为期16个月的民族志调查,这些品牌不明显地融入了家庭环境。她认为,这些品牌的意义所在与个人身份无关,而是与社会身份过程有关,在这个过程中,品牌及其周围的习惯和模式是家庭意义赋予体系的重要组成部分。Chang(2005)强调,消费者经常购买被口头判断为"非我"的品牌,因为这些品牌符合更大的家庭背景和逻辑,以及购买者在该社会体系中的角色。这项研究进一步证明,个体消费者并不总是经过深思熟虑的协商,将品牌融入他们的生活,他们也不总是为了完善自我认同的目的而进行意义协商。相反,消费者有时会允许他们隐性的家庭习惯和系统接管对于品牌的意义赋予。

Batra指出,消费者与品牌关联了多种意义,包括品牌利益、品牌个性、价值观、情感、性别联想和原产国。Fournier 和 Alvarez 补充道,除了与人类个性有关外,消费者还关联了品牌的其他拟人化特征(MacInnis 和 Folkes,2017);其意义和适当性可能因文化而异。Fournier 和 Alvarez 引用了关于品牌意义及其与文化类别(如地位和年龄)的关联的研究。他们还认为,产品和品牌的文化意义包括品牌在文化或亚文化中的酷性(coolness)、象似性(iconicity)和合法性(legitimacy)。标志性品牌(Iconic brands)(包括个人、产品、服务或场地品牌)与公众共享其文化意义,反映了文化所孕育的抽象价值观、个性、思想和神话的体现(Holt,2004;Fournier 和 Alvarez,2019;)。

Boorstin(1973)认为,当代社会定义和表达群体成员身份的主要方式之一是通过共享的消费符号来帮助识别个体的群体成员身份,从而表达社会自我。根据 Maffesoli(1996)的开创性研究,当个人试图在被视为毫无个性的全球化上坚持一种本土认同感时,当他们在一个激进的个人主义和孤立的时代寻求建立社会联结时,或者当他们仅仅需要填补当代空白的空虚自我时,基于消费的社群就出现了(Cushman,1990;Cova 和 Cova,2002;Goulding 等,2002)。在当代以消费为基础的社会中,这些重构是围绕着品牌进行定义的,它们为形象(再)建构提供了丰富的素材:也就是说,"产品象征意义为部落创造了一个宇宙"(Ostergaard 和 Jantzen,2000)。品牌产品提供了 Cova(1997)所说的"链接价值":促进具有共同生活方式兴趣的个人共存。从这个意义上说,品牌社群中的产品为消费者提供了工具价值(instrumental value),而不是终端的使用价值(terminal value-in-use)。消费者存在于人际互联的网络中,并至少部分地会在群体中表现出来(Muñiz 和 O'Guinn,2005)。各种各样的消费亚文化(Schouten 和 McAlexander,1995;Kates,2002)、消费微文化(Thompson 和 Troester,2002)、消费文化(Kozinets,2001)、部落(Cova,1997)和品牌社群(Muñiz 和 O'Guinn,2001),这些微社会消费群体组成了一个由共享的情感和体验联系在一起的、围绕着一个品牌的异质人群的网络(Cova 和 Co-va,2002)。

　　Schouten 和 McAlexander(1995)通过对哈雷戴维森车手群体的民族志研究,将消费亚文化的概念引入消费者行为学科。他们强调了这个独特的社会亚群体的社会文化素质,这些群体根据对特定产品类别、品牌或消费活动的共同承诺进行了自我选择。亚文化核心的社会机制包括：共同的道德观或一套与品牌相关的价值观；独特的语言系统；作为成员资格徽章的标志和符号；仪式；还有神话故事和英雄。Muniz 和 O'Guinn（2001，p. 412）提出了更广泛的品牌社群概念，这是一种社会社群的形式，被定义为"基于品牌崇拜者之间的一组结构性社会关系的专门的、不受地理限制的社群"。品牌社群被确定为具有三个定义性特征：(1)通过共同的产品消费，有一种同类感和归属感；(2)使社区和品牌文化具体化，并帮助其长期保持活力的仪式和传统；(3)公共道德和对其他社群成员的共同的（*软性的*）责任感和义务感。最近的社群研究还考虑了权变理论的发展，这些理论限定了社群表现形式，并限定了社群形式。Cova 和 Cova（2002）为社群成员可以扮演的各种角色提供了一个分类方案，包括：纯粹的成员、选择性的非正式聚会的参与者、基本上每天参与部落活动的从业者，以及一大群共情者或旅伴，他们只是虚拟地融入部落。

Solomon（1988a，1988b）超越了消费者使用单个产品和品牌作为身份的表达，而是扩展到为了表达社会角色而将一批品牌和产品组合起来的连贯的集合意义。实证证据显示，一些产品和品牌同时出现在特定原型和社会定义的角色的库存中，例如雅皮士（*例如劳力士*（Rolex）、喜力（Heinekin）、佩里尔（Perrier）、巴克莱（Barclay）、宝马（BMW）、艾斯快尔（Esquire）、布鲁克斯兄弟（Brooks Brothers）和美国运通（AMEX）等），并支持消费者就这些基于角色的品牌群完形达成共识。Wicklund 和 Gollwizer（1982）测试了个人可能使用产品和品牌集合来表达理想的基于角色的身份的程度,证实了对未来工作前景有不安全感的 MBA 学生会更多地采用刻板的商业人士的消费模式,从而积极参与被认为有助于理想自我概念的消费集合。

2. 个性化的意义赋予

根据 Allen 等(2008),品牌的意义还包括由个人构建的更加个性化的意义(personalized meaning)(Allen 等,2008)。Richins(1994)关于财产的公共(共享文化的)与私人(个人的)意义的概念也与此相关。Solomon(1983)指出,产品象征性可以在社会层面产生,但也可以在个人体验层面消费时发生。产品的消费既有其社会意义(作为符号(symbol),也有其个人意义(作为信号(signs))。Aguirre-Rodriguez 等(2012)针对品牌学的研究发现,消费对象可以对消费者个体性和社会性两个维度建构心理意义。Elodie 等(2012)指出,消费者通过消费商品来建构自我认知,以此体现自我个性,完成社会识别,从而体现个体与社会的关系。

虽然 McCracken 的模型强调了从文化性构成的产品或品牌向消费者的单向的意义流动,但是个体消费者的阐释活动实际上可以影响、塑造和重塑品牌的文化意义。Fournier(1998)阐释,已实现的品牌意义不是产品固有的,也不一定是通过公司的广告和营销活动所强化和普及的意义。相反,当品牌与重要的身份主题和生活项目相交时,品牌的意义是由个人创造的。Ligas 和 Cotte(1999)讨论了品牌意义的协商过程,将商品意义分为三部分:物理性特点、功能性特点、个性化特点。物理性特点指商品外在的独特的形状和包装,是在外观上与其他商品实现差异化的特点；功能性特点指商品在功能上能满足消费者某种需求的部分；个性化特点是商品中具有消费者个人烙印的部分。Ligas 和 Cotte（1999）认为，品牌意义的形成是协商的结果，消费者对商品在以上三方面达成共识，商品的意义才得以形成。

Hirschman（1981a）指出，符号要起作用，至少需要发送方和接收方这两方；因此她坚持认为，研究象征性消费至少需要二元（dyad）成员。但是，Solomon（1983）特别提请注意的一点，这一点对于本研究也非常重要，反身性评价（reflexive evaluations）通常是想象的或推想的评价的结果。因此，发送和接收象征性沟通的"二元（dyad）"成员实际上可能是同一个人。因此，重要他人的物理存在虽然是充分的，但并不是反身性评估所必需的。给予符号意义反馈的有时可能是个人内在的（检查镜子中新西装的外观），有时是人际间的（赞美新西装的风格或适合）。反身性评价这个构念意味着，产品象征有助于他人赋予意义，同时也被个人用来为自身赋予身份。

在消费社会中，"自我"对消费行为会产生重要影响，该影响的本质是消费者通过转移和占有消费对象，来表征和传达心理意义，这使消费对象演化为消费者自我概念的一部分。研究显示，消费者能够建构身份叙事（Hill 和 Stamey，1990；Holt，2002），并通过品牌实现目标驱动的身份项目（Fournier，1998；Mick 和 Buhl，1992；Thompson 和 Haytko，1997）。他们在网络空间中创造了多重自我表征（Schau 和 Gilly，2003）。他们成为了重新建构品牌的艺术家，用他们的非一致的消费行为来表达他们与众不同的个性化身份（Firat 和 Venkatesh，1995；Holt，2002；Kozinets 和 Handelman，2004）。通过各种研究，消费者被证明能够对嵌入品牌中的意义进行加工和改变，从而形成一种连贯的、尽管支离破碎且多样化的自我意识（Elliott 和 Wattanasuwan，1998；Penaloza，2000；Kozinets，2001；Grayson 和 Martinec，2004；Arnould 和 Thompson，2005；Elliott 和 Davies，2005）。冉雅璇和卫海英（2017）的研究表明，个体通过品牌仪式了解自身价值，激发情感共鸣和认同，它包括四类与自我相关的价值意义：自我概念意义、自我展示意义、自我参与意义和自我更新意义。

消费者往往通过排斥或者拒绝某些品牌，来规避特定的象征性意义赋予。一个人许多可能的自我中的一个，与理想的自我相对立，基本上是这个人害怕成为的自我（Ogilvie，1987）。这项研究建立在 Bourdieu 的观察的基础上，口味"通过拒绝其他口味而得到明确的肯定"（Bourdieu，1984，p. 56），并提出消费者是通过其决定不消费的内容来定义的，这跟通过他们积极强化的消费选择来加以定义是一个道理。Kleine 等（1995）研究了被接受或拒绝为"我"或"非我"的私人物品。Wilk（1997）证实，消费者在表达自己的厌恶时比表达自己的渴望时更容易，并且很容易明确表达出与负面消费刻板印象相关的品牌线索。Englis 和 Solomon（1995）以及 Freitas 等（1997）表明，消费者避免购买和展示特定的产品和品牌，是因为他们希望与特定的联想保持距离。Hogg 和 Banister（2001）证实了消极的自我不协调，也就是说，消极的产品形象感知和积极的自我形象信念之间形成对比,这导致了回避购买动机。Thompson 和 Arsel(2004)揭示了对特定品牌的厌恶不仅会影响个人品牌偏好,还会影响整个市场和竞争格局。

（三）消费者意义赋予的前因

鉴于消费者意义赋予是一个较新的概念,关于其前因的实证性研究成果较为匮乏,因此本研究就当前的文献结合考察了意义的前因。

首先,意义在消费和品牌研究中有象征性涵义,它可以将个人与渴望的群体、角色或自我形象联系起来,满足的是 Park 等(1986)所提出的象征型需求。象征型需求被定义为,人们渴望某产品,是为了满足内部产生的自我提升、角色定位、群体成员身份或自我认同的需求。关于象征性消费者行为的研究(Martineau,1958;Levy,1959;Sirgy,1982;Solomon,1983)和消费社会学(Nicosia 和 Mayer,1976;Wallendorf 和 Reilly,1983)阐明了象征性需求与消费之间的重要关系。因此,在许多消费者行为中,人们普遍认为事物(物质制品或产品)是具有象征意义的(Hirschman 和 Holbrook,1981;Holman,1981;Solomon,1983;Belk,1988)。

Batra(2019)使用 McCracken(1986)的"意义转移"模型,重点关注品牌的非功能的、象征的意义,从而使品牌"营销"的各个方面(例如,模特在品牌广告中使用的声音、模特穿的衣服以及环境)都与品牌和品牌意义相关联。Batra 指出,实验测试只关注了"品牌"的狭义意义,即"品牌个性"(Aaker,1997)。他考察了已经通过实验研究的与品牌意义有关的各种因变量(例如,与品牌相关的感觉和情绪)和自变量(例如,标识设计),并提出了更多尚未研究的变量(例如非语言线索的自变量)。Fournier 和 Alvarez(2019)给出了许多隐喻为品牌给予意义的例子——隐喻被他们用作核心阐释工具之一,它们以文化结构化的方式引导消费者的注意力来促进意义的产生。其中一个分析是关于 Pirelli 轮胎与抓力和力量的联想,通过拳头组成轮胎的这一具有文化丰富性的隐喻来实现。然而,在过去的二十年里,许多实验研究也对概念性隐喻进行了研究(例如,Lakoff 和 Johnson,2008),通常是为了观察这种联想是否首先隐性存在。因此,对概念性隐喻的实验研究将使用实验来测试抓力和控制之间的概念隐喻关联,其中抽象概念控制可能是建立在人类在更具成长性的时期所学习的握拳的具体概念之上的(Krishna 和 Schwarz,2014)。

其次,财产也可以产生一定的意义。Belk(1988)关于财产及其在定义个人自我意识中的作用的奠基性文章中主张,个人为了自我定义的目的系统地使用私人物品的意义。Belk 强烈支持消费者是积极的意义创造者。他提出了一个框架,来理解消费者使用他们的物品的许多不同方式,这些方式不仅仅是为了反映,而且是为了在整个生命周期中积极地铸造、形成和维持对自我的不同看法。

此外,用户的体验和互动也可以创造意义(Blumer,2012;Hirschman,1981b)。符号(symbol)通过开始于童年的社会化过程获得其意义(Solomon,1983)。消费者通过各种与文化产品进行互动的仪式,赋予了具有独特的、个性化特征的意义

(McCracken，1986；Belk，1988）。Alvarez 等（2013）指出，这种路径则将消费者定位为意义的共创者（Thompson，1997；Allen等，2008）。

最后，关于仪式在消费者行为中的重要性的研究强调了一个事实，即除了物质制品或产品的象征意义之外，消费中所涉及的行为可能具有象征意义（Rook 和 Levy，1983）。在消费者行为中关于私人仪式行为的象征性研究采用了与商品象征性研究相同的视角，它们的主要关注点都是这些行为在转变或构建自我方面的意义（Rook，1984，1985；Schouten，1991）。仪式理论探讨了其在消费领域具有象征性表达的作用（Holt，1992），同时，仪式在个体身份构建、社会关系维持及关系象征意义传达中也发挥作用（Gainer，1995）。仪式遵循"一连串的事件"，有开始、中间和结束（Rook，1985）。然而，在该指导原则下的表现是存在差异的；虽然仪式传递了文化规范、传统和习俗，但它们也允许自我表达，并且可根据社会和个人对活动重要性的定义而有所不同（Fairchild，2008；Friese，2001；LaCoste Nelson，2006）。在消费仪式中，个人和社会可以对商品"去商品化（de-commodify）"，在家庭背景下构建特殊的意义（Davis-Floyd，1992；Strauss，1997）。例如，即使食材可能是商店购买的，烹饪感恩节餐的过程也会对其"去商品化"，并创造与商品相关的个性化价值和意义（Strauss，1997）。围绕这些仪式所赠送和消费的物品具有象征意义，不同于它们的日常的世俗意义（Douglas，1979）。根据 Hobson 等（2018），将同一行为标记为仪式会让人产生一种信念即它们是有意义的，这在减少焦虑方面起到了关键的作用。即使将最简单的行为称为"仪式",也足以产生一种减轻负面影响的意义评价。之所以出现对仪式具有意义的评价,可能部分源自其历史因素,其中某些实践被视为属于过去的传统或某位祖先。由此,仪式被认为是意义的载体。

Holt(2003)的理论指出,当一个人的经历与主流文化意识形态、其道德要求和国家所向往的总体愿景发生冲突时,就会产生矛盾,而这些矛盾使人们感到焦虑,并与共同愿景疏离。这种紧张助长了对虚构事物(myths)的需求,虚构事物可以"在文化特别需要修补的时候和地方,对文化加以修复"(Holt,2003,p.48)。仪式有可能赋予品牌更深的意义,并有可能填补消费者的情感利基(McCracken,1986;Muniz 和 Schau,2005)。当仪式固有的意义或价值延伸到仪式表演中的其他人时,仪式可以通过自上而下的过程增强群体凝聚力。冉雅璇和卫海英(2017)认为,品牌仪式是品牌基础意义向品牌仪式意义的迁移。Fournier(1998)证明,当消费者认为品牌的意义有助于帮助他们的生活时,他们就与品牌建立了关系。因此,一位消费者可能会向一个品牌注入"品类最佳"的联想,以改善其生活中边缘性与重要性之间的紧张关系,而其他的消费者可能会向一个品牌注入曾经消费该品牌的重要的人的意义。根据消费文化理论,Fournier(1998)认为,通过个人身份项目的视角过滤品牌所激发的积极意义的创造过程创造了品牌的多义性(brand multivocality):不同的人为同一品牌呈现不同的意义。一个人的品牌组合被强调为易变的和动态的,随着这个人的发展和寻求新的(重新)界定表达性意义的回应,品牌进进出出。

第三节　品牌关系

一、品牌关系的内涵与结构

(一) 品牌关系的内涵

在过去数年里,品牌研究对消费者和品牌之间不同形式的关系给予了相当大的关注(例如,Fournier,1998;Aaker 等,2004;Aggarwal,2004;Escalas,2004;Chaplin 和 John,2005;Terrasse,2006)。对于学术界而言,通过将关系营销理论嵌入品牌研究的背景中,发展出了品牌关系这个新的探索领域。对于业界而言,如何塑造、维护和加强品牌关系,成为企业营销活动的核心议题(Duncan,1998)。对于品牌关系的研究可追溯至20 世纪 90 年代。1990 年,戈登(Gordon)和科尔(Carr)曾提出过品牌关系的想法,虽然届时并未将品牌关系作为一个专门的构念提出。此前,Berry(1983)提出了关系营销,将它界定为"吸引、维持和提升客户关系的一系列活动"。

品牌关系作为一个正式的构念最早是由美国学者 Blackston 于 1992 年提出的。他基于社会心理学中的人际关系结构理论,指出"品牌关系是消费者对品牌的态度和品牌对消费者的态度之间的互动(Blackston,1992)"。随后,Blackston(1995)又基于品牌资产,建构了品牌关系模型,指出品牌关系是一个品牌的客观面(作用于品牌形象)和主观面(作用于品牌态度)相互作用的结果,即"由品牌形象构成的客观品牌与由品牌态度构成的主观品牌的互动就构成了消费者与品牌之间的关系(Blackston,1995)"。Bagozzi(1995)和 Aaker(1996)发现,品牌可以通过传递功能、体验、感情以及象征或者自我表达来满足消费者的各种需求,品牌可以看作是能满足消费者心理和社会需求的伙伴。Fournier(1998)通过对 3 位女性被试的深度访谈,将品牌关系划分为婚姻型、伙伴型、权宜型和情绪型四大类,具体的类型为十五种。Fournier(1998)提出了品牌关系质量(BRQ),作为基于顾客的品牌资产的测量工具,用它来衡量消费者—品牌关系的强度、稳定度和持续度。接着,Blackston(2000)提出品牌关系即指消费者与品牌之间的关系,消费者与品牌之间应视为一种伙伴关系。消费者与品牌通过互动而产生联系,依靠的是二者之间的主观互动过程。卢泰宏和周志民(2003)通过综合分析国外品牌理论,将品牌关系纳入品牌理论研究发展的第五个阶段:品牌阶段、品牌战略、品牌资产、品牌管理和品牌关系。后来,Aggarwal(2004)以人际关系规范为理论基础,将品牌关系划分为交易关系(商业性的等价交换关系)和社交关系(情感间的不对称交换关系)。后来,Fournier(2012)发展出了广义的品牌关系,认为消费者—品牌关系包括消费者与企业、品牌符号、产品以及其他消费者等四个层面的品牌关系。

(二) 品牌关系的结构

国内外学者针对品牌关系的结构,先后提出了各类模型。Shimp 和 Madden(1988)提出三维度论,认为消费者与消费客体关系包括亲密、渴望与承诺。Blackston(1992)提出二因素论,认为受到消费者认可的品牌关系一般具有两项因素,即消费者对品牌的信任和满意。Markinor 市场研究公司(1992)启用品牌关系分值(BRS)，包含知名度、信任度、忠诚度三个指标。
Aaker(1992)提出"五星"模型，指出品牌关系包括品牌知名、品
牌认知、品牌联想、品牌忠诚、其他专属资产。Fournier(1998)
提出了品牌关系质量六维度模型(合并为三个部分：情感和社交
附属、行为联系、支持性认知信念)：即爱与激情、自我联结、相互
依赖、个人承诺、亲密感情、品牌的伴侣品质。Hess(1998)提出
顾客关系模式，包括功能性、感性、信赖/承诺、价值表达。Dun-
can 和 Moriarty(1998)从企业运作的角度，提出八维度模型：知
名度、可信度、一致性、接触点、回应度、热忱心、亲和力和喜爱
度。Franzen(1999)提出七维度论，包括相关性、自我概念联结、
情感、亲近、信任、依恋与承诺。Barnes(2001)提出顾客关系指
数，它包括顾客与公司交流行为(包括购买频率、持续时间、支出
比例)、核心的顾客关系指标、顾客关系的质量指标(亲密程度、
关系延续的可能性、口碑的可能性)、顾客满意度、顾客价值感知
度。Keller(2001)提出二维品牌关系，即强烈的和积极的。盖
洛普公司提出品牌关系五因子：忠诚、信心、可靠、自豪、激情。
Parsons(2002)对买家—卖家关系持三维度论，包括承诺、道德
形象、共同目标。Thorbjørnsen 等(2002)提出品牌关系投入模
型，包括满意度、备选方案质量、关系投入。Gravies 和 Korchia
(2003)认为信任是品牌关系质量的核心变量：信任——承
诺——满意之间依次呈正向效应。Veloutsou(2009)提出二维
模型，包括双向沟通、情感交流。

　　国内学者结合国情，先后提出了基于本土文化特征的品牌
关系维度。周志民和卢泰宏(2004)以品牌要素理论和人际关系

结构为理论基础,提出承诺/相关度、归属/关注度、熟悉/了解度、信任/尊重度、联想/再认度五维结构的品牌关系质量测量量表。姚作为(2005)则结合中国消费者的特点,提出从信任、承诺、自我联系、伙伴品质和相互吸引等维度衡量品牌关系质量。何佳讯(2006)提出中国消费者—品牌关系质量(CBRQ),包括社会价值表达、信任、相互依赖、承诺、真有与应有之情、自我概念联结。刘敬严(2008)提出用满意、信任和承诺三个维度来衡量品牌关系质量。

二、品牌忠诚

品牌从一种符号、一项无形资产引申为一种基于消费者认知的关系,品牌忠诚、品牌至爱、品牌依恋等都是用来衡量消费者—品牌关系的概念(张耕宁,2020)。基于品牌关系的内涵演变,通过对品牌关系的内涵、类型、主体和结构的文献考察,本研究发现品牌忠诚在研究成果中出现频率极高,它是品牌结构的核心维度,是衡量品牌关系高级形式的一个重要概念。根据目前营销学和管理学的研究成果,此前关于品牌忠诚的研究主要围绕着交易忠诚和参与忠诚展开。

大多数学者认为,品牌忠诚是消费者重复购买同一品牌产品的行为(Tucker,1964;Carman,1970;Newman 和 Werbel,1973;Jacoby 等,1978;Aaker,1992;Baldinger 和 Rubinson,1996),同时也有学者认为品牌忠诚还包括对某品牌的购买偏好的一种态度(Jacoby 等,1978)、基于情感偏爱的稳定的购买行为(Assael,1984)、以及顾客忠于某个品牌的态度和心理承诺,并反映在购买行为上（Oliver 等，1997；Oliver，1999）。无论是侧重行为视角、态度视角，还是态度—行为兼顾视角，这一类品牌忠诚都基于交易忠诚。

（一）考察品牌忠诚的三种视角

忠诚度一直被定义为重复购买频率或者同一品牌的相对购买量（Tellis，1988）。Newman 和 Werbel（1973）将忠诚客户定义为复购一个品牌、只考虑该品牌、不寻求品牌相关信息的人。Oliver（1999）将忠诚度描述为：一种根深蒂固的承诺，即在未来一贯地复购或强化所偏爱的产品/服务，从而导致重复性地购买同一品牌或同一品牌集，无论情境影响和营销努力是否有可能导致转换行为。可见，Oliver（1999）的定义除了记录了消费者的行为，还包括了满意或忠诚的心理意义。目前，品牌忠诚主要有三种考察视角：行为视角、态度视角以及态度—行为兼顾视角。

品牌忠诚行为视角认为品牌忠诚是消费者持续购买同一品牌产品的行为。Tucker（1964）认为，品牌忠诚度是指顾客重复购买同一品牌产品，并且将重复购买次数固定为 3 次。Carman 等（1970）则用相对数弥补之前绝对次数的缺陷，认为品牌忠诚是对某种特定品牌购买次数的相对函数。Newman 和 Werbel（1973）认为，品牌忠诚是消费者重复购买同一品牌产品，并且不关注其他的品牌信息。Aaker（1992）认为，衡量品牌忠诚度的一种方法就是考察顾客的实际行为。Baldinger 和 Rubinson（1996）从行为角度测量品牌忠诚，将测量维度划分为高度忠诚（即同一种品牌产品可以满足消费者 50％及以上的消费需求）、中度忠诚（同一种品牌产品可以满足 10％-50％的需求）和低度

忠诚(同一种品牌产品可以满足 10% 以下的需求)。Tucker
(1964)、Jacoby 等(1978)等采用购买频率作为测量品牌忠诚的
重要指标。

品牌忠诚态度视角侧重从消费者的态度来考察品牌忠诚,
这种视角认为品牌忠诚是消费者对某品牌的偏爱与购买承诺。
Jacoby 等(1978)认为,品牌忠诚是消费者在良好的购买体验
后,对该品牌所形成的购买偏好态度。Reynold 和 Gutman
(1984)认为,品牌忠诚指消费者无论任何时间,在相近情境下,
对某品牌持续持有的偏好意愿。Aaker(1992)将品牌忠诚界定
为对某品牌的持续依恋。

品牌忠诚的态度—行为兼顾视角认为,需同时考量态度和
行为两方面的指标。Assael(1984)认为品牌忠诚首先是消费者
对某品牌产生情感偏爱,并且这种情感偏爱会转化为消费者稳
定的、不易改变的购买行为。Dick 和 Basu(1994)认为,品牌忠
诚是指消费者对某品牌的重复购买行为加上偏好态度,是二者
的有机结合。Aaker(1996)提出了两个测量指标:"是否愿意持
续购买该品牌"和"是否愿意向他人推荐该品牌"。Zeithaml 等
(1996)提出了更多方面的测量指标:是否分给某品牌较高的金
钱比例、口碑传播是否良好、是否重复购买,以及消费者的口碑
忠诚、价格忠诚和行为忠诚。Oliver(1997,1999)认为,品牌忠
诚是顾客忠于某个品牌的态度和心理承诺,并反映在购买行为
上。Oliver(1999)认为,品牌忠诚是指消费者在购买产品时会
首先考虑某品牌,同时不会考虑同类产品的其他品牌,不仅对所
偏爱的品牌形成了长期重复购买的承诺,而且不会因市场环境

或营销策略变化而发生转变。Cavero 等(1997)认为除了对某一品牌产生偏好,同时还有意识地不接受、不购买其他竞争品牌。计建和陈小平(1998)建构了情感—行为模型,从情感和行为角度来考察品牌忠诚。裘晓东和赵平(2002)认为,品牌忠诚度反映了消费者购买某品牌产品的频繁程度,以及消费者对品牌的感情。吴水龙、卢泰宏等(2009)提出统一态度忠诚和行为忠诚的观点,认为品牌忠诚综合反映了顾客对于某品牌的行为和态度。

(二) 品牌忠诚的效应

Keller(1993)指出,当消费者想起某品牌时,就能同时想起该品牌的象征意义。消费者获得品牌知识,由此产生的品牌忠诚是企业的重要资产。Thorbjφrnsen 等(2002)指出,品牌关系质量与品牌忠诚显著正相关,其中承诺在品牌关系影响关系结果中起中介作用。Bhattacharya 和 Sen(2003)认为,消费者—品牌的良好关系会驱动消费者的忠诚感,进而产生诸如口碑、推荐新顾客、对负面信息的容忍增强等系列行为。Algesheimer 等(2005)对汽车俱乐部的研究表明,品牌关系质量是对品牌社群身份认同和忠诚意向有显著的正向影响。李海廷和张明玮(2006)认为品牌社群依靠长期的消费者—品牌情感关系,获取品牌忠诚。Ismail 等(2012)实证研究发现,品牌体验、品牌信任和品牌满意等会对品牌忠诚产生影响。谢毅和彭泗清(2014)提出,积极的品牌关系情感(如快乐、兴奋、舒服、希望和喜爱)有助于消费者产生对于品牌的正面态度,而消极的品牌关系情感(如愤怒、恐惧、厌恶和蔑视)则会弱化品牌曾带给消费者的良好形象,降低消费者的忠诚度(即回购率等)。

三、品牌参与

随着消费者出现无偿的(voluntary)、角色外的(extra-role)行为,研究者们发现基于重复购买的交易忠诚不再适用于超越交易的消费者行为,于是兴起了品牌参与(brand engagement)的研究。它指消费者对品牌的承诺和参与行为,它反映了消费者对品牌的积极的回馈关系(Hollebeek,2011a),它的特点是扩展了顾客对公司的价值(Kumar 等,2010)。它将顾客价值不仅仅视为交易价值(例如购买的货币价值)的等价物,而是证明了顾客为组织提供的价值"不止于购买"(Kumar 等,2010;Vivek 等,2012)。它超出了消费者购买行为(Van Doorn 等,2010),还包括非交易行为(Kumar 等,2010)。典型的行为表现包括口碑(例如,将产品介绍给朋友和家人)、与其他客户合作(例如,协助其他客户购物)、售后服务(例如,帮助其他客户使用产品)和共同创造(例如,与公司开发新产品)(Brodie 等,2011)。

根据目前的文献,研究品牌参与呈现了三种不同的视角,一种视角指的是心理或动机状态(Mollen 和 Wilson,2010;Vivek 等,2012);一种视角认为品牌参与是一种行为表现(Van Doorn 等,2010)——这是一种从业者所持有的共同观点(Mollen 和 Wilson,2010);还有一种视角是上述两种视角的结合,它包括认知、情感和行为维度的结合(Dessart 等,2015;Dwivedi,2015,Hollebeek,2011a,2014;Brodie 等,2011,2013)。无论哪一种视角都表明品牌参与是超越了交易忠诚的一种参与行为或状态,消费者对品牌的忠诚表现为参与忠诚。

（一）考察品牌参与的三种视角

关于消费者品牌参与（customer brand engagement），以下定义获得了较多的共识："在消费者/品牌互动期间，消费者的积极的、与品牌相关的认知、情感和行为活动"（Hollebeek 等，2014，p. 154）。CBEB 是指消费者对品牌的承诺和参与行为，与源于动机因素的特定的互动相关。它们反映了消费者与品牌之间的积极的和互惠的关系（Hollebeek，2011b），包括交易和非交易行为（Kumar 等，2010），超出了消费者购买行为（Van Doorn 等，2010）。CBEB 扩展了长期的消费者—品牌关系，并为品牌提供了更多的盈利能力（Kumar 和 Pansari，2016）。CBEB 是指特定"参与主体"（即消费者）和"参与对象"（即品牌或产品；Brodie 等，2011，p. 259）之间发生的互动，这些互动源于动机刺激。CBEB 包括交易性和非交易性两个方面（Kumar 等，2010）。消费者参与行为确保了长期的消费者—品牌关系和公司的盈利能力（Kumar 和 Pansari，2016）。CBEB 是消费者和品牌之间的积极的互惠的关系（Hollebeek，2011b），是消费者—品牌联系的巅峰（Bowden，2014），超越了商业交易或购买行为（Van Doorn 等，2010）。公司可以通过创造更具创造性的体验来触发更多的 CBEB，从而与消费者建立更强大的互动（Brodie 等，2011）。

Keller（2013）引入了实际的品牌参与行为框架，该框架为消费者不同的个体水平及其与品牌相关行为提供了一个完整清单。该构念包括三个维度：收集品牌信息、参与品牌营销活动以及与他人互动。第一个维度是指消费者参与行为的最低水平，在这个水平上,被动消费者受到品牌相关的刺激(Maslowska 等,2016),并做出了直接的反馈(Malthouse 和 Calder,2011)。在此阶段,他们喜欢更多地了解公司和品牌活动,阅读在线或离线品牌新闻或文章,访问网站或博客(Keller,2013)。第二个维度反映了消费者积极参与品牌相关营销活动的强烈动机。在这一阶段,消费者有效地参与公司营销活动,如广告、销售、广告牌、目录、促销、尝试新产品或型号,并为品牌营销活动做出贡献(Keller,2013)。在第三维度,消费者品牌参与行为很高,因此他们更喜欢与他人互动并分享他们的品牌体验。例如,他们自愿参与公司活动和产品提供(Jaakkola 和 Alexander,2014),将其资源用于品牌的营销功能(Hollebeek 等,2014),并帮助公司吸引潜在消费者(Harmeling 等,2017)。

在目前的文献中,研究品牌参与呈现了三种不同的视角(详见表 2.6)。第一种视角是心理学的方法,指的是心理或动机状态(Mollen 和 Wilson,2010;Vivek 等,2012),认为消费者品牌参与是一个依赖品牌的概念,侧重于情感方面。这种方法表明,消费者品牌参与是一种让消费者卷入的心理状态,有助于他们与品牌建立热情的联系(Brodie 等,2011)。

第二种视角认为品牌参与是一种行为表现(Van Doorn 等,2010)——这是一种从业者所持有的共同观点(Mollen 和 Wilson,2010)。它将消费者品牌参与作为与背景相关的概念和品牌依赖的概念加以考察,它更加关注整体的消费者行为,例如口碑、推荐、跟踪品牌广告、网站、博客和社交媒体(Dwivedi,2015;Keller,2013)。这一观点的支持者强调,品牌参与行为超越了客户购买行为（Van Doorn 等，2010）。Arghashi 和 Yuksel（2022）就采用了第二种视角，从行为的角度研究消费者的社交媒体品牌参与。

表 2.6 品牌参与的研究视角与代表观点

研究视角	代表观点
心理状态	• 消费者品牌参与："指消费者在与某品牌互动、共创的体验中出现的一种心理状态"（Brodie 等，2011） • 消费者融入："消费者参与或联系组织产品和/或组织活动的强度"（Vivek 等，2012）
行为表现	• 消费者融入行为："指消费者源自激励因素而对公司的行为表现"（Barari 等，2020） • 消费者融入行为："消费者对品牌或公司的超出购买的行为表现，是由动机驱动因素造成的"（Van Doorn 等，2010） • 消费者品牌参与："对品牌的行为表现在于，消费者在发展与品牌的深层联系时，努力关注、持续参与并与品牌相关的其他人员互动"（Vivek 等，2014）
认知、情感和行为维度的结合	• 消费者品牌参与："个体消费者动机的、品牌相关的和背景相关的心理状态水平，以与品牌互动中特定的认知、情感和行为活动水平为特征"（Hollebeek，2011a，2011b） • 消费者品牌参与："消费者在特定消费者—品牌互动过程中，或与特定消费者—品牌互动相关的认知、情感和行为的品牌相关活动中的积极性"（Hollebeek 等，2014） • 消费者融入："客户在与服务组织的关系中的身体、认知和情感表现水平"（Patterson 等，2006） • 自我概念品牌参与："品牌与自我关系的一般观点，消费者倾向于将多个重要品牌作为自我概念的一部分"（Sprott 等，2009） • 消费者品牌参与："个人通过网站或其他旨在传播品牌价值的计算机中介实体，对与品牌建立积极关系的认知和情感承诺"（Mollen 和 Wilson，2010）

资料来源：作者基于 Vieira 等（2021）整理

第三种视角是以上两种视角的结合。这一视角表明，消费者参与是一个复杂的构念，包括认知的、情感的和行为的特征，是认知、情感和行为维度的结合（Hollebeek，2011a，2014；

Brodie 等，2011，2013；Dessart 等，2015；Dwivedi，2015）。

尽管概念上的存在差异（Graffigna 和 Gambetti，2015）以及背景呈现多元化（服务、虚拟社区、网站等），但是最后一种三维的视角是营销研究人员最广泛使用的方法（Hollebeek 等，2014；Leckie 等，2016；Maslowska 等，2016），因为它具有全面性，并解释了消费者对品牌的感知（功利的、享乐的和象征的）以及消费者与品牌之间互动的所有方面（Dwivedi，2015）。Helme-Guizon 和 Magnoni（2019）采用了第三种三维视角，并将每个维度定义如下：认知维度对应于计算的（或工具性的）动机（Allen 和 Meyer，1990），反映了品牌能够在多大程度上满足消费者的个人利益。情感维度对应于情感承诺（Allen 和 Meyer，1990），包括消费者与品牌之间的情感纽带。它与享乐性动机有关，与品牌依恋密切相关（Thomson 等，2005）。最后，行为维度包括消费者参与品牌发起或与品牌相关的活动（Van Doorn 等，2010；Vivek 等，2012）。

（二）品牌参与的效应

许多学者研究了消费者参与对积极的品牌成果和长期的消费者—品牌关系的影响（例如，Kumar 和 Pansari，2016；Rather 和 Sharma，2019）。Brodie 等（2011）的研究结果表明，消费者品牌参与会产生积极的品牌结果，如自我—品牌联系、承诺、信任和品牌依恋。Hughes 等（2019）采纳了前文所述的第三种视角，研究重点强调间接的消费者参与，包括激励性推荐、关于产品/品牌的社交媒体对话以及消费者对公司的反馈（Kumar 和 Pansari，2016）。这些类型的行动对公司收入做出了贡献，因为

被推荐的客户通常比未被推荐的更能赢利(Palmatier 等,2017;
Van den Bulte 等,2018)。消费者参与对盈利能力的这种影响
也得到了企业对企业(B2B)(Kumar 等,2010)和企业对消费者
(B2C)(Lee 和 Grewal,2004)背景下的实证验证,其收益可以通
过成本降低和收入提高来获得(Harmeling 等,2017)。

　　其他研究考察了消费者品牌参与的前因。例如,Brodie 等
(2011)指出,消费者卷入(consumer involvement)和消费者参
与(consumer participation)是消费者品牌参与的两个重要前
因,而情感动机(即流体验(flow)、融洽(rapport))则是消费者
品牌参与的潜在前因。Gummerus 等(2012)认为,高水平的感
知利益会产生高水平的消费者品牌参与。消费者参与文献强调
了可能影响消费者参与的几个潜在因素,包括情感、直接公司行
动和产品卷入(Kumar 和 Pansari,2016;Harmeling 等,2017)。
Hughes 等(2019)增加了新的因素,例如总体行动(campaign)
意图、影响者特征(即来源专业知识(source expertise)和帖子内
容)以及社交媒体平台引发的卷入度。尽管研究人员从不同方
面探讨了消费者品牌参与,但很少有研究考察消费者的内在和
外在动机、认知价值和自我—品牌联系是如何影响参与行为的
积极态度的。

　　某些研究考察了消费者对品牌参与的态度,将其视为依赖
背景的概念,例如,社交媒体或网站等在线内容(Dessart 等,
2015;Bianchi 和 Andrews,2018)。Rathore 等(2016)表明,社
交媒体上的各种参与活动显著地改善了品牌战略和公司绩效,
应该对它进行独立研究。消费者的社交媒体品牌参与被认为是

评估品牌绩效的首选指标,也是公司有效的广告策略(Chahal
等,2020)。从概念上讲,社交媒体参与属于更广泛的参与框架
(Dhaoui 和 Webster,2021),得到了各种理论观点的支持,例如
关系营销理论(Vivek 等,2012)和社会交换理论(Blau,1964)。
社交媒体平台诸多方面具有潜在的能力,可以鼓励消费者在消
费的各个阶段参与品牌,例如信息搜索、购买决策、向他人推荐、
所有权、使用以及产品和服务的处置(Wirtz 等,2019)。根据
Gensler 等(2013)的研究,通过社交媒体进行的动态实时互动会
正向地提高消费者参与行为。研究结果表明,社交媒体可以让
消费者轻松地分享他们的品牌体验,与他人互动,交流信息,并
充当品牌故事的主创者(Gensler 等,2013)。许多研究表明,社
交媒体中的消费者参与行为会影响离线行为。例如,Gómez 等
(2019)表明,社交媒体品牌参与提高了消费者—品牌的关系质
量,并为公司建立了独特的竞争优势。消费者的社交媒体品牌
参与还会显著地影响品牌使用意图和电子口碑传播(Osei
Frimpong 和 McLean,2018)。

第三章　研究的理论基础

本章考察了隐性知识理论和禅宗境界论,探索了与本研究密切相关的理论范畴。首先,整理了隐性知识理论的内涵,指出了隐性知识的特征,梳理了隐性知识理论在营销学与管理学中的应用。其次,梳理了境界的内涵及其在禅宗中的体现,探索了禅宗悟境的特征与实现路径,以及禅宗在管理学中的应用研究。鉴于隐性知识理论和禅宗境界论极为庞杂,本研究仅梳理了与研究问题高度相关的要点。从这些要点可以看出,两个理论之间具有高适配性,同时针对品牌仪式行为的性质及相关问题具有阐释性。

第一节　隐性知识理论

一、隐性知识的内涵

（一）知识与信息

柏拉图在《Theaetetus》中对认识论的阐述将知识定义为"正当的真实信仰",许多学者基于该阐释,扩展了他们关于知识的内涵（Nonaka 等,2001；Wang 和 Chin,2020）。Polanyi

(1958)通过隐性知识的发现,区分了知识与信息,知识不一定存在于个人的头脑中,但是必须涉及人类的反思、启蒙和经验。根据 Nonaka 和 Toyama(2003)和 Dretske(1981)对知识和信息的区分,信息代表能够产生和携带知识的商品,而知识则是产生(或持续)信息的信念。"信息(Information)是一种消息(messages)流,而知识则是由信息(information)流创造和组织的,它基于信息持有者的承诺和信念"(Nonaka 和 Toyama,2003,p. 15)。Chin 等(2021b)指出,知识是一个多方面、多层次的概念,并将知识概念化为"合理的真实信念"。从这个角度而言,知识似乎只能在真理和信仰的交叉点上获得,如果某件事只在特定的社会和文化环境中为真但并不被相信,或者在其他环境中被相信但不为真,都不能称之为知识。

Saviotti(1998)区分了知识和信息。信息是事实,而知识则建立了变量之间的概括性和相关性。例如,各种隐性工程知识不是在学术环境中学习的,也不受学术学科法则的约束。因此,知识是一种相互关联的结构。Kogut 和 Zander(1992,1995)则将知识分为信息(即陈述性知识)和技术秘诀(know-how)(即程序性知识),信息是"一旦知道了破译所需的规则,就可以不丧失其完整性进行传输的知识。信息包括事实、公理命题和符号"(1992,p. 386);而知识在本质上往往是经验性的,所以它具有随着时间的推移而逐渐积累的性质。

根据文献可见,信息无疑是客观的事实,而知识便涉及到人的信念、经验和程序,这些都凸显了研究知识的形式尤其是隐性知识的重要性。Zahra(2020)指出知识的形式影响着它的转移,而影响该过程的主要特征是复杂性和隐性。知识可以有意地获得，也可以无意地获得。不同的知识的区别在于它是有意识地获得或创造的，还是启发式的、通过经验无意识地或自动地创造的。由于自动的知识创造与隐性相关，知识的创造和获取能在多大程度上形成隐性知识将影响群体和组织层面的知识整合。

（二）隐性知识与显性知识

"隐性知识"（Tacit Konwledge）由英国思想家波兰尼（Polanyi，1958）首次在哲学领域里作为一个概念明确提出。自 Polanyi（1958）创造隐性知识以来，文献中存在两种关于隐性知识及其概念化的路径。一种观点认为，提炼出隐性知识是有可能的（Nonaka 和 Takeuchi，1995）。另一种观点认为，隐性知识是我们所采取的任何行动的一个组成部分（Alvesson，2001；Tsoukas，2005），即隐性知识是许多活动的基本组成部分，并且在无意识的情况下被"招募"来执行任何给定的行动，因此它只能被证实。第二种方法（与 Polanyi 有关）认为，隐性知识无法明确定义或衡量。最多可以指出它的存在并证明它。

波兰尼（Polanyi，1958）认为，隐性知识是指知识总体中无法言传或不清楚的知识，或称"前语言的知识（Pre-verbal Knowledge）"或"无法表述的知识（Inarticulate Knowledge）"。隐性知识是默会的、心照不宣的、只能意会而不能言传的知识，来源于个体对外部世界的感知和理解，所有理解都是基于人们的内心驻留（indwelling），即个人的心智模式（Polanyi，2009）。波兰尼认为，隐性知识构成了所有知识的核心、不可或缺的要素。与知识的显性维度不同，知识的隐性维度本质上是动态的，难以正式化和共享。人类语言对于表达隐性知识的是不合适的工具,而且隐性知识并不是应由逻辑来解释的问题。因为只有在人的内心深处体验到它时,隐性知识才开始被理解。因此,隐性知识是指知识总体中"无法表述的知识"(Inarticulate Knowledge),指人们意识到、但难以言传和难以用符号表达的知识(Polanyi,2009;Nonaka,1994)。

王众托(2004)提出,显性知识和隐性知识不存在明确的界限,两者之间构成连续的谱,并指出隐性知识源于个人的实践体验。Asher 和 Popper(2019)的基本主张是,隐性知识应该从层次和动态两个方面来看待。Chin 等(2022)指出,隐性和显性的知识应该被视为一个相互依存和相互肯定的整体性过程,他们认为隐性—显性辩证法是知识的动态内核。周宽久等(2009)指出,在现阶段,研究者还是普遍将知识割裂为显性知识和隐性知识,过分强调二者的不同。在开发利用隐性知识时,认为人类知识中存在不能被描述和理解的部分,往往是通过一些手段(如知识地图)间接地对隐性知识进行管理。周宽久等(2009)提出隐性知识是人类通过实践得到的经验的概化,是实践经验与显性知识集成而形成的高度抽象的支持高效推理和快速检索的知识。不同的知识领域可以分为相对隐性或相对显性。一般而言,可量化的技术和过程更加显性,更容易传递(Von Glinow 和 Teagarder,1988)。相较之,管理和营销专业知识比产品开发、生产和技术更加隐性(Shenkar 和 Li,1999;Lane 等,2001)。管理和营销技能是嵌入的,不容易编码成为公式或手册;它们也难以进行反向工程(reverse-engineered)(Zander 和 Kogut,1995)。

Tsoukas(2005)认为,显性知识和隐性知识是知识的两种表现形式,相互转化,相互影响,是"同一硬币的两面"而不是"连续体的两端"。Nonaka(1994)根据知识创造过程区分了隐性知识和显性知识。Nonaka(1994)将隐性知识描述为"难以用语言描述的知识,源自个人的体验,与个人的信念、视角及价值观的精神层面密切相关",并认为"经验、直觉、秘诀、预感"等都是隐性知识的表现形式。因此,显性知识可以通过正式的和系统的语言有意识地获取和表达,具有高度的规范性(codified)和客观性。相较之,隐性知识反映的是洞察力和直觉,具有高度的个人性和主观性。隐性知识深深植根于特定情境下的行动、承诺和参与。显性知识是外显的人类认识,它显现出的是人类集体智慧的发现(罗素,2003)。罗素(2003)提出了人类学习和理解概念的两种途径:1)通过文字的定义,即通过其他的概念来下定义;2)通过实质性的学习,即通过亲身体验概念对应的实物来理解认知该概念。显性知识通过语言、文字、符号和公式等形式社会化、规范化后表现出来。而隐性知识则是从个人角度考虑的知识。一般来讲,显性知识只是知识中"完备"的部分,而隐性知识则包含了"不完备"的部分(周宽久等,2009)。

二、隐性知识的特征

(一) 不可编码性

隐性知识类似于不可编码的知识和复杂的知识等维度。在基于知识的文献中,与隐性相关的因素包括不可编码性、不可教性和复杂性(Kogut 和 Zander,1993;Zander 和 Kogut,1995)。

较窄的概念侧重于不可编码性和不可教性,同时承认复杂性和隐性是相辅相成的。知识具有特定的特征,包括隐性、主观性和嵌入性,这些特征阻碍了知识的识别和评价(Chua,2004)。隐性知识由其固有性质来定义的话,即它是不可编码的(Dietrich,1994)。隐性知识是指不适用于清晰表达的知识(Winter,1987;Wright,1997)。

显性知识是经过高度编码的,可以通过正式的、系统的语言进行传播(Polanyi,1958;Nonaka 和 Takeuchi,1995)。显性知识常常阐释为编码的知识。如 Teece(2004)所言,独立的编码的知识——比如蓝图、公式或计算机代码——不需要传达太多意义。知识的编码与其转化的成本之间似乎存在着一种简单而有力的关系。简言之,一项特定的知识或经验被编码得越多,就越能在经济上实现更多的转化。这纯粹是一种技术性财产,它取决于适合传输编码信息的沟通渠道的可用性,例如印刷、无线电、电报和数据网络。另一方面,Shannon 和 Weaver(1949)指出,编码知识的传递不一定需要面对面的接触,通常可以通过非个人的方式进行,例如一台计算机与另一台计算机的"对话",或者技术手册从一个人传递给另一个人。如果信息可以以编码的形式传输,那么它们的结构会更好,也会较少歧义。

如果说显性知识是学习的基石,那么隐性知识是学习中的黏合与整合机制。Polanyi(1958)的核心困惑在于:为什么个人知道的比他们能表达的更多。他的解释是,隐性知识由搜索规则或探索法(heuristics)组成,这些规则或探索法确定了问题以及构成解决方案的要素(Polanyi,1958)。解决一个问题的行为

取决于对一个现象如何发挥作用的一种感觉；解决方案的形式
化表达不太可能完全捕捉到这种程序性知识，甚至不可能捕捉
到达到解决方案的数据和信息（或线索）。因此，即使在问题识
别和解决领域，探索式搜索的技术秘诀（know-how）也先于解决
方案的形式知识。Polanyi 指出，为了确定最佳实践，隐性知识
必须体验，即使在不完全理解其有效性的原因的情况下亦如此。
Nelson 和 Winter（1982）后来将这种学习称为"通过做来记忆"。

　　隐性知识是指很难以有意义和完整的方式表达出来的知识
（Teece，2004）。虽然隐性知识可以说更有价值，但显性知识很
容易获得，而且可以迅速地加以利用（Polanyi，1958）。Shannon
和 Weaver（1949）进一步指出，未经编码的或隐性的知识传播速
度慢，成本高，易生歧义，只有通过面对面的交流才能克服。解
释的错误可以通过及时采用个人反馈来纠正。以学徒制为例。
首先，一个熟练的工匠一次只能应付有限数量的学生。其次，他
的教学必须主要通过示例而不是准则来进行——他不能轻易地
把自己技能中的无形元素用语言表达出来。第三，他提供的示
例最初会让学生感到困惑和模糊，因此必须通过大量耗时且重
复的学习，然后其中奥妙将在"感觉"的基础上逐渐产生。最后，
学生对一门工艺或技能的最终掌握将保持差异性（idiosyncrat-
ic），永远不会是大师的翻版。正是这种为发展个人风格所提供
的余地，将工艺定义为超越常规的东西，从而超越了可编程应用
的技能。

　　（二）非刻板的程序性
　　隐性知识具有非刻板的程序性，指该程序性具有基本步骤

的规定性,但并不是僵化和刻板的,而是具有个性发挥空间的。显性知识是嵌入在标准化的程序之中的(Nelson 和 Winter,1982;Martin 和 Salomon,2003a)。隐性知识是从特定情境的知识转化发展起来的,这些知识通常嵌入非标准化和量身定制的过程中(Polanyi,1966)。德鲁克(Drucker,2018)指出隐性知识是不可用语言来解释的,只能通过演示证明它的存在,学习隐性知识的唯一方法是领悟和练习。郁振华(2022)指出,隐性知识作为实践性的能力之知,不能用语言来充分表达(**其内容只得到了部分的展示**),而它又能用行动/实践来充分地表达(**其内容得到了完全的展示**)。"实践性能力之知的内容,就是行动'通过恰当的指示'所要传达的东西(**郁振华,2022,第 474 页**)"。

从这个角度而言,知识可以是陈述性的(declarative),也可以是程序性的(procedural)(Zahra,2020)。这二者分别与显性知识和隐性知识相关联。程序性知识可以被视为代表组件技术或者连接这些组件的体系结构。由于任何一种知识形式本身都可以与任何其他形式相结合,因此重要的是,这些类别映射到复杂性和隐性的系统变化上。

Grant(1996a)进一步指出,陈述性知识指"知道(know-that)",而程序性知识指技术秘诀(know-how)。技术秘诀(know-how)是指积累的实用技能或专业知识,它使一个人能够顺利高效地完成某件事(Von Hippel,1998,1988)。Grant(1996a)还指出,两者之间的关键区别在于可转移性(transferability)和跨个人、跨空间和跨时间的转移机制(mechanisms for transfer)。对于 Grant(1996a;1996b)来说,知识在可转移性

（transferability）、可聚集性（aggregability）和可适用性（appropriability）方面各不相同，它们都涵盖在隐性知识概念之中。Kogut 和 Zander 还指出，程序知识或技术秘诀（know-how）是一个经常使用但很少定义的术语。与 Grant（1996a）一样，Kogut 和 Zander 将可编码性和复杂性确定为知识的两个维度，这两个维度与知识的可模仿性和可转移性相关。

（三）个体性

隐性知识的个体性是指它是一种个人知识和亲知。隐性知识是抽象的，只有通过教授者的积极参与才能沟通。Gascoigne 和 Thornton（2014）接受波兰尼的主张，都强调隐性知识是一种个人知识。张月（2015）指出，隐性知识是个体特有的，需要个体亲自参与实践的知识。获取隐性知识的过程是一种身临其境的体验，是理解和不断自我修正的过程，在这个过程中隐性知识不断被丰富和提高。郁振华（2022）还指出，能力之知和亲知是隐性知识的两种基本形态。作为一种直接知识，亲知（Russell，2001；Polanyi，1958，2009）是呈现性的（presentational）而非表征性的（representational）。

隐性是知识的一个特征，它要求那些遵循规则的人"遵守一套不为人所知的规则"（Polanyi，1958，p. 49）。Grant（1996b）将知识视为深深地存在于人类认知和记忆系统中的并在其中运作的东西，主要揭示了知识最显著的本体论特征在于它的隐性维度。隐性知识显然是由原则和内化的脚本（internalized scripts）组成的，而这些我们并不总是能有意识地意识到（Mandler，1984）。这种隐性的脚本从抽象的到具体的场景，包括相当多的普通活动,比如启动汽车时并没有意识到所涉及的行为顺序(Mandler,1984)。隐性知识往往具有层次性,因此具有灵活性。抽象的脚本控制较具体的脚本;原型脚本(prototypical scripts)则嵌入了更多与当地文化、年龄或性别相关的脚本(Mandler,1984)。

隐性知识的个体性并非指它不可能成为一种集体隐性知识,而是指它首先以个体占有为特征和基础,它存在于个体的头脑和行为中。Collins(2007)指出了个人隐性知识和集体隐性知识之间的区别。Ambrosini 和 Bowman(2002)、Grandinetti(2014)建议根据意识水平划分隐性知识的子类别。先是深度嵌入、不可接近的隐性知识,其次是通过隐喻和故事进行部分描述的隐性知识,最后是通过直接问题可提取的完全可表达的隐性知识。

此外,Keller 和 Klein(1990)指出,隐性知识既不是绝对正确的,也不总是有序的,它不像人们普遍认为的逻辑在表达科学的连贯性时的表现。隐性知识可能具有欺骗性,甚至可能让人产生颠覆性的感觉。

三、隐性知识在管理学中的应用

知识是研究人员考察企业(和国民经济)如何增长所最关心的问题(Martin 和 Salomon,2003a)。在分析企业资源时,隐性知识受到了特别关注,因为它可以成为独特竞争优势的有力来源(Teece,1981;Grant,1996b;Wright,1997)。Polanyi 的隐性知识维度无疑对管理学相关文献中对知识进行概念化和分类的研究产生了巨大影响(Dhanaraj 等,2004;Mitchell 和 Boyle, 2010;Zahra 等,2020;Di Vaio 等,2021;Chin 等,2021a,2022)。 目前,在管理领域,最具影响力的理论是 Nonaka 和 Toyama (2003)的知识创造的动态范式。文献中以"隐性知识"为标题的 研究大多采用了 Nonaka 和 Toyama(2003)关于隐性知识的二 分法。这类研究主要出现在两个学科:实践智力(practical intelligence)(Sternberg 等,2000)和组织学习(Nonaka 和 Takeuchi,1995)。

有关实践智力的研究人员认为,隐性知识是实践智力的核 心支撑,它假设那些在自己的领域取得成功的人具有高水平的 实践智力。研究人员通过访谈来识别和测量隐性知识,访谈重 点放在明确经验证据的故事和在特定领域取得成功的"秘诀" (Sternberg 等,2000)。他们揭示了导致成功结果的知识(Hedlund 等,2002)。关于知识的这种揭示侧重于它的实际贡献,但 关于它是如何获得的方面却相当缺乏。

有关组织学习的研究人员认为,识别组织中创造的隐性知 识并将其转化为显性知识可以对组织功能做出重大贡献(Nonaka 和 Takeuchi,1995;Lipshitz 等,2007)。例如,Nonaka 和 Takeuchi(1995)专注于在组织内创造新知识的动态过程,强调 发现隐性知识是该过程的主要部分。组织学习的重要过程是外 化—隐性知识成为显性的那一刻—他们声称,这是通过人与人 之间的反思和互动来实现的。

知识创造的过程—象征性分析(symbolic analysis)(Reich, 1991)—意味着员工控制并拥有生产资料(Drucker,2018)。

Kogut 和 Zander(1992)提出企业比市场做得更好的地方在于组织内的个人和团体对知识的共享和传递。这些知识包括信息(例如,谁知道什么)和技术秘诀(know-how)(例如,如何组织研究团队)。Kogut 和 Zander(1993)通过实证检验企业专门从事隐性知识内部转移的假设,实证结果表明,一项技术越不可编码,越难教授,就越有可能转移到全资子公司。Shenkar 和 Li(1999)指出,知识转化是一项技术的有形体现与其相关的隐性的、嵌入的管理秘诀(know-how)进行不可分割的结合(Teece,1981)。Cohen 和 Levinthal(1990,p. 135)指出,隐性知识"只能通过公司内部的经验获得"。由于这些知识无法轻易包装和传播,因此它是"有瑕疵的模仿性"(Barney,1991,p. 106),并且无法通过不允许的合同渠道有效实现。与此同时,一些研究利用头脑摄影法(布克威茨和威廉斯,2005)、认知地图法(Noh 等,2000)、虚拟现实法(马捷和靖继鹏,2006)等工具和手段来描述隐性知识。周宽久等(2009)提出用计算机仿真模型来仿真隐性知识的获取过程。

Kogut 和 Zander(1992)将 Polanyi(1958,p. 4)的格言"我们知道的比我们能说的更多"改写为"组织知道的比他们的合同能说的多"。Winter(1987)指出企业知识的一个维度:"隐性 vs. 可表达性"。该维度被进一步剖析为知识是否得到表达(例如,是否保存了记录),以及是否可以教授。他建议,即使知识是隐性的,也可以通过学徒制来教授。Tsoukas 和 Vladimorou(2001)将组织知识定义为嵌入企业的一套集体理解,使其能够将资源用于特定用途。Tsoukas(2005)将个人积累的知识讨论转移到组织内知识外化和传播的过程。李倩和程刚（2014）指出，企业隐性知识是指存在于企业员工头脑和行为中难以用语言来表述、难以用文字言传，属于直觉、经验、诀窍、灵感、智性直观的那部分知识，具有高度个体化和难以形式化的特点。Grant（1996b）提出了基于知识的企业理论（KBT），并将组织中的知识概念划分为两类，即信息（即陈述性知识）和技术秘诀（即程序性知识）。前者包括事实、符号和公理命题，类似于知识的显性维度，而后者描述的知识经常使用但又是隐性的、有黏性的、本质上难以模仿的。根据知识的隐性程度，即知识的隐性维度，Grant（1996b）描述了组织知识根据可转移性、聚集性（aggregability）和可适用性的变化而有所不同。对"隐性知识"一词的多种态度导致研究人员声称，组织中的隐性知识实际上意味着"一切非显性的东西"（Linde，2001）。

　　Teece（1977，1981）和 Kogut 和 Zander（1992，1993，1995）认为，企业在国际上扩张的程度和方式取决于其知识型资产的隐性度（Tacitness）。事实证明，对于国际投资来说，隐性使知识变得特别合适，也特别有问题。一方面隐性是组织技术诀窍（know-how）积累的内在特征，而组织技术诀窍是技术和其他知识资产的基础（Nelson 和 Winter，1982；Cowan 和 Foray，1997；Dosi，1988）。此外，隐性可保护知识不受竞争对手公司的模仿，从而确保知识在不同地区对竞争对手仍保持有效（例如，Saviotti，1998）。因此，根据内部化逻辑，技术知识的隐性度应该与企业向国外扩张的倾向呈正相关（Teece，1981；Martin 和 Salomon，2003b）。Martin 和 Salomon（2003b）描述了知识隐性

(knowledge tacitness)如何影响跨国企业四种进入模式的相对适用性：出口、许可、建立联盟和独资进入，并从概念上开发了一个鲜有研究的企业特征，即知识转化能力(knowledge transfer capacity)。他们描述了知识隐性和转化能力对进入模式选择的综合影响，并区分了开发知识的组织的转化能力(来源转化能力)和寻求获取知识的组织的转化能力(接收者转化能力)。

目前，在营销学领域，关于认知和知识的研究成果主要体现在显性知识领域。在品牌管理领域，出现了品牌知识的概念，但是关于品牌隐性知识的界定和考察是一个空白点。目前，营销计划的成功实施是通过与心理范式相关的指标来加以衡量的，其中大多数指标提供了区分品牌知识的强度和偏好的维度：品牌意识(记忆中品牌痕迹的强度)、品牌信念(特定品牌属性痕迹的强度)，所选属性关联的可访问性和主导性(特定属性的显著性)、品牌感知的清晰性(品牌关联之间的一致性或共享内容)，以及品牌态度的偏好和抵制(基于属性的品牌综合判断的效价和强度)(Farquhar 等,1992;Keller,1993)。

第二节 禅宗境界论

一、境界的内涵

(一) 境界

所谓境界之中的"境"者，根据《说文解字》："界，境也"(许慎,1981,第 290 页)。界者田之分也，是指田地之间的分界线。《战国策·秦策》："楚使者景鲤在秦,从秦王与魏王遇于境。"此

"境"指疆域、疆土。根据现代汉语词典,对境界有两种解释,其一是"土地的界限"(中国社会科学院语言研究所词典编辑室,1999,第673页);其二是"事物所表现的情况和达到的程度"(中国社会科学院语言研究所词典编辑室,1999,第673页)。第一种解释接近《说文解字》的字义释意,而第二种解释说明境界是有高低程度之分的。

"境界"作为复合词出现在班昭《东征赋》:"至长垣之境界,察农野之居民。"此处"境界"是指疆界。可见,境界在汉典中原指疆土、边界和时限(王建疆,2004)。如郑玄在对《周礼》中"卜大封"一句作注时,即指出:"'卜大封',谓境界侵削,卜以兵征之"(《周礼注疏》卷二十四)。杨国荣(2018)指出,这里的"竟"借为境,"竟界"亦即"境界",而其所指,则主要是地域、边界。林蔚轩和王艺欣(2021)指出,据考证,境界最早的意思是边境、疆界,后面又渐渐引申为所有外部的境域。例如,元人耶律楚材《再和呈景贤》诗:"我爱北天真境界,乾坤一色雪花霏。"此处"境界"便是指代外景。

所谓境界,是指心灵超越所达到的一种境地,或者叫"心境",其特点是内外合一、主客合一、天人合一(李昌舒,2021)。境界从来是心灵境界,没有所谓客观境界。它虽然是主观的,却具有客观意义,因此它又不是纯粹"主观"的(李昌舒,2021)。

(二) 境界的特征

佛教传入后,境界一词同时被用于翻译、阐释佛教的概念,其含义也相应地发生了变化。据考证,境界是人的感官与外界接触形成的一种超越主客二分的感受,它来源于佛教(李昌舒,

2021)。可以说境界一词是佛教的专用词,其他宗教很少使用(马进,2008)。张节末亦指出:"佛教的境界是人的六根及其所对之对象。这种对象可以称为法、尘、色、相、意,也可称为境。作为人心的刹那逗留之地,它指心灵的某种非理性的状态,它是直观或直觉"(林蔚轩和王艺欣,2021)。禅宗境界论实际上融合了儒、道、释的诸多元素和精髓。它解决的既是心灵问题,也是功夫问题。

境界的首要特征是心灵体验性。境界是一种状态或存在方式,确切地说,是一种精神状态或心灵的存在方式(蒙培元,1998)。境界作为修养所达到的心灵境地,作为心灵存在的状态,具有静的特征(蒙培元,1996)。蒙培元(1996)指明了心灵即精神生活,它包括认识,但并不能用认识取代,因为它还包括情感体验、意向活动与自我修养等方面的内容。在一定意义上,境界就是主体的精神世界。杨国荣(1997)指出,境界更多地与主体的精神状态相联系,它固然也体现于外在的行为过程,但它首先表现为内在的仁智之境。总之,境界是心灵'存在'经过自我提升,所达到的一种境地和界域。境界不是对象认识,而是一种自我修养、自我认识、自我体验所达到的心灵境地(蒙培元,1996)。

境界的第二个特征是实践修养性。儒、道、佛都重视并强调实践修养功夫,三家所说的境界,也是功夫境界(蒙培元,1996;付长珍,2008)。换言之,达到境界的过程是人将外部世界呈现于内心,通过心灵加以体认和感悟的过程。在对外部世界感受的过程中,人要把自身秉具的知、情、意等投入进去,身体力行的同时还要心领神会,获得体悟与直觉。胡伟希和田薇(2001,第47页)指出,"这是一种'亲证'的'生命'历程,依靠那种纯粹客观的、超然物外的逻辑演绎或理性认知的方法不可能实现的"。"境界应该主要与个人的'躬行实践'所获得的某种状态有关"(雷爱民,2017,第265页)。

二、禅宗以"悟"为最高境界

"禅"来源于古印度,早在佛教创立以前,就在古印度流传,是婆罗门教的一种修行方式,现今"瑜伽"(Yoga)同"禅"在语义上考证应是同义异形词(马进,2008)。"禅"是"禅那"缩写,禅那为梵文 Dhyana 的音译,英文为 Zen。"禅"意指一种"集中"或"沉思"(铃木大拙等,1998);"静虑"、"思修维"、"弃念"等(马进,2008)。《韦氏词典》(Webster)将禅定义为一种"直觉的启迪……"的体验。"禅"自从达摩齐梁时期传入中国,历经魏晋南北朝乃至唐代,"禅"在其本义的基础上衍生了一种人生哲学。禅宗是中国特有的,由慧能始创;慧能之前只能是禅学,而无禅宗(杨健,2008)。慧能认为"(内)见本性不乱为禅"。禅宗的主旨是"明心见性"、"顿悟成佛",因此禅宗具有自我升华的特色(杨健,2008)。禅宗突出和强调主体的意识地位,通过内外统一,主体原本"向外的崇拜"就可转变为"对内的自信"(杜继文和魏道儒,1993,第186页)。

禅宗境界论揭示了明心见性回归本心时的禅悟体验与精神境界(吴言生,2011)。蔡钊(2013)指出,佛学境界说大致分为两类,一类曰五境,指五种感官感知,如眼、耳、鼻、舌、身感知到的色、声、香、味、触;另一类曰法境,指以意识、或曰妙智感知的佛法、佛理。佛学原以为五境皆属幻相,只有法境才是实相,必须破除五境,方能进入法境(蔡钊,2013)。与坚持此岸世界与彼岸世界是对立的一般宗教不同,禅宗破除了这种对立,认为不可闻、不可见的法境就在可闻、可见的五境之中,有如色里胶青,一经妙悟,即可五境达法境(蔡钊,2013)。

在历史上,禅宗三重境界说较为盛行,具有代表性的阐释如下:

禅宗的修持境界有三关:初关、重关、牢关。一个彻底觉悟的人,这三关都须层层突破。从凡入圣是初关,从圣入凡是重关,凡圣俱不立是牢关(周裕锴,2019)。"云门三句"采用形象的语言说明了禅宗的三种境界:"函盖乾坤"是合天盖地、普遍存在的佛性;"截断众流"是指斩断葛藤、超越常情的识解;"随波逐浪"是指一法不立、无可用心的禅机(周裕锴,2019)。

李泽厚(1985,第142页)在《漫述庄禅》中描述了禅宗三重境:"禅宗常说有三种境界,第一境是'落叶满空山,何处寻行迹',这是描写寻找禅的本体而不得的情况。第二境是'空山无人,水流花开'。这是描写已经破法执我执,似已悟道而实尚未的阶段。第三境是'万古长空,一朝风月',这就是描写在瞬刻中得到了永恒,刹那间已成终古。在时间是瞬刻永恒。在空间则是万物一体,这也就是禅的最高境地了。"

中唐佛教居士庞蕴(?—815)一生修持,他用"心空"、"日用"、"空诸所有"三偈表达了其禅悟渐次提高的三层境界(谭伟,2003)。"心空偈"表现了庞居士禅悟的第一层境界,强调通过

"心灭"、"心空"等方法来摆脱外物的羁绊。"心空偈"体现了认识的第一次飞跃,以空否定有、以无否定存在。(谭伟,2003)。"日用偈"表现了庞居士禅悟的第二层境界,提出"平常心是道"的禅观,'神通并妙用,运水与搬柴'就是从平凡的寻常生活中表现出宇宙的神秘性。"日用偈"表现了认识的第二次飞跃,由否定到肯定,正视有和存在,回归于平常,获得道在日常生活之中的体验(谭伟,2003)。而"空诸所有偈"表现了庞居士禅悟的第三层境界,劝世人不要执着和贪求,要去掉一切不实的东西(谭伟,2003)。

禅宗最为著名的三重境界说出典于宋代普济所著的禅宗史书《五灯会元》卷十七的一个公案,青原惟信禅师描述自己悟道的经过:"老禅三十年前未参禅时,见山是山,见水是水。及至后来,亲见知识,有个入处,见山不是山,见水不是水。而今得个休歇处,依前见山只是山,见水只是水。"余虹(2007)指出,见山三阶段是对从迷而悟的禅境的描述,强调对世界、生命的一种新的见解、体验。王雷(2007)指出,见山三阶段是凡夫俗子从执迷于所见所闻,到执着于佛法,再到摆脱了对世法和佛法的执着,最后悟道佛法不离世法。

吴言生(2011)认为惟信禅语是以诗学象征表达了禅悟体验,而阿部正雄对禅悟三阶段的揭示最近原意。阿部正雄将此三阶段理解为未悟、初悟、彻悟三个阶段的见解,分别是"习禅之前的见解"、"习禅若干年有所契会时"的见解和"开悟时"的见解。阿部指出,第一阶段惟信把山水判然区分,既有区别性(山不是水、水不是山),又有肯定性(山是山、水是水);第二阶段既没有区别性又没有肯定性,只有否定性;在第三阶段中,又有了区别性和肯定性(吴言生,2011)。

可见,禅的最高境界是"悟"。与"悟"相对的是"迷",所谓"迷则凡,悟则佛"。人的"迷"具体表现为迷己迷物,它之所以出现缘于本心受到现象界的干扰与沾染,使人们产生了分别心。而禅宗主要追求在于塑造人的"心性",使人们明心见性,彻见本心,回归到绝对的无限心与纯净心,才能达到禅宗的最高境界(韩培姿,2017)。在此悟境中,意识似乎已经停止,一切分别对待都不复存在。人感到放下了一切包袱,解脱了一切束缚,心性得到了彻底的自由。这种最高境界可以描述为禅宗的"涅槃"境界(胡遂,2015)。

没有悟就没有禅,禅和悟是同义词,悟也被看作是禅的特征。日语中"悟"的体验发源于禅(铃木大拙,2013)。铃木大拙等(1998)结合心理学精神分析对悟的体验进行了现代阐释,它是人与外在及内在实在完全协调一致的状态,是"全部人格对实在的充分觉醒"(铃木大拙等,1998)。而且,铃木大拙等(1998)针对现代人的精神困境开出了悟的药方,人难以承受在世界中的分离、孤独与无能,乃至崩溃。为了避免这种后果,大部分人通过补偿机制即通过变成残废来避免精神错乱。例如,过劳,从众,追求权力、特权和金钱,依赖偶像,自我牺牲的受虐生活,自恋的人格扩张等等(铃木大拙等,1998)。与此同时,人们内在的潜能受到束缚和扭曲,找不到任何恰当的途径得以施展,而禅是唯一能够真正克服潜在的精神错乱的根本办法,彻底而自然地解放储藏在每个人内在的一切潜能。因此,唯有对世界作出彻底的、创造性的反应,而其最高的形式即是悟(铃木大拙等,1998)。

三、达到禅悟无法依靠语言文字和概念

禅悟是一种突发性的直觉感悟。苦修固然有所助益,但是并不必然实现禅悟。禅悟具有突发性,常常伴随着某种媒介和契机。而且,实现禅悟的途径完全依靠语言文字和概念,也是行不通的,必须经由个人的体验和实践来实现。并且,已经实现禅悟的个体亦无法通过语言文字来将它传递给他人。那么,怎样才能达到禅悟呢? 或者,实现禅悟之人如何向他人传授呢? 因此,只好暂且借助象征性手法来描述和表达,例如,公案、坐禅(铃木大拙等,1998)、诗意的象征(吴言生,2011)、作势(周裕锴,2019)、俳句、禅语(铃木大拙,2013)、棒喝(杨兰,2012)、俱胝只是竖起一指(王雷,2007),还有一位禅师回答的方式是去踢球,最甚的一个打了问者一个嘴巴(铃木大拙,2013)。此外,修禅之人也常常会通过茶道(冈仓天心,2010)、剑道(铃木大拙,2013)来接近悟的境界。根据前文的文献综述,本研究的研究对象品牌仪式行为也是一种象征性行为,借助禅悟理论的启示,它意味着品牌仪式行为最终有望达到某种类似于禅悟的境地。

(一) 禅悟是一种突发性的直觉感悟

1. 禅悟是一种直觉感悟

禅境的核心在于"悟",禅境即悟境,而"悟"是一种神秘的直觉体验(余虹,2007)。从心理学上讲,直觉属于认知领域,但它并不是显性知识所能抵达的,至少不能完全依靠显性知识来实现。它是对横亘在显性意识层面之下的"无意识"的意识(铃木

大拙,2013)。禅中存在着对构成这些事物基础原理、真理的直觉(铃木大拙,2013)。由迷到悟就是凡人成佛的一个过程。禅家对佛法的体悟最讲究"现量","现量"即是一种不通过逻辑推理而获得的触事而真的直觉感悟(胡遂,2015)。"直觉"并不表现为概念、判断、推理之类的逻辑分析(付长珍,2008)。禅悟的世界与普通的世界看上去并没有特别的不同。而当个体感受到它时,可谓"如人饮水,冷暖自知"。因此,禅悟具有内显性。"禅"重在心智的觉醒与心灵的直觉,禅悟之境是一种直觉境或觉悟境,其本质是一种智慧之境(余虹,2007)。因此,悟的体验是不能通过一般的教授和研究学问的方法得到的,而需要指出超越智力分析的神秘存在的特殊技术(铃木大拙,2013)。可见,悟是无法用逻辑分析和理论推导来捕捉和调动的。

禅悟表现为感性形态的直观,是一种当下的、直接的、整体性的把握,能够豁然领悟到对象内在的意蕴,在朦胧、恍惚中意会到事物底层的真谛(付长珍,2008)。铃木大拙(2013)用艺术家的体会描述了禅悟,"真正的艺术家,至少那些达到了他们创作活动高潮的艺术家,在其高潮的瞬间,变成了造物主的代理人。如果把艺术家生活中的这一最高超的瞬间用禅的语言来表达,那就是悟的体验(铃木大拙,2013)"。艺术家之间耳熟能详的"神韵"和"气韵"(精神的韵律)就是对悟的把握和建构(铃木大拙,2013)。

2.修习积累会有助于禅悟,但是禅悟并不是修习积累的必然结果

禅悟是"直指人心,见性成佛"、"单刀直入,不由阶渐"。因

此禅悟是当下瞬间的整体性把握,不是分阶段渐渐实现的。这种个体的直观是内向的、个人的、直接的(铃木大拙,2013)。一旦个人实现禅悟,是无法传递给他人的。要想获得禅悟,只能靠每个人自身的直接体验。但是,铃木大拙(2013)指出,禅为了把悟带到普通的心灵也能达到的范围中,在实现悟的独特的方法上下了工夫,这是禅区别于其他佛教的地方。因此,直观要寻求表象,并力图以此为手段,把自己传达给其他的人(铃木大拙,2013)。但是,对于从未有过这种体验的人,仅仅通过表象推理,就想达到这种体验几乎是不可能的。在这样情况下,表象就会因为观念和概念而变形。因此,"悟"并不是仅仅依靠某种程序次第修习即可实现的,也不是某种认识或修养积累到一定程度必然会产生的结果(胡遂,2015)。修习与积累尽管对于"悟"会有所帮助,但"悟"本身却只是在当下直接实现的(胡遂,2015)。虽然开悟是最终的和决定性的一步,但是,铃木大拙等(1998)认为,在开悟的方向上前进的每一步体验都是有价值的,尽管也许永远达不到开悟这一步。

3. 禅悟具有突发性,常常伴随着某种媒介和契机

"悟"具有一种不可预测的突发性(胡遂,2015)。禅境的形成乃在智慧一刹那间的领悟:"顿悟成佛"(余虹,2007)。这种精神状况的突变、认识能力的飞跃虽然是不由阶渐而成的,但却并不是无缘无故产生的(胡遂,2015)。它常常伴随着某种媒介与契机而豁然开悟,诸如《五灯会元》中记载的禅师开悟瞬间:见梅树开花,闻春夜蛙鸣,经过酒楼听闻小曲,过桥时跌入水中,听到吃饭的钟声,乃至听到瓦块击竹而悟道(胡遂,2015)。可以说,

进入境界的瞬间是主体在当下的顿悟,但是,它乃是以长期渐修积累为基础,凭借某种机缘,触发而悟的。这种独特的具有神秘色彩的心理机制与思维方式是引起西方学者关注的一个重要原因。据说在修习禅定的过程中,坐禅者会获得一种在理智与逻辑的层面上无法解释的体验,并在心理与生理上相应地引起一系列变化(铃木大拙等,1998)。

(二)禅悟超越了语言文字和概念

1. 达到禅悟无法依靠语言文字和概念

禅宗主张"不立文字",不假语言文字,这是悟的一个特点(杨兰,2012;胡遂,2015)。慧能说:"故知本性自有般若之智,自用智慧观照,不假文字"(慧能,2013,第54页)。从宗教角度而言,悟(证悟)本指一种对佛教最高真理即涅槃实相的豁然明了,是一种神秘的宗教体验。悟的原则是直达真理而不依靠概念(铃木大拙,2013)。悟属于非理性、非感性的内省式直觉,因此一般的语言思维是无法把握和表达的(胡遂,2015)。一般的认知是对客观世界片断的、对象性的认识,逻辑思维和推理可以发挥作用。但是,在禅宗看来,般若作为最高最全面的智慧,是无所遗漏的一切知,其观照活动不需要经过任何感觉思维,不必借助任何语言、文字(吴言生,2011)。语言在科学和哲学中是必要的,在禅的场合则是一种妨碍(铃木大拙,2013)。禅即使需要语言,这语言的价值也只跟买卖中的货币的价值相同。谁也不能为防寒而穿货币,为了充饥解渴而吃喝货币(铃木大拙,2013)。

铃木大拙(2013)指出三种知识:第一种是通过读和听得到的知识,我们对它加以记忆。对于我们没有能力通过亲自调查得到的知识,只能依靠他人的准备和积累。第二种知识是所谓科学知识,是观察与经验、分析与推理的结果。第三种知识是通过直觉的理解方法自然而然地达到的一种境界。禅所要唤醒的,是第三种形态的知识。

2. 禅悟是通过个人体验和实践来实现的,无法通过语言文字来传送

禅所主张的"不立文字"中的文字主要是指逻辑分析的智力。禅与依据逻辑和分析的种种思想体系完全不同(铃木大拙,2013)。禅要抵达般若即"超越的智慧",就要抵抗智的作用。智的作用是通过逻辑和语言表现的,而禅当然蔑视逻辑,在必须进行自我表现的场合,处于无言的状态(铃木大拙,2013)。禅是在唤醒我们超越意识的场合,用和普通的认识路线相悖的特殊方法,锻炼我们的精神(铃木大拙,2013)。禅对于追寻真理的锻炼方法是,要想知道它是什么,就要亲身去体验,而并不是靠智的作用和体系学说(铃木大拙,2013)。朱良志(2006,第334页)指出:"妙悟是一种非科学、非功利、非知识、非逻辑的认识活动;是一种无目的的宁静参悟"。李泽厚(1999,第208页)指出,禅悟要去领悟"一即一切,一切即一的佛性整体",不是通过普遍的律则和共同的规范所能传授,而只能靠个体去亲身体验才能获得的。禅是体验的,体验的东西完全属于个人,如果不以这个人的经验为背景,就没有意义(铃木大拙,2013)。禅境关键在于"悟",其实质乃是对生命本质的一种直觉体验(余虹,2007)。悟就是"狂",就是对通常的意识水平和智力水平的超越(铃木大拙,2013)。

如果要创造直接表现人们灵魂的艺术品，要使这种技术达到纯熟的境地，要想正确地获得这种活生生的技艺，理论化的东西是行不通的（铃木大拙，2013）。事实上，真正与创造性劳动相关联的事物，都是"难以言传"的，是超越以议论为主的知识范围的（铃木大拙，2013）。阿部正雄（1989，第89页）则指出，禅并没有从根本上排除理性："所谓一旦从理性或哲学上去理会和表达，禅的'认识'（悟）就衰退的说法，必须说从一开始就是没有根据的。真正的禅悟，即使它经过严密的理性分析和哲学思考，也决不会被毁坏。相反，分析有助于给自己阐明这种认识，并进而使人们能把这种认识的精微之处传达给他人，即使这要通过语言的中介。"但是，他也肯定了禅是超越了人的理性的。因此，开悟的体验是不可能理智地加以传达的。除非另外一个人预先就有了这种体验，否则任何解释和论证都无法把这种体验传递给他人。如果开悟能够借助于分析使另外一个从未有过这种体验的人完全理解，那么开悟也就不成其为开悟了（铃木大拙，2013）。

（三）禅悟运用象征性手法来描述和表达

"悟"是一种不同于一般认识活动的认识形式（杨健，2008）。李泽厚说悟"并非理智认识又不是不认识，而只是一种不可言说的领悟、感受（1999，第204页）"。禅是知觉的，或是感觉的，而不是抽象的、冥想的（铃木大拙，2013）。想把横亘在我们内心深处的内在真理如实地加以证明，就只有采用禅的方法，这是任何宗教都不能理解的最实际、最直接的心理训练方法（铃木大拙，2013）。因为描述禅悟非常困难，于是在不同场合就出现了不同的象征性描述、动作和行为。禅宗通过公案、坐禅等方法可以帮助人克服内外分裂、摆脱自我的困境,获得人的充分实现,这也就是禅宗的悟(铃木大拙等,1998)。

禅宗在表达"不可说"的本心时,采取的不是定势语言,而是诗意的象征,由此形成禅宗表征本心的特殊的"能指"(吴言生,2011)。弘忍在《最上乘论》(载《大正藏·诸宗部》第 47 卷第 379 页)中描述禅悟:"凝寂淡泊,皎洁泰然"。"'触目菩提'、'水月相忘'、'珠光交映'、'饥餐困眠'等都可以看成是禅宗直觉思维的象征形态(吴言生,2011,第 339 页)"。禅宗譬喻与佛经譬喻相比,有它自身的特点。佛经常用博喻,如天魔献舞,花雨弥空;禅师常用曲喻,如断藕连丝,草蛇灰线。佛经多用明喻,意义显豁,形象中含有逻辑的联系;禅师则多用暗喻,意义模糊,意象间全靠直觉的联想(周裕锴,2019)。经过由描述、隐喻到象征的意象性质的发展过程,很多隐喻成了公案,后来禅师的不断重复而逐渐形成既有行话意味、又具典故特征的象征系统(周裕锴,2019)。铃木大拙(2013)还指出,在某种场合,就出现了徘句,而在另一种场合,则成了禅语。徘句的意图,在于带来一种足以唤起其他人原本直感的表象(铃木大拙,2013)。鹤、石、冰雪,黄昏和秋景(铃木大拙,2013)也都是禅中常用的象征形态。禅门中常形容一步到位顿悟境界如"悬崖撒手"、"桶底子脱"(胡遂,2015)。此外,我们看到禅师启发弟子常用的一些似是而非的偈语,实际上就是在于打破既定语言和概念带给人们思想上的桎梏,努力使人从既定的意识框架中得以突破。

禅宗主张用纯粹的知觉传递那些不可表达的奥妙,"棒喝"

就是其主要形式之一(杨兰,2012)。实际上,"棒喝"这种知觉传递是一种象征性行为。具有象征意味的"作势"也是禅宗中示道启悟的动作,可以达到不用文字的表意效果(周裕锴,2019)。这些"势"是有独特象征意义的姿势语,能表达特定的禅学概念(周裕锴,2019)。中唐时期已有"托情势"、"指境势"、"语默势"、"扬眉动目势"等名目出现(周裕锴,2019)。所以,当俱胝向天龙请教佛法,天龙竖起了一只手指向他示意,俱胝当场彻悟,从此,凡参学僧人来访,俱胝只是竖起一指(王雷,2007)。还有一位禅师回答的方式是去踢球,最甚的一个打了问者一个嘴巴(铃木大拙,2013)。可见,禅宗师徒双方共同的语言环境,临时以一些意味深长的动作来象征禅理(周裕锴,2019)。老师在日常生活中临时方便地随手作出某种有意味的举动,使学人"直下便会",隐喻目的的实现,靠的是禅宗特有的"理事不二"、"体用无滞"的认识方式,即从"事"中见出"理",从"用"中见出"体"(周裕锴,2019)。

修禅之人也常常会通过茶道、剑道等更系统的象征性行为来接近悟的境界。铃木大拙(2013)曾提及过冢原卜传,这位真正理解剑道的武士并不把剑作为杀人的武器,而是作为精神上自我修炼的工具。修禅的茶人通过茶道的形式,在他们所领悟的禅境上下工夫,使其更具有通俗性与实践性(铃木大拙,2013)。思想家冈仓天心(2011,第 42 页)在《茶之书》中写道:"我们所有的茶道大师都是禅的弟子,并且力图把禅宗的精神渗透到实际生活中。因此,茶室像茶道仪式中所有的设施一样,表现了许多禅的教义。"禅与茶道的共通之处在于使事物单纯化,都强调以少为多。禅强调对究及实在的直觉把握，祛除不必要的事物。茶道的主要内容是在茶室内以固定的程式点茶。并且，茶道以老松之荫下建起来的一间茅草屋完成其象征意义（铃木大拙，2013）。此外，"和、敬、清、寂"这四要素（铃木大拙，2013），贯穿茶道始终，凸显了"和"的气氛。显然，祛除不必要的事物，仅仅保留典型化的程式，具有象征意味与"和"的情感体验，茶道符合仪式的基本特征。

四、禅与管理

（一）禅在企业界的应用

企业家如松下幸之助、稻盛和夫和乔布斯都公开宣称自己是一名禅者，并将禅的理念应用到企业管理、员工激励和产品开发之中。日本的"经营之神"松下幸之助结合禅宗创立了"造人先于造物"的"心之管理哲学"，解决了员工的自我激励等诸多企业管理问题。他曾说："像我这样才能的人在这个世界上比比皆是，我之所以能成功，其中关键一点就是对禅的领悟"。日本的稻盛和夫通过对禅宗的信仰和领悟，创立了"敬天爱人"、"自利利他"的经营哲学，成功地创立两家世界 500 强企业。乔布斯从个人生活方式到企业管理都深深地铭刻着一位禅者的印记，讲求以少为多的禅宗思维。乔布斯简化自己的生产和经营，只生产伟大的产品，不做市场调查，也不招收顾问（郭晓彤，2013）。他将禅宗理念植入了产品设计中，IPhone 呈现出具有创新性的 No Button 技术。苹果系列产品的设计追求最直白的外观、最简单的操控方式、最实用的功能设计（郭晓彤，2013），以此直达消费者的内心需求。苹果产品的设计思路是：最好的技术是让人感受不到的技术，它提供的是一种 KISS（Keep It Simple，Stupid，即保持简单易用）（吴伯凡，2008）。

此外，不少品牌也借助禅的理念进行品牌定位。例如，White（2006）介绍了威斯汀酒店创建了全新的"禅"定位，旨在打造一个以生活方式为导向的品牌形象。新的品牌定位围绕着"个人重生"的理念，重点关注入住威斯汀酒店的个性化体验，而不是酒店和客房的物理属性。根据这一新定位，该连锁酒店已开始在亚洲部分酒店测试"感官欢迎"计划——上海威斯汀酒店的大堂里弥漫着白茶的香味，而吉隆坡酒店有一个晚间仪式，员工们在舞蹈中点燃蜡烛，标志着昼夜之间的转换。

（二）禅在学术界的讨论

Johnston（2002）在兰登书屋的单词菜单中找到了禅的解释——"通过自律和冥想来实现直接的精神启迪……从大师那里寻求直觉的启发、冥想和指导"。Robert M. Persig 的著作《禅与摩托车维修艺术》是美国所有 MBA 的必读书目（Johnston，2002），书中主要是一种无尽的对自我意识和自我赋权的内省。Whitelaw（2012）指出，禅领导力是释放我们无限的本性，超越自我的恐惧。走出我们自己的路是让我们从勉强管理走向无畏领导力的原因。禅真正帮助领导者的方式是切断对我（ego）的掌控，让你无畏地领导。

美国管理大师 Richard Tanner Pascale（1982）在《哈佛商业评论》发表的《禅与管理艺术》的文章具有标志性意义，后续引发了一系列相关的讨论。Pascale（1978）通过与美国和日本管理人进行了多次访谈后,发现了植根于东方哲学、文化和价值观中的视角有助于发现管理中的隐性维度。他认为这种隐性维度具有禅一般的品质(Zen-like quality)。它不同于其他更为人熟知的管理维度,就像时间不同于物理空间的其他三个维度一样。他在文章中详述了他所发现的隐性维度。例如,他发现,模糊性可以作为一种管理工具,管理人应该根据具体职位发展从显性到隐性的沟通技能。例如,管理层将要做一项变革的时候,不是将这项变革放在聚光灯下引人注目,展示修订的组织结构图和职务说明,而是逐步地重新分配任务,逐步地改变职能之间的界限,并且仅在所需变革成为事实时才发布公告。

　　Stephens 和 Burke(1974)描述了禅宗启发禅悟的过程,由此探索禅与广告创造力的培养。他们指出,"进入到自己的思想或灵魂的真实本质是禅宗的根本目标",他们发现,大多数禅宗专家似乎都在说,在那里的一半好处是到达那里,除非你找到自己的方式到达那里,否则你永远不会真正到达那里。在一个人试图找到自己的表达方式之前,他的创造力不会真正地发展起来。只要他依靠别人来告诉他如何创造,他就永远不会真正有机会变得有创造力。他们说,禅宗大师要求禅宗学生进入修道院,开始一种极度孤独和隔绝的生活。在有些痛苦的禅宗姿势下进行长时间的冥想,同时伴随着田间的辛勤劳动、贫乏的营养和很少的休息,这些在某种程度上提供了一种可能发生精神启蒙和自我发现的氛围。

　　Low(1976)讨论了禅与创新管理,他认为禅首先是以人为中心和以体验为中心。按照西方的标准,这既是合乎逻辑的,又是不合逻辑的。它消除了二元论。它试图让人从空虚（认知意识）解放出来，走向新的更高的个人自由。禅认为权威在于自己，体验就是一切，内在的自己拥有自我理解和/或意义意识（awareness of meaning(s)）的所有答案。禅就是你的"日常想法"。它是"一切"，又是"无"。禅寻求捕捉生命和体验的流动，而不是这里或那里的片断。禅与管理有什么关系？在 Low（1976）看来，这种联系是通过同构（isomorphism）产生的。在生物学中，同构是指形式上的相似性，例如在不同的生物体中。在数学中，它指的是两个集合之间的 1 对 1 对应关系，使得一个集合上的运算结果与另一个集合中的类似运算结果相同。例如，Low（1976）说角色和公司是同构的。此外，他认为人类的感知与组织营销部门是平行的。压力承受能力与人事部门是平行的；人力体验和组织是同构的。个人层面（禅）与非个人的组织是同构的。

王雷（2007）根据青原惟信禅师的见山三阶段阐释了管理的三重境界。第一重境界是见山是山，见水是水：经验管理；管理者往往"只能看见个别的管理问题，看不见管理问题背后的普遍规律，只相信自己的经验管理"。第二重境界是见山不是山，见水不是水：科学管理；管理者看到了管理现象背后的普遍规律。第三重境界是见山只是山，见水只是水：超越管理；"必须依靠自我领悟方能达到此境"。贺枚（2011）指出，要在中国做成功的营销，一是需要剑，需要生存和发展；二是需要禅，需要升华与修炼。阎雨（2011）指出，"'禅'的境界，完美地体现了超管理的管理，这就是'出世精神，入世事业'"。管理要直指管理的终极目标,不要囿于日常管理的"工具思维"(阎雨,2011)。毛江华(2017)指出,阿里的践行印证了曹洞宗第 25 代法脉传人、六祖寺方丈大愿法师的开示:1)任何人和事都处在当前的时空坐标轴上,只要打破这个时空局限,就能够游刃有余;2)帮助人找到生活和生命的意义,才是最高层的生意;3)营销要由器世间卖产品的层次提升到有情世间与客户建立信任。

第四章 品牌仪式行为作用机制的扎根分析

　　本章的研究基于前文的文献回顾和相关理论探讨,通过质性研究方法探索品牌仪式行为的作用机制。研究通过滚雪球采样、预访谈、32次半结构式正式访谈、知乎社区文本搜索,完成了理论抽样与数据收集。通过扎根理论的方法,即开放编码、轴向编码和选择性编码进行了数据分析,构建了品牌仪式行为的理论框架和作用机制:动机—品牌仪式行为—心理效应—意义赋予—品牌境界。最后,本研究运用前期编码中预留的语义群进行了理论饱和度检验。

　　研究表明,消费者发生品牌仪式行为出于个人动机和社会动机,个人动机包括情感动机、认知动机和追求感官刺激;社会动机包括社会文化、情境和转型。品牌仪式行为由三个维度构成:隐喻性(相似性、引申性)、重复性(程式性、复制性)、情感性(传达情感、激发情感)。品牌仪式行为产生的心理效应有:品牌显性知识内化(品牌信息接收、识别品牌高识别度呈现、仪式规范摄入)、品牌隐性知识领会(品牌隐喻、身体学习、品牌内核)、品牌情感体验(情绪感染、情感释放)。根据扎根理论研究结果,品牌仪式行为通过意义赋予能实现品牌境界。消费者意义赋予包括四个维度:意义确认(认知匹配、身体匹配、情感认同)、意义投射(自我表达、能力体现、情感投射)、意义扩展(向外融合、个性化、演绎)与意义协商(排斥、异化诠释、品牌缺憾、做减法)。品牌境界包括:品牌代际传承(代际传统相传、品牌产品传家)、消费者—品牌合一状态(品牌体感养成、人器合一、共鸣)、智慧悟出(烦恼消除、洞察力、专业直觉)以及浑然忘我(品牌优先、废寝忘食)。本研究得出了品牌仪式行为的内容和策略,揭示了品牌仪式行为的作用机制,最终发现了品牌境界。

第一节　研究设计

一、研究方法

(一)扎根理论

扎根理论(grounded theory)方法是基于经验的社会学理论,由 Glaser 和 Strauss(1967)将它确立为一种独特的研究方法。它的研究过程包括选择具有代表性的案例、对原始资料进行系统化的编码、归纳、提炼和抽象,从而形成理论,这是一种科学的质性研究方法。总之,扎根理论的实质是从经验资料的基础上建构理论。根据 Charmaz(2008),扎根理论被概括为四种特征:对于问题域很少的先入之见;资料收集与分析的同时性处理;对于数据进行不同阐释;研究结果指向中观理论建构。

扎根理论作为一种研究方法,对于存在问题但缺乏解释(或**解决方法**)的研究领域,是理想的方法。同时,这一方法对于某种未经太多研究和理论化的领域同样也较为理想,因为这种情境为新的洞见和视角生成提供了施展空间(伍威·弗里克,2021)。鉴于本研究的研究对象是从事不同的品牌仪式行为的消费者,他们不同于一般性品牌消费的消费者,是近年来在国内外新兴发展起来的。而且,本研究的主题品牌仪式行为是较新的、缺乏解释的研究领域。因此,为了针对这一亟待考察的较新的研究对象和研究领域,即探索品牌仪式行为最终如何影响消费者的品牌忠诚度,本研究适合采用扎根理论的方法,通过从现象到理论的生成过程,探索性研究其中的作用机制。

(二) 半结构访谈

为了减少由于研究者的个人主观经验、单样本的个体化差异所可能造成的研究结果的偏差,从而提高理论的饱和度和可信度,更加科学和客观地反映一般性规律。本研究选择了不同国家和地区的、从事品牌仪式行为的 35 位消费者作为访谈对象。

本研究采用两层数据收集策略,旨在激发信任和提高数据质量(Ziller,1990)。在第一阶段,研究者要求受访者提交代表品牌仪式行为在他们生活中的意义的图片,以此来捕捉无意识的态度(Heisley 和 Levy,1991)。一旦受访者把图片交给研究者,研究者随后会安排与受访人进行以一对一为主的深入访谈。这些在数据收集的第一阶段中所提供的图片,被用来激发与受访人的访谈(Collier 和 Collier,1986),从而提高访谈质量。

在第二阶段,研究者遵循半结构访谈的相关要求,进行了一对一的深度访谈、一对多和多对一的小组访谈,共计 32 次访谈。

半结构访谈的目的是获得第一手的、自由形式的经验领域的描述,并且是在消费者的生活世界之中情境化的描述(Thompson等,1989;Stern 等,1998;Bevan,2014)。

在开展半结构访谈时,告知受访者研究目的,访谈会被录音,并保证匿名。访谈围绕提纲性问题,采取自然谈话的模式,尽量与受访者处于平等的地位,不能让受访者感到访谈者比自己知道得更多(Kvale,1983)。访谈者尽可能将先前的经验和研究中形成的有关现象的前见、信念和知识搁置起来,保持完全开放、接收的态度来聆听受访者描述他们的经验(Moustakas,1994)。

二、理论抽样与数据收集

通过研究者的个人接触,用滚雪球采样(Atkinson 和Flint,2001)的方式来完成抽样。基于志愿,寻找可能愿意接受访谈的个人。在预访谈的程序中,研究者询问了可能的受访者在其个人生活中品牌仪式行为的发生情况。初筛条件是重复从事某品牌仪式行为至少一年。例如,研究对象 WYY 每年去迪士尼乐园 3-4 次,已持续了 7 年。成功经过初筛程序的受访者将进入正式访谈。受访者经过正式访谈之后,再提供那些有品牌仪式行为的朋友、家人、同事或熟人的联系方式。为了加强普遍性,在访谈之前,需确保受访人不知道其他人的参与内容。此外,在选择受访人时,兼顾考虑到了年龄、性别、职业、地域以及品牌仪式行为的多样性。访谈对象的基本情况一览表,如表 4.1 所示。

表 4.1 访谈对象的基本情况一览表

编 号	姓名代码	年龄	性别	职 业	地 区
访谈 1	AG	40＋	女	企业高管	美国硅谷
访谈 2	AN	40＋	女	企业高管	美国芝加哥
访谈 3	CX	50＋	男	工程师	美国阿克伦
访谈 4	DDE	20＋	男	研究生	英国伦敦
访谈 5	DWY	50＋	男	大学教授	中国香港
访谈 6	EC	40＋	女	自媒体网红	中国上海
访谈 7	GYZ	50＋	女	企业职员	日本茨城
访谈 8	HX	30＋	女	香道师	中国上海
访谈 9	JQ	40＋	女	媒体高管	中国上海
访谈 10	JJ	50	女	葡萄酒经销商	法国 Houeilles
访谈 11	JS	40＋	女	企业高管	中国北京
访谈 12	KN	40＋	女	公司职员	德国维尔兹堡
访谈 13	LJ	40＋	女	大学教授	中国上海
访谈 14	LMS	50	女	作家	中国北京
访谈 15	MA	60＋	男	律师	美国夏威夷
访谈 16	SD	60＋	男	企业家	澳洲黄金海岸
访谈 17	TJY	20＋	男	大学生	中国上海
访谈 18	TT	40＋	男	大学教授	中国上海
访谈 19	WB	50＋	男	企业家	美国关岛
访谈 20	WM	40＋	女	大学教授	中国重庆
访谈 21	WJ	40＋	女	银行高管	中国南京
访谈 22	WXF	40＋	女	企业高管	中国上海
访谈 23	WYY	20＋	女	大学生	中国北京
访谈 24	WZZ	50＋	男	企业高管	中国北京
	MK	30＋	男	基金管理人	中国上海
	IIB	40＋	男	企业家	中国福建
	YB	40＋	男	企业家	中国北京

（续表）

编 号	姓名代码	年龄	性别	职 业	地 区
访谈 25	XF	40+	女	媒体高管	中国广州
访谈 26	YYZ	20+	男	博士生	中国上海
访谈 27	ZB	40+	女	企业高管	中国上海
访谈 28	ZF	40+	女	财务咨询师	澳洲悉尼
访谈 29	ZHJ	40+	女	自由职业	德国柏林
访谈 30	ZJ	40+	男	企业高管	中国上海
访谈 31	ZYT	40+	女	基金管理人	加拿大蒙特利尔
访谈 32	LQP	60+	女	著名茶人	中国上海

资料来源：作者整理

在访谈的过程中，访谈对象被告知访谈是匿名的，并且会被录音。为了使访谈在自然、轻松的方式中进行，以便于受访者谈出较为真实的情况和体会，研究者针对不同受访人的母语，分别采用中文或者英文进行了访谈。绝大多数访谈是通过微信语音的方式完成的。最终，本研究完成了 32 次访谈，其中包括 30 次一对一的深度访谈、1 次一对多的小组访谈、1 次多对一的小组访谈。每次访谈时间为 1.5 小时—3 小时。

此外，本研究在知乎问答社区以品牌仪式行为作为关键词搜索文本内容，并根据庞杂的搜索结果，将评论文本加以筛选，分析得出 183 条语义群用于后期的理论饱和度检验，以补充原先预留的、源于访谈内容的 441 条语义群，进一步巩固检验的结果。

三、访谈问题

关于访谈的问题,主要根据本研究拟定的初始框架提出相关问题,同时参考(但不限于)Cowan 和 Spielmann(2017)考察消费者消费香槟的访谈问题,就以下十个问题进行了对话。

1. 请你详细地描述你所提供的图片。

2. 你的第一次品牌仪式行为是怎么发生的?

3. 哪些因素影响了你的品牌仪式消费?

4. 请你描述所从事的品牌仪式的动作? 它们象征着什么?

5. 你的品牌仪式行为传达着什么知识(显性的和隐性的)?

6. 请你描述品牌仪式行为中的情感?

7. 请你描述品牌仪式行为在你生活中的安排情况(年限、频率、消费强度、与日常生活结合的规律等)

8. 在品牌仪式行为中,你是如何赋予意义的?

9. 有没有不同于品牌仪式建构的意义? 它是如何发生的?

10. 通过品牌仪式行为的这些意义赋予,你感觉实现了什么?

第二节　数据分析

一、开放编码

(一) 初始编码

概念是构成理论最基本的单位。扎根理论方法中的开放编码是从原始数据中分析出概念的过程,概念根据其性质和维度被识别和生成。使用开放编码的基本的分析过程为:针对数据提问;比较现象中的每一个事件、活动或者其他实例的异同。相似的实践或活动被标识并归为同一类属(Strauss 和 Corbin,1990,p. 74)。

根据伍威·弗里克(2021)和 Goldkuhl 和 Cronholm(2010)介绍的编码方法,研究者对 32 份访谈文字采用逐步抽样的方式进行编码,直至不再产生新的代码。研究者对原始材料进行编号的规则是:姓名代码＋语义群编号。其中,姓名代码见表4.1。语义群编号是指一个具有完整语义的语句群落单位,例如 AG-1 是指 AG 的第 1 个语义群。编码过程中产生初始代码(AAn)1859 条,经梳理后产生代码(An)826 条,进一步提炼后形成了 51 个概念(Cn),具体见表 4.2。

（二） 范畴化

通过初始编码,我们提炼出品牌仪式行为中存在的诸多概念,把具有相同本质属性的概念归纳为一个范畴,进而形成范畴体系。开放编码的主要目的是将文本进行拆分理解,并将生成的类属附着在代码上,对研究的现象或现象的某些方面进行描述、命名或者分类(伍威·弗里克,2021)。本研究的范畴化就是对品牌仪式行为的访谈内容通过开放编码所形成的概念进行归纳,找出各概念之间的内在联系,把具有相同本质属性的概念归纳为一个范畴,形成范畴体系。同时,结合现有的研究成果,本研究将上述概念进一步归纳为 16 个范畴(见表 4.3)

表 4.2 语义群-初级代码-代码-概念的形成例举

语义群编号（部分原始资料）	初级代码	代码	概念
(AG-11)我觉得是一个久而久之,是出差跟经常出去旅行的一个自己学习跟进步的过程。所以说我发现在能去美地旅行是积累了很多经验的结果。	AA1 久而久之的学习和进步	A1 学习和进步	C1 阅历积累
(AG-13)鞋子从好看跟好穿集合起来,我觉得 Ferragamo,Jimmy Choo Sergio Rossi 这儿个品牌是最好的。这些品牌帮是我穿过很好穿的,即使旅行时穿的是高跟鞋,脚感也非常好。	AA3 鞋子好穿比品牌推广更重要	A3 好穿证明品牌好	C2 身体匹配
(AG-15)我买第一双 Ferragamo 之前,有朋友就说 Ferragamo 很好穿啊,就会试着去买啊,买来自己穿看格。然后 Jimmy Choo 的话也是朋友推荐的,说他们家鞋子好穿,那就买来试试看。	AA5 先听说朋友推荐再买来试	A5 朋友推荐	C5 他人影响
(AG-29)去之前那种情感是一种期待。然后这个过程当中是一种探索,好奇。结束了以后是一种满足,开心啊。	AA19 旅行带来期待,探索,好奇,满足和开心	A19 旅行的复杂情绪	C19 情感释放
(AG-35)有些人认为旅行是个疲意的,我就觉得它可以是漂亮的,潇洒的。	AA25 别人认为旅行疲惫,我可以潇洒漂亮	A25 赋予旅行潇洒漂亮的意义	C25 自我表达
(AG-40)我觉得像 RIMOWA 行李箱啊,什么,Ferragamo,Jimmy Choo 跟 Sergio Rossi 鞋子啊,Marriot 和丽兹卡尔顿酒店啊,商务舱啊,只要是这种出行,基本上就是品牌了。	AA30 只要出行就是这些品牌	A30 出行品牌重复	C30 重复性
……	……	……	……
(AN-25)小时候第一次吃了肯德基这件事情可以一直吹牛吹好久。	AA62 第一次吃肯德基	A62 儿时经历	C62 阅历积累

（续表）

语义群编号（部分原始资料）	初级代码	代 码	概 念
（AN-26）其实我觉得就像我们七十年代什么代什么洋快餐,并不是真的说它那个口味多吸引你,我觉得是心理上的这么一个满足吧。	AA63 吃洋快餐的心理满足	A63 心理满足	C63 正向满足
（AN-44）还有意思,还向我说你去哪儿穿什么样的衣服。包括我那女朋友还挺有意思,还向我说你到时候会穿什么？说咱们俩要搭一下。	AA81 衣着与环境和女性的搭配	A81 衣着与外界搭配	C81 与外界搭配
（AN-56）这一天就是你作为自己的一个reward.作为妈妈你奉献了这么多,然后这一天是属于你自己的。	AA93 属于自己的一天	A93 作为奉献的回报	C93 正向满足
（AN-63）好的像波尔多它是可以喝出层次感来的。醒酒的时候你醒20分钟,醒一个小时之后,这个酒的味道是有变化的,所以就是说它比较有层次感,尤其是搭那种牛排那种香味儿,咸的食物的时候,它的那个酒的味道能够更激发出那个香味儿。	AA100 喝出波尔多不同层次的味道	A100 了解品牌的内在层次	C100 品牌内核
（AN-85）就是好的牛排店,我们去把酒住那一放,店面经理会亲自给我们来开,手法非常娴熟。然后呢他会跟你聊这个酒的年份,产地,所以真的就是会有一种知音的感觉。	AA122 牛排店经理来自开酒聊天	A122 专业的服务和沟通	C122 认知匹配
（AN-86）但是我要去一个网红店,我自己带一个一级庄。说句不好听的话,那些小姑娘啪啪两下把你那个酒标还开断了,倒酒的时候哗哗哗给你搞花了或者怎么样都有可能的。	AA123 网红店小姑娘开瓶、搞花酒标	A123 不认可非专业的服务	C123 排斥
（AN-87）有一些酒标是值得留的。因为每一个酒庄它的那个像木塞是不一样的,所以我们打开不同酒庄的酒的时候,那个塞子留一个会象征性的留一个。	AA124 不同酒庄的塞子留一个	A124 留下酒标	C124 引申性
（AN-92）你定的一级庄的酒其实是期酒,今年的阳光和山火都是无法预知的。就是说你喜欢的,你就去订好了,好像我有一年的欢就定。	AA129 一级庄期酒喜欢就买	A129 喜欢就买	C129 情感认可

（续表）

语义群编号（部分原始资料）	初级代码	代　　码	概　念
那个酒就碰上了，然后那种酒一级酒庄，一年真正的这种高端酒大概就是 5000 瓶。			
（AN-98）一般我过生日的时候都会去牛排店 Morton's，那个牛排店会专门印张菜单，有你的名字和生日，定制化感觉很好的。所以就搞得我好几年的生日都在那个牛排店过。然后我就在反省，难道我是为了那张菜单去的吗？	AA135 牛排店定制生日菜单	A135 品牌给 VIP 顾客定制菜单	C135 品牌隐喻
（AN-108）我喜欢去的餐厅是比较有艺术气息的，比较会做菜，有特色，例如那家以意大利文艺复兴为主题的餐厅，每张菜单上都印有意大利的典故。有一些餐厅只是傻里傻贵的，那种地方我是不会去的。我觉得就是自我品味的一个体现吧。	AA145 喜欢去有特色的艺术餐厅	A145 体现自我的品味	C145 自我表达
（AN-118）米其林级别的话，主厨他一般会出来跟大家打个招呼。真的我觉得米其林店的大厨是非常有灵魂的一个人。嗯，他不是说的只是会做菜。他一定是对这个有他自己的一套哲学体系，从他这个菜的搭配，包括它内面的那种层次。我觉得他研究一个人的味觉，其实是在研究一种人生。	AA155 米其林大厨的哲学体系	A155 体悟到米其林的智慧	C155 品牌内核
（AN-137）越开心就越水涨船高的往上开酒。有一些大事终于过去了，我告诉你那真是吐口血。就说开瓶二级庄吧，然后说的不解气，还是来个一级庄。	AA174 大事过去开好酒	A174 庆祝大事件	C174 重大事件
（AN-142）去高级餐厅吃了很多年之后，越吃越精，从吃之前就给了我一个最深刻的人生启迪是什么？就是说你永远不要去泛泛的吃，就吃到到最适可而止。这个就是最好的。	AA179 多吃高级餐厅获得人生启迪	A179 高级品牌仪式给人启迪	C179 洞察力

（续表）

语义群编号（部分原始资料）	初级代码	代码	概念
（AN-145）自己品鉴能力一定是水涨船高的。我至少有一点可以打保票，就是你说跟我出去东西你不会吃错。带着我出去吃饭就是一个品质保证。	AA182 跟我出去吃饭不会错	A182 品质保证	C182 专业直觉
（AN-148）而且有的时候你可能也会注意相关的知识，你也会看就比如说，那种两颚牙火腿什么样的猪去做的？	AA185 注意相关知识	A185 接收相关信息	C185 品牌信息接收
（AN-153）我所谓的复合式的忠诚，就是说去 Morton's 牛排馆，我对这个我最喜欢穿人类学的猪子，然后再配一瓶一级庄的酒。每一个一对一都是忠诚的，然后我会把它们这三个连在一起。	AA190Morton's 牛排馆，人类学猪子和一级庄酒	A190 重复品牌组合	C190 程式化
（AN-163）我觉得人类学这个品牌的设计，色彩和裁剪，跟我苗条的身材很搭配的。	AA200 品牌与我身材搭配	A200 品牌与身体匹配	C200 身体匹配
（AN-166）我一直都是不太随儿大溜儿的那种人，就是大的地方我可以不太那么奖儿。但是小的细节中我会表现我自己。我觉得人类学就是这样，首先你看到它是美的，你再看在下看。你会发现它美的众不同。我觉得这个就很适合我。	AA203 人类学美的与众不同，我也是个性	A203 品牌是我的个性	C203 自我表达
（AN-167）用人类学这个东西，感觉到它和我之间是合而为一的，并不是说我把自己要塞到一个盒子里头。有时候我就是去那个店里面晃一圈。对我来说都觉得很回归。	AA204 人类学与我合而为一，感觉回归	A204 品牌合一与回归	C204 人器合一
（AN-173）施华洛世奇的水晶，可能是因为初恋男友送给我一款。我眼里这个品牌一直都觉得很神圣，不管它最后怎么大众化了。	AA210 初恋礼物施华洛世奇水晶一直有神圣	A210 初恋礼物对我有神圣性	C210 个性化
……	……	……	……

（续表）

语义群编号（部分原始资料）	初级代码	代码	概念
（CX-1）应该是我小时候老爸的一种传染吧，老爸以前是在跟部队有关系的地方，所以他有机会出去用枪，有机会出去打猎。所以，就给我吹嘘了半天，从小就种下种子了。	AA211 老爸的传染	A211 代际影响	C211 他人影响
（CX-6）因为这个普遍的 value，就这东西必须是内心的一种特别的感受，才会导致这个习惯。	AA216 内心感受所导致	AA216 内心驱动	C216 天性驱动
（CX-11）你进去之后，玩了一、两年呢，你肯定会慢慢加那个工具嘛，那个时候你就会慢慢地注意一些品牌。比如说你开始的时候可能是买一个最简单的步枪，或者最简单的弓箭，然后，哎哟，这精度上不去了。最后一波，哎呀看上去好像没那么好看了，那个时候开始对装感觉了，那你就要开始往上挑了，最后挑到了意大利的去了。意大利的军队不能打，但它的武器是很漂亮的。	AA221 随着打猎深入更新品牌知识	A221 仪式加深品牌知识	C221 品牌信息接收
（CX-13）就像打高尔夫夫有个说法，你装一个好的球杆，就会导致你的成绩提高一两杆，因为你心里感觉我得对得起这个武器嘛，我感觉这心里感觉就棒了。所以枪也一样，那种感觉不一样，这个品牌的话绝对是有影响。	AA223 更好的武器牌让人更棒	A223 更好品牌体现更好自我	C223 能力体现
（CX-28）打水鸟的时候，你等天它才来几只鹅，燕之类的东西，然后你要是打不住了或者打的不顺了，你整体不平衡，你把这机会错过了，那就觉得很可惜了。所以，那个时候就会带着最好的意大利的枪 Benelli。	AA238 打猎最难得的机会用最好的品牌枪	A238 卷到最高级别用最好的品牌	C238 正向满足
（CX-38）因为打猎是人类的一个基本本能，它必须生存，必须要让另一个动物来牺牲作为你的食物，对不对？那我们把这个传承下去。	AA248 打猎提醒下一辈食物来源	A248 打猎传统传承	C248 代际传统相传

（续表）

语义群编号（部分原始资料）	初级代码	代码	概念
下去。我必须让我们的后一辈都知道食物的来源，也学会尊重这个生命。因为我们必须是打了，必须要吃这个动物的。			
（CX-41）打猎的时候，你感到的是一种loneliness,那种孤独感吧，好像是一个冥想（meditation）的过程。因为你很可能在那儿等待很长时间，等上四、五个小时，你这是self reflection的时候。	AA251 打猎体验到孤独感，冥想和自省	A251 冥想和自省反省	C251 情感释放
（CX-60）事实上开始一个美国人教的，因为与自己的话，是没有这种动力。没有这种机会。你去哪里，你都不知道看什么东西，因为打猎不是说一瞬而就的事情，是需要长期积累的。	AA270 美国人带人门，长期积累	A270 师傅一路带领	C270 他人影响
（CX-65）每个枪技不同品牌的，因为每个机械公司都会做出不同，特别适合他们的一个品牌的。这个枪的机械做的一些东西，它们每个都精攻自己的东西。比如你买那个散弹枪，很可能是绝大部分都会买意大利枪，美国人可能做的像那个突击步枪。你要手枪的话，那很可能是找德国啊，芬兰那边的，欧洲都是不错的。	AA275 追踪不同枪支最佳品牌的信息	A275 了解细分品牌信息	C275 品牌信息接收
（CX-70）在动物出现的时候，绝对盯着那个动物，没别的了，有十来分钟完全忘记自己。因为它出现之后，比如你要用弓箭的话，它很可能离你七八十公尺，那个时候你打不了了。太远了。因为弓箭有效射程也就是30公尺，所以你得等它过来。那个时候你得把全体的眼睛，整个身体是完全冻结的（frozen），眼睛只看一个东西，而且是用余光看它，你不能直接看它。	AA280 全神贯注弓箭射程	A280 全神贯注弓箭射程	C280 品牌优先
…	…	…	…

（续表）

语义群编号（部分原始资料）	初级代码	代码	概念
（DDE-17）相机它都是死的，不管它是索尼也好，有多贵、多高超，就是靠人话灵活现的。那些摄影大师其实用的器材在市场上都能买得到。所以，品牌还是看用的人。	AA297 索尼相机还是靠用户	A297 品牌在于用户靠用户	C297 能力体现
（DDE-32）索尼其实不太说比如网上打广告，或者找一些人"产品测评，索尼其实是鼓励"街拍"的，就是你上街去用他这个产品。	AA312 索尼鼓励街拍	A312 品牌出街	C312 程式性
（DDE-33）我出去拿索尼相机拍的时候，相机有索尼的标识。	AA313 索尼标识	A313 品牌标识	C313 识别品牌高识别度呈现
（DDE-37）我这真不知道索尼的 slogan。但是大家网上都会说的一句话，叫索尼大法好。用户都这么说，这个就相当于一个流行语，我在用它的时候就知道。这个大法的意思就是它领域很宽，什么都专业，什么都很强。	AA317 索尼大法好好是非官方的网上流行语	A317 消费者演绎品牌流行话语	C317 演绎
（DDE-38）所以这个能给人传达的信息就是，我很厉害，只有厉害的人配得上这个。	AA318 我用索尼我很厉害	A318 品牌强势信息	C318 品牌隐喻
（DDE-40）让你拿着索尼拍照的时候，别人就觉得你是专业的，虽然我觉得自己没有达到那么专业的一个地步，但是周围同学都觉得很专业，它就会给你一种自信的感觉。	AA320 用索尼让我觉得自信	A320 强势品牌给人自信	C320 情绪感染
（DDE-47）其实你在那边拍照的时候，也希望别人跟你 social 起来，你肯定希望也传授一些索尼的知识，使用经验，传授一些文化，我说的得配得上这个品牌，而不是我就是个小白，什么都不懂。	AA327 传授索尼知识首无我要懂	A327 顾客要懂品牌	C327 品牌信息接收
（DDE-56）索尼相机是我生活中的一部分，我用它记录我的生活，我觉得就是生活中不可缺少的。它给我的感觉就像搜寻平时打篮球一得就是生活中不可缺少。	AA336 用索尼相机拍照生活中不可缺少	A336 在生活中反复用品牌	C336 复制性

（续表）

语义群编号（部分原始资料）	初级代码	代码	概念
定要穿那种篮球鞋一样。就是你缺少它，你会觉得少了一些什么？你如果用别的牌子的话就会觉得很怪。（DDE-59）因为这个索尼相机跟了我毕竟五六年，即使市面上有更好的，其实也不舍得把它换掉。因为你就自己用熟了，整个上去这个手感呀，就像很多人穿鞋一样，它整个的手感，胸感，我会觉得很舒服，已经适应了。	AA339 长期用索尼出手感	A339 长期使用培养品牌体感	C339 品牌体感养成
（DDE-64）因为索尼相机给你的自信还有别的优点，它会慢慢地转化到你身上，像这种相机的镜头，你通过它观察世界不一样。然后，慢慢你就培养来自己的这个的能力。	AA344 索尼的优点转化到我身上	A344 品牌优势转化给消费者	C344 专业直觉
（DDE-72）我拍的时候会跟索尼运动员上战场一样，就是肾上腺素直接上升，会有那种激情，觉得还是很信任索尼，一个拍摄活动可能7,8小时，那种人机状态会出现。	AA352 人机状态	A352 消费者-品牌合一	C352 人器合一
...	...	...	...
（DWY-2）因为我的主要的系统都是苹果的，这个 AirPods 连接起来相当于无缝切换，所以就选了。其他耳机好像是可以的，但是我觉得可能比较麻烦。	AA354 主要系统都是苹果的	A354 由苹果开始	C354 品牌启蒙
（DWY-5）显性的就是你戴着个苹果耳机，那么别人一看，因为它跟一般的耳机看出来不一样。会觉得，这个人挺高大上的；因为它跟一般的耳机看出来不一样。反正就是觉得挺有范儿的感觉。	AA357 苹果耳机看上去不一样	A357 独特产品外观	C357 识别品牌高识别度呈现

（续表）

语义群编号（部分原始资料）	初级代码	代码	概念
（DWY-6）我是在 Apple Music 上有一个 monthly subscription，就是里边儿是可以无限下载的。实际上隐性的是每个月付费买有知识产权的音乐。	AA358 苹果音乐上每月付费	A358 品牌软件续费	C358 品牌内核
（DWY-10）偶尔忘了充电，这个时候感觉就像缺了点啥，那种感觉就好像你没有带钥匙或者 disruption in your routine，好像缺了一环，或者是说不圆满，就跟我平常的整个 routine 就 not complete circle。	AA362 不容打断的惯例	A362 成为日常惯例	C362 复制性
（DWY-14）戴 AirPods 跑步基本上就是一个 regular exercise habit。平时不用，只是跑步的时候用。	AA366 戴品牌耳机跑步	A366 锻炼时用品牌	C366 程式性
（DWY-20）因为我对这个要求其实并不是很高，就是 AirPods 它可能音质上不是最高超的音质，我相信一定有一些耳机的音质可能比它更好。但是，我没有那么高要求，也不会去主动搜索其它的跑步耳机了。	AA372 品牌耳机满足我的要求	A372 认可品牌品质	C372 认知匹配
……	……	……	……
（EC-1）我毕业以后就做做杂志编辑，那个时候还是纸媒、做杂志编辑就会去参加各种各样的品牌新品发布会。	AA373 参加各种品牌发布会	A373 长期参与	C373 阅历积累
（EC-13）我去年四川参加迪奥品牌的活动，迪奥就会在酒店的门上印他们品牌的 logo，然后房间里送的巧克力或者鲜花，那上面也都有相应的一些包装和 logo。	AA385 迪奥 logo 出现在酒店门卡和小礼物上。	A385 品牌标识出现在目标现场	C385 识别品牌高识别度呈现

（续表）

语义群编号（部分原始资料）	初级代码	代码	概念
（EC-16）他们在讲述自己新一季设计的时候，通常会把品牌的历史和研发结合在一起。比如说爱马仕就会介绍他们一直在研发，把皮革处理的像柔软的丝绸一样，而且目你真的能够看到他们做得到。	AA388 爱马仕讲述研发历史	A388 了解品牌历史与研发	C388 品牌信息接收
（EC-23）就是时尚类品牌所传达的隐性的应该说是一样的吧，就是和创意。因为有参加时装类品牌，时装、设计、珠宝、美妆，你能看到的就是一方面是他们技术不断的精进和研发，另外一方面你也能够感觉到就是美感觉还有创意。就有的时候你没想到他能够视觉到那个颜色可以那样搭配，这种东西可以这样样用，很有创意的。	AA395 时尚类品牌传达美和创意	A395 时尚品牌内核	C395 品牌内核
（EC-33）参加这种品牌发布会起码有20年了，那它就是我工作的一部分，也是生活的一部分。离不开呀。	AA405 离不开品牌发布会	A405 重复品牌仪式	C405 复制性
（EC-37）我已经是它每一季一季出来都在看，了解这个行业的运作模式，也知道服装设计师每一年要出两到三季那些服装的门道了。你看了很多以后，突然遇到一件特别对眼的话，那就完了，就特别想买它。	AA409 看每一季设计看出门道	A409 看出品牌设计的内在规律	C409 洞察力
（EC-38）最近有一次我去看荣宅的那几个英文字跟荣宅这两个中文字的字体进行了融合，就是你看到它那个中文字拆分以后变成了Prada。然后拆分以后意识到这其实是一种文化交融。其实你把这个思路用在艺术创作里面就是这么个逻辑嘛。	AA410Prada跟荣宅的字体融合让我两眼放光	A410 品牌融合让我怦然心动	C410 情感认同

（续表）

语义群编号（部分原始资料）	初级代码	代　码	概　念
然后，我当时就迷疯了，就爱上那两个字了，其实那那个包设计什么特别，我就一下子就两眼放光了，就买了。 （EC-39）应该说你在反复观看一些东西西的东西或者是说让你的审美活跃起来，兴奋起来的东西出现的时候，你就可能会有购物欲。	AA411 购买适合自己审美的东西	A411 自身审美在产品上投射	C411 认知匹配
（EC-60）信赖 LA MER，它适合我，它是我的安全感。如果化妆包里有一个什么东西都你稳定军心，那它就足够了呀。	AA432 LA MER 给我安全感	A432 信赖品牌	C432 情感认同
……	……	……	……
（GYZ-14）我可能遗传了我妈这一点。我如果要吃一样的东西，我得进入到一个境界里面，我才会觉得生活都挺好的。但是，我觉得是，我800年没吃饭了，我已经饿成这个样子了吗？要让我端一个锅吃，那就是真的吃了吗？	AA447 遗传了我妈的讲究	A447 代际影响	C447 他人影响
（GYZ-28）它倒倒是从来不看，我就是看它那个包装。然后我就一把抓来，所以我觉得它的包装对我来说就很重要啊。牌子写在最下面，黑色的小字。它其实是一个挺有名的一个公司：kikkoman。	AA461 购物时直接看包装	A461 认准品牌包装	C461 识别品牌高识别度呈现
（GYZ-29）因为你必须要从这个奶盒子背面把特殊的盖子取出来，所以你就必须要看它一眼。它这个设计就是这个样子，这个你盖子在最下面的配方。因为它那个盖子还不是很容易取的。所以它肯定会看到不同的配方。	AA462 给豆奶盒子插管子时看到不同的配方	A462 品牌包装设计仪式动作	C462 程式性

（续表）

语义群编号（部分原始资料）	初级代码	代码	概念
你知道吗？因为它就贴得很牢，然后你要搜它的时候还需要一定的力度，然后你就必须要把你的注意力集中在这个背面的刷片上面。你就发现，诶，今天实际上是嵌入在里面了，都不需要打广告。 （GYZ-31）显性的知识就是让你发现，简单的一个豆奶实际上能够变成很多东西，比如说它变成它拿铁，或者让你怎么做豆腐花，或者变成一锅豆腐脑，怎么做豆腐皮。	AA464 豆奶可以变成很多东西	A464 接收品牌配方	C464 品牌信息接收
（GYZ-36）我觉得就像洗脸，刷牙，喝水，睡觉一样，成了一种习惯以后，你就会无所谓了。它只要是这个东西我买什么品牌都无所谓，但是这款豆奶让我就会觉得生活里面有小惊喜。	AA469 这款豆奶给我小惊喜	A469 品牌小惊喜	C469 情绪感染
（GYZ-44）我肯定会坚定它，只要它有货，我坚定地肯定会去买它。同样的一个货架上面，如果有它，我必须买它。我肯定买它，我不可能去选别的品牌。你再跟我说别的品牌有多少好喝，我都不会去选它。	AA477 肯定这款豆奶	A477 完全认同品牌	C477 认知匹配
（GYZ-46）我会用自己的喜好去发择一下，然后做出一些新的不同的东西来。当然，在它的基础上。比如说，朋友比较喜欢味道浓郁的，我就会加一点牛奶或者是加一点咖啡是的，就会有一种新的尝试。	AA479 根据自身喜好加调料	A479 个性化发挥	C479 个性化
……	……	……	……

（续表）

语义群编号（部分原始资料）	初级代码	代码	概念
（HX-7）那因为当时自己创立公司的时候压力比较大嘛，所以想寻求一样解压创造的方式，那接触到香之后，慢慢的我就真的是很发自内心的喜欢。	AA486 创业压力大学香	A486 压力驱使学香	C486 压力驱使
（HX-13）我做香、点香、或者熏香的过程当中，我是很安静的，慢慢享受那个过程的。	AA492 做香时安静享受	A492 安静享受仪式	C492 情绪感染
（HX-17）20年吧，我给江诗丹顿的VIP客户来体验豪香。手表是用来记时的，咱们的豪香传统上也是计时的，就做了一个结合。	AA496 江诗丹顿与豪香结合	A496 品牌与传统仪式结合	C496 向外融合
（HX-18）压香灰的时候，我们有一定的方位的要求，是在9:00的方向，左手负责转动香炉，右手的香尺一直在9:00拿起放下，拿起放下。	AA497 压香灰要求明9点方向	A497 香道刻板动作	C497 程式性
（HX-19）为什么我们一定要强调方位很重要？就是方位很重要，你方向要一定要对，那这样我们的努力才没有白费啊。	AA498 强调固定方位寓意方向	A498 固定动作寓意	C498 品牌隐喻
（HX-37）通过香能认识到的知识面真的能把它化为一种智慧，我们觉得智慧的彼岸才是我们的真正的方向。知识一定要转化为智慧，它才能滋养我们的生命吧。	AA516 香的知识转化为智慧	A516 品牌知识转化为智慧	C516 洞察力
（HX-41）有的人有信仰，他觉得就是佛能成道，是一种崇拜的眼光去看香，他很想去学香。	AA520 信佛能成道来学香	A520 信仰驱使	C520 非凡信念驱使
（HX-52）还有人觉得别人懂了我也要懂，这是个社交。现在如果别人懂茶和香，我也要懂。倘若人家给你不懂六大茶类去跟别人去交谈，你都觉得很难受。	AA531 别人懂茶和香·我也要懂	A531 缺少社交式常识	C531 缺失社交常识驱动

（续表）

语义群编号（部分原始资料）	初级代码	代 码	概 念
你泡一杯大红袍，你说这是红茶，因为你只能看着颜色嘛，你就很尴尬。理解到沉香上面是一样的，终究以后人家给你点了个沉香，而你以为是檀香呢。 （HX-62）那我还是喜欢沉香。我喜欢沉香不是说因为它比较名贵，而是因为它的结香是太难得了。这个树呢它不是受伤之后是端香料沉香属的这个特定的树种。它的伤口再经过黄绿墨耳真菌的感染之后，再经过几年或者是几十年结香的这块儿伤疤取下来。有多少个机缘巧合才能结香啊，当时达摩禅师讲过一句话，烦恼若尽，佛从心出，柠腐若尽，香从树出。沉香受它涅槃重生的过程让我觉得生活里的烦恼都不算什么。	AA541 喜欢沉香因为它的涅槃重生	A541 品牌仪式体悟涅槃重生	C541 烦恼消除
（HX-67）在我生活当中，我觉得香是我一辈子的一种陪伴吧，我儿子也变到我的影响离香不开香了。	AA546 香是我和儿子的陪伴	A546 传给儿子	C546 代际传统相传
（HX-72）其实说我们学习香道，学习的那个是你对待万事万物的那个分寸吧，那个分寸也是我刚刚讲到的经验。那经验一定要自己累积的，才能变成你自己的。我觉得这个分寸就是一种平衡状态。或者说中庸，就你遇到开心的事情，你不会在那里狂喜。遇到逆境的时候，又很伤心。没有去遭得平衡，去调整到那个合适的状态。	AA551 从香道的经验体会到中庸	A551 从品牌仪式领悟到哲理	C551 洞察力
（HX-90）判断沉香的真假，我们通过最简单的方法，去了解它的原理、气味、特点，我们去辨别真假沉香肯定是没有问题的。只是说你真的见过了，丁了解它的原理。	AA569 判断沉香真假没问题	A569 判断品牌真假	C569 专业直觉

（续表）

语义群编号（部分原始资料）	初级代码	代码	概念
（HX-98）我现在了解古人的香方，但我也有这种想法。我想做一款香就是要让大家去闻了就很开心啊，因为身边有人抑郁啊，你闻到花香就会开心啊。	AA577 创造让人开心的香	A577 自创香方	C577 个性化
（HX-111）我们的香会是三五好友，大家围坐在一起。我们有一个主题，会有不同的香给大家去品。每个人都会参与，品完香，用笔墨写下自己当下的那个感受。	AA590 香会有围坐主题，品香和书写感受	A590 固定的品牌仪式要素	C590 程式性
……	……	……	……
（JJ-4）我觉得对那个酒是到了法国慢慢地开始喜欢。因为有这种聚会的场景，慢慢地在这种花园里面，我们在春天啊夏天一般都是在花园里摆放那种桌椅。大家来聚会，每餐都有酒，就是一种生活很轻松的一种调剂。	AA594 法国花园聚餐每餐有酒	A594 在异域生活中养成喝酒	C594 习俗养成
（JJ-9）我推荐的比较多的是贵腐酒，它也是一种很珍贵的酒。它需要那种天时地利人为的因素。然后那种特殊的酶就让那个葡萄菌就会产生一种特殊的东西，帮助那个葡萄酒以后发酵。到了中午又需要那个地方有阳光，就是把它的所有葡萄呢更容易干燥收缩，然后就让那个葡萄干水汽蒸发了。然后，就让这种葡萄呢，也就是那个糖分。最早发现这种酒呢也是因为一场意外而就是浓缩它的糖分。	AA599 贵腐酒是天时地利人为，有故事的酒	A599 了解品牌故事	C599 品牌信息接收

（续表）

语义群编号（部分原始资料）	初级代码	代码	概念
发生的。那个酒庄的庄主出去打猎，他告诉那个酒庄的人，他说等我回来以后啊，你们再来收葡萄。但是实际上等他回来以后呢，他就发现那个葡萄变成干瘪，他们还以为是坏的，但是实际上用这个葡萄，他意外地发现它酿的酒还特别好喝，就成了现在的一种贵腐酒。			
（JJ-13）那种一般的跟朋友、家人之间呢，并不是说所有的时候都要有这种品酒的一整套动作。一般必有的一个动作呢，就是大家在喝之前有一个轻轻碰酒杯的动作，像中国类似于干杯这样碰触，那个动作应该是必不可少的。	AA603 碰触酒杯必不可少	A603 消费必需动作	C603 程式性
（JJ-14）在中世纪欧洲宫廷里面这种斗争，有这种危险的程度在里面，他有可能在你的酒里面下毒。他们当时用酒杯这样碰一下，就为了让自己杯子里的酒溅到对方的酒杯里面，肯定那下毒的人会很心虚和害怕。	AA604 酒杯碰触为了将酒溅到对方杯里测毒	A604 仪式行为引申含义	C604 引申性
（JJ-15）另外一种说法，就是说酒呢就会传到耳朵里面。他们因为觉得这个享受，会得到全面的享受。你闻那个酒的时候呢，让你的鼻子享受到了。你喝酒的时候呢，让你的嘴巴、舌头享受到了。你去观看这个酒的颜色的时候，就让你的眼睛得到享受，那我们碰一下，那个清脆的、悦耳的声音，就让自己的耳朵也享受到了。	AA605 碰杯是让耳朵也听到	A605 碰杯让耳朵学习	C605 身体学习

（续表）

语义群编号（部分原始资料）	初级代码	代码	概念
（JJ-17）我觉得实际上喝酒是让人的心灵得到放松，先忘掉一些尘世的烦恼，让你进入到另外一种愉悦的情景啊。酒可以暂时地忘掉我，或者说它带给你之前不敢表达的或者有点羞涩的，逐渐地让它放开了。	AA606 喝酒带来放松、愉悦、勇气	A606 放松、愉悦、勇气	C606 情感释放
（JJ-28）基本上是每餐都差不多有酒。正餐完了以后呢，会吃奶酪，奶酪完了再吃甜点。在吃奶酪的这个过程中，那种奶酪里面有一种独特的成分和红酒就特别相配，在那个时候喝红酒就觉得特别的一种浓郁的，能够适合那种奶酪的一种完美的体验。所以我就经常吃那种奶酪的时候，俩一块奶酪，然后再喝一点点红酒。	AA617 奶酪配红酒每餐都有	A617 仪式每餐重复	C617 复制性
……	……	……	……
（JS-3）品牌叫西点戏，是一次性内裤，我最初使用它的时候是我经常出去旅行。我买一次性内裤，其实尝试过几个品牌，做的都非常简陋。后来我发现西点戏这个品牌的时候，它非常好，是白色色纯棉的，全部是广谱无菌消毒的，每个单独立包装。	AA635 品牌西点戏脱颖而出	A635 筛选出匹配的品牌	C635 认知匹配
（JS-4）我觉得原来我用它是跟我的旅行相关，现在在每天的日常生活中都会用，属于高频复购率的一个牌子。因为每天都会消耗一条。	AA636 每天都用	A636 每天用	C636 复制性
（JS-15）我觉得类似的产品其实非常多，但是这个品牌给我的感觉是说它的宣传和我拿到的实物是一致的。	AA647 品牌宣传与实物一致	A647 品牌-消费者认知一致	C647 认知匹配

（续表）

语义群编号（部分原始资料）	初级代码	代码	概念
（JS-21）感到干净、安全和方便。	AA653 感到放心	A653 感到积极情绪	C653 情绪感染
（JS-22）那它一个没有那么漂亮，另外就是材质很简单。	AA654 不够漂亮材质简单一	A654 品牌缺陷	C654 品牌缺陷感
（JS-23）因为我妈是医生，我妈妈就从小跟我说所有东西都有细菌啊，都要消毒啊，就会脑子里想很多。	AA655 医生妈妈的教育	A655 代际影响	C655 他人影响
（JS-25）因为它毕竟是一种通过灭菌的短裤嘛，然后我穿这个短裤的时候，用热吹风机吹它几秒，就让它那个穿友一下，我觉得这个可能是我自己的一个心理作用啊。	AA657 穿之前用热风机吹它	A657 固定行为	C657 程式性
……	……	……	……
（LMS-3）促成我要把打扮自己当作一件比较重要的事情做，就是我好像天生对仪式有这种敏感，就有一种敏感。	AA660 对打扮天生敏感感	A660 天生敏感仪式	C660 天性驱动
（LMS-5）我小时候爱看国外的小说，尤其看到外国的这种通俗小说会对物质进行很详细的一些描写。比如说它会写一个律师穿什么样的衣服，他住在什么酒店，他到哪一个餐厅去吃饭，或者是喝了一罐儿什么样的啤酒。然后这些东西给了我一个品牌的启蒙。	AA662 儿时受到外国小说里品牌描述的启蒙	A662 外国小说的品牌启蒙	C662 品牌启蒙
（LMS-8）我只会比较信任某一个 style，就是我比较喜欢的，这个有点儿夸张的，比如说在某一个细节上稍微有点儿夸张的，这个细节要的。	AA665Anne Fontaine 就是我想要的	A665 消费者认可品牌风格	C665 认知匹配

（续表）

语义群编号（部分原始资料）	初级代码	代码	概念
呢有的时候可能是袖子，有的时候可能是一个特别夸张的蝴蝶结或者是特别夸张的领子或者衣服的一个荷叶边儿儿。我喜欢的这个法国品牌 Anne Fontaine，它是最普通的白衬衣，但是它在白衬衣上有变化。我想要的就是这样的。 （LMS-9）我穿的这个牌子的衣服印花特别夸张，或者背后掏了个大洞，或者像这件衣服有三朵花，都很夸张。	AA666 这个牌子设计夸张	A666 品牌设计共性	C666 相似性
（LMS-11）Anne Fontaine 专门做衬衣的，而且就是黑白两色的衬衣。	AA668 只做黑白衬衣的	A668 发现品牌风格	C668 识别品牌高识别度呈现
（LMS-14）这就保证了我不会撞衫。因为我是 fashion 界的，最起码就是说我是一个时装精，我懂，我知道有这样的一个小众的品牌卖这种的衬衣，别人不知道。	AA671 穿 Anne Fontaine 说明我是时装精	A671 小众品牌代表我精通	C671 品牌隐喻
（LMS-33）我对打扮的理解其实更认为是为日常生活中才应该讲时尚，街拍那么火，就是因为街拍的那些好多衣服能，它是我穿着能上街的，它是我日常生活中的一部分，而不是说是某一个特定的社交场合。	AA690 街拍火因为时尚融入日常	A690 时尚融入日常	C690 程式性
（LMS-34）我喜欢的这种 style 的法国牌子 Anne Fontaine，这其实可能也是一种内心对生活的一种表达吧，就是说我表达还是很希望我这个生活每一天能平稳，能安全的，但是呢，又希望每天生活中有点儿小的变化，可能这就是我内心的一个潜意识的反应吧。	AA691 穿 Anne Fontaine 是我的内心反应	A691 穿某品牌投射内心	C691 自我表达

（续表）

语义群编号（部分原始资料）	初级代码	代码	概念
（LMS-36）比如说 Anne Fontaine 这件衣服，它中间不是有一个大花嘛，这个花它是一个腰带，但是这个我就很少用。因为我经常会把衣服扎到裙子或者裤子里，然后这个花儿我就用不上了。因为这件衣服是欧洲人的那种款，特别长，我个子又不高。如果我不把它扎到那个裤子里的话，它就会特别长，穿着会显腿短。	AA693 我很少用 Anne Fontaine 的腰带	A693 少用欧版品牌附件	C693 做减法
（LMS-38）因为我在这个行业也做了这么多年，确实说这见识都见到了。就是我看到现在为止，对这种名牌儿也好，奢侈品也好，还有所谓设计师的东西也好，我觉得已经比绝大多数的人有定力。	AA695 见多名牌养成定力	A695 养成定力	C695 洞察力
（LMS-41）穿衣打扮方面的品鉴能力，我觉得我应该在全国算是前 5% 的。我一眼就可以看出某种装扮来源于历史上的哪个流派。	AA698 一眼看出装扮的流派来源	A698 一眼判断流派	C698 专业直觉
（LMS-50）我会有把烦恼烦恼忘记，我觉得获得了一个崭新的我，得到了一个新生。	AA707 打扮让我忘记烦恼	A707 忘记烦恼	C707 烦恼消除
...	...	...	...
（SD-14）我骑杜卡迪车时，总穿一身黑色 t 恤，不要穿其他颜色的 t 恤。然后再套上我的黑色夹克。	AA721 总是一身黑色骑杜卡迪	A721 固定搭配	C721 程式性
（SD-21）杜卡迪是我一直寻找的最好的运动摩托，它的声誉是摩托车中的法拉利，因为它有我想要的品牌形象。	AA728 杜卡迪是我想要的品牌	A728 认可品牌形象	C728 认知匹配

（续表）

语义群编号（部分原始资料）	初级代码	代　　　码	概　　念
（SD-22）我的感觉是非常自由，同时感觉到强大，因为它是动力强劲的摩托车。	AA729 骑杜卡迪感到自由强大	A729 感到自由强大	C729 情绪感染
（SD-29）它是我生活中的一部分，每个周末都会骑。我认为我不会停止。我想如果我几个星期都不骑的话，我会因为没有做这件事而感到内疚。	AA736 不会停止周末骑杜卡迪	A736 不停复制	C736 复制性
（SD-33）这就是平时真实的自我。我想如果追求理想自我的话，我可能会骑赛车摩托车。但是，我不会那么做，太危险了。	AA740 骑杜卡迪是真实自我表达	A740 真实自我表达	C740 自我表达
（SD-39）我常邀儿子一起骑杜卡迪，也愿意将我的杜卡迪留给他。	AA746 把杜卡迪留给儿子	A746 品牌传给儿子	C746 品牌产品传家
（SD-48）我知道澳大利亚和世界各地都有这样的俱乐部，意大利通常每年都有很多杜卡迪车手聚会，有些新手是通过杜卡迪粉（Ducadists）的推荐加入进来的。	AA755 杜卡迪粉推荐新手加入	A755 老粉启蒙新手	C755 品牌启蒙
（SD-62）我曾经因骑摩托车而意外受伤，但这并不能阻止我骑摩托。我迫不及待地想回到杜卡迪车身上去。	AA769 受伤也不放弃骑杜卡迪	A769 受伤不弃品牌	C769 品牌优先
（SD-64）我倒是曾经期待有其他品牌摩托，但是我绝对不会放弃杜卡迪，因为我的身体好像跟杜卡迪长在一起了，一旦骑上它就感觉到身体的延伸和强劲。	AA771 身体与杜卡迪一体	A771 身体-品牌一体	C771 人器合一
……	……	……	……

（续表）

语义群编号（部分原始资料）	初级代码	代码	概念
（TJY-12）促使我玩魔术的原因是我亲眼看见过这个魔术在身边发生，能够想起来的就是在夏威夷，一个保安给我变海绵球，然后变硬币，就觉得这是一个非常直观的，能够令人短暂兴奋的事物。	AA783 亲眼目睹促使我学魔术	A783 亲眼目睹驱动	C783 亲眼目睹
（TJY-15）这个扑克魔术要把关注点放在观众身上，一定要听你的想法，看你的反应。	AA786 要看观众反应	A786 激发观众反应	C786 激发情感
（TJY-16）魔术表演可以调动观众的一种内在感觉，有自我价值啊，他会感觉到对于这场表演做出了一部分贡献，即使真实的情况并不是这样。	AA787 让观众感觉自己有价值	A787 感觉自我价值	C787 正向满足
（TJY-20）社会因素可能比如说社会对魔术这个东西的认知不普遍啊，所以人家看起来就会很新鲜啊，大部分人都会眼前一亮，不管你表演的是差是好。	AA791 社会认知不普遍让大家看着新鲜	A791 社会认知稀缺显得新鲜	C791 社会认知稀缺驱动
（TJY-22）一般我要先洗牌，肯定要先洗了呀。虽然洗手这个动作并不是魔术界的要求，只是我个人培养出来的。	AA793 自己培养的玩牌前洗手	A793 仪式准备动作	C793 程式性
（TJY-29）用 Bicycle 单车扑克那最直接的就是，只要你了解魔术的人，一看到你拿了单车扑克魔术，就知道你是专业玩魔术的，你是入了门的。	AA800 用单车扑克显示入了门	A800 特定品牌显示特定段位	C800 品牌隐喻
（TJY-30）单车扑克牌的设计都是一样的，看这个牌，一看就知道是 bicycle 的牌位，牌位上面这个正中间是一个正似于类一个针对天使加天使骑单车的东西，然后呢因为扑克牌是对称的嘛，对称的那一部分是一个天使在骑个单车。最显眼的就是一个天使在骑个单车。	AA801 单车牌位是时针加天使骑单车	A801 发现品牌独特设计	C801 识别品牌高识别度呈现

（续表）

语义群编号（部分原始资料）	初级代码	代码	概念
（TJY-34）基本上每天我都会摸到它，想到就会拿起来玩一下，或者思考的时候把玩一下，甚至有的是无意识的啊，那么随身也带着啊。	AA805 想到就拿起来玩	A805 随时玩	C805 复制性
（TJY-57）这个痴迷的就是废寝忘食啊。我就是不吃饭不睡觉也练牌啊，而且还不是有意识的，就是玩着玩着就睡了，饭都忘吃了。这就需要足好好扑克例如单车扑克，因为有的扑克牌它的质量没达到那个地步，当你玩着玩着它就卡下了。	AA828 够好的单车扑克质量足以让人废寝忘食	A828 品牌支撑废寝忘食	C828 废寝忘食
……	……	……	……
（TT-10）我一直到大三之前，我家对联，还有旁边的对联，过年的对联，都是我写。	AA838 从小一直写对联	A838 写对联是习俗	C838 习俗养成
（TT-16）纸以前就是用对联纸写的，江西铅山县的七连纸，在历史上都很著名，我们从小都知道。四书五分之三的纸都是用这个，明朝《资治通鉴》全是用这个纸。	AA844 从小知道自古出名的七连纸	A844 著名品牌从小知道	C844 品牌启蒙
（TT-40）写字之前心里有期待，有一种能量在里面爆发，写字有宣泄感，写书法相当于气功一样的。	AA868 写书法有宣泄感	A868 仪式书法有宣泄感	C868 情感释放
（TT-51）基本的字帖要买，五种字体的字帖要买，例如正楷、柳公权要买、颜正卿的必须买，还有一批馆阁体，就是以前秘书抄写的公文，一定要像印刷体一样，都要买。	AA879 必须购买代表性字帖	A879 了解品牌信息	C879 品牌信息接收

（续表）

语义群编号（部分原始资料）	初级代码	代码	概念
（JT-65）我觉得最大的收获是，我的欣赏水平超过了我的实践水平，我就知道什么字好，我一眼就能看出来。这个实际上是提高我对书法的品读和品鉴能力。因为书法是一个意识判断，它不像那个重量一样，它一称就知道重量。它完全是一种欣赏性的判断，它实际上来源于你的理论和实践的综合力。	AA893 一眼就能看出什么字好	A893 意识判断能力养成	C893 专业直觉
……	……	……	……
（WJ-2）这个是我一个老领导，也是老朋友，他来上海出差，说他要去他的茶艺老师那边喝个茶，问我有没有时间一起啊？然后，我就跟他的茶艺老师那边去吧。喝茶还得有好奇心的吧，然后就跟着去了。	AA895 老领导带我去见他的茶艺老师	A895 领导带我体验	C895 他人影响
（WJ-23）具有象征意义的动作就是品香了，就这一点的品香，跟喝本身其实是不相干的。两个环节都有机会品香。刚开始拿茶叶的时候，可能会探头去那个茶叶盖边闻一闻，再就是呢，第一遍不是要洗杯子嘛，就是洗肺的感觉深吸一口。这个时候感觉很舒服的，就是把茶叶以后把茶叶投到盖碗里摇一摇，那个烫杯边烫杯子以后呢把盖子相当于很短暂时间的闷蒸，使得它稍微舒展开一些，就激发出这个香味。这个时候，打开盖子，先去闻盖子，会比较清淡，但是它层杯里边的热气会把那个叶片给它合上的那个熏，先去闻茶杯里边这个味道，会比较清淡，但是它层次会比较清晰。然后倒吧，再去闻一下将倒出水的那个大口杯里的里的茶叶的香味。	AA916 茶道过程有两个品香环节	A916 固定环节	C916 程式性

（续表）

语义群编号（部分原始资料）	初级代码	代码	概念
（WJ-47）我们所谓闻香啊什么的，还真的挺香的，挺开心啊，你要是有美感，一种身体上的愉悦，你可能会去仔细地去品尝它。	AA940 闻香的美感、身体愉悦和细品心情	A940 感到积极情绪	C940 情绪感染
（WJ-61）那个金骏眉一万多一斤，如果当你喝的是金骏眉啊，可能从我的角度来看，首先他肯定是很尊重你	AA954 请我喝金骏眉感到被尊重	A954 品牌意味尊重	C954 品牌隐喻
（WJ-62）第二呢，我会感觉到我们喝不熟，那我们今天是在社交。	AA955 请我喝金骏眉感觉不熟	A955 对品牌意义的不同阐释	C955 异化诠释
（WJ-79）就品茶本身角度来说，我对茶叶、对茶汁的敏感程度、对它的区分度逐渐的是有升级的了。一开始，会描述出来自己的感觉。然后了解了不同的口感的成因。接着就是有的候能能品。	AA972 品茶的敏感度和区分度不断升级	A972 能品茶	C972 专业直觉
（WJ-89）我其实最喜欢喝的是古树红茶，比如说高黎贡山，讲树是多少年，树有2100年的，也有1500年的。然后，茶叶本身的话呢，其实一般2~3年，太久的，大久的，我觉得会损耗一些那个枞味。	AA982 了解品牌背景信息	A982 接收品牌背景信息	C982 品牌信息接收
……	……	……	……
（WYY-4）其实本来我对琳娜贝尔并不是非常的痴迷，但因为看了很多别人发的视频和图片，还有大家对他的喜欢，我就越来越接受这方面影响。所以，我觉得最近说应该说网上的社群文化对我我也有影响。	AA986 我对琳娜贝尔有网络社群文化的品牌影响	A986 网络社群文化的品牌影响	C986 品牌启蒙

（续表）

语义群编号（部分原始资料）	初级代码	代码	概念
（WYY-13）我觉得迪士尼最主要的仪式应该是那个花车巡游吧，迪士尼专门请到花车巡游的演员在花车巡游的时候扮演动画人物去跟我们的时候进行一些互动。我就看到我们每一个只要非常投入地跟我们互动，都会非常注意听到我们的声音或者看看到我们的动作，都会非常投入地跟我们互动。	AA995 迪士尼花车巡游的动画人物互动投入	A995 品牌与消费者互动投入	C995 传达情感
（WYY-15）在花车巡游和最后烟花表演，它会疯狂地给你输出一波情怀，然后你就会沉浸在它搭建的这个世界里。所以我觉得这个仪式感就是所有人在那个环境里都非常的快乐，就没有不快乐的人存在。这个环境就是仪式感。	AA997 沉浸在迪士尼花车巡游最后烟花表演的这个世界里	A997 沉浸在品牌输出的情怀和快乐中	C997 情绪感染
（WYY-26）我觉得它的显性知识就是它庞大的版权，它自己有很多动画作品、各种人物，还有它的歌曲，包括整个乐园的搭建，都是围绕它动画里的这些设定进行的。	AA1008 显性知识就是它庞大的版权，包括乐园的具体呈现	A1008 了解版权的具体呈现	C1008 品牌信息接收
（WYY-27）它隐性的知识就是大家都说迪士尼是孩子的天堂，是世界上最快乐的地方，它的动画产品是很多人童年的一个回忆。对我来说，即便年龄在增长，你面临的世界越来越复杂，但是心目中永远可以保留最童真、最纯粹的一些想法。	AA1009 隐性知识是成年人世界的童真天堂	A1009 品牌呈现人间天堂	C1009 品牌隐喻
（WYY-36）它有这样的一个故事线，我觉得跟我去迪士尼时的感受和我的生活经历比较符合的。我很喜欢迪士尼这种叙事手法。就说是讲小孩儿的非常迪士尼式的成长吧，非常阳光、非常励志，我觉得我对动画的印象就是迪士尼那个类型，我形成了一个有的思维，就是我觉得它一定要这样，不是这样得我不喜欢。	AA1018 对动画叙事模式形成了迪士尼式的固有思维模式	A1018 排他性地认可品牌叙事模式	C1018 认知匹配

（续表）

语义群编号（部分原始资料）	初级代码	代码	概念
（WYY-48）我跟这个品牌的接触实际上是 daily basis。平时跟迪士尼的链接包括我听的音乐，比如说挂坠儿啊，我会戴耳坠儿、项链。还有一些装饰，我会尽量地在我目力所及的范围内都放上跟迪士尼有关的东西，这样会让我心情好。	AA1030 每天多感官接触迪士尼产品	A1030 每天接触品牌产品	C1030 复制性
（WYY-80）我期待社会对我的认知实际上给我造成了一定的压力，虽然我是一个偏向于理智的人，但是这不代表我没有情感需求。可是我为了去符合我理想中大家对我的认知，我有可能会很多时候需要压制自己的情感需求。然后去迪士尼，正好就是让我觉得我就是需要情绪，我就是很感性，我就是一个对童年的一些事情看看的很重的人。	AA1062 去迪士尼是平时受到压制的自己真实的情感需求	A1062 品牌仪式是受到压制的真实自我的投射	C1062 自我表达
...	...	...	...
（YB-6）柴油盐盐茶，在我们的定义里，茶已经不是饮品，也不是简单的一种交际。像我可能把茶当做每天生活的一部分，而且我把它当做是我生活里面的必需的一种仪式或者场景影响。	AA1085 茶是生活的必需仪式式	A1085 生活必需	C1085 复制性
（YB-11）那这也能快速地促进朋友之间的沟通，包括可能一些生意上的促动。现在整个中国三个商帮：闽商、潮商、浙商，特别是闽商跟潮商，他们大部分的生意都是在茶桌上该成的，或者以茶为借口来快速地把生意谈成。	AA1090 喝茶能促进闽商和潮商谈成生意	A1090 茶道促进交易	C1090 演绎

（续表）

语义群编号（部分原始资料）	初级代码	代码	概念
（YB-18）茶有时候也是体现身份的一种象征。就是一帮人在一起，某个老板如果拿出一泡好茶或者拿出几泡好茶，他能把这个茶讲得很清晰，我们可能更愿意接受跟他一起合作。我们认为他是一个很清楚的人，懂得喝茶，也懂得感恩，懂得品味，有内涵。	AA1097 会喝茶象征着人格魅力，懂得清晰，懂得品位和内涵	A1097 善喝茶象征着人格魅力	C1097 彰显人格魅力
（YB-21）如果我们看到一个喝茶的女生，和看到一个喝酒的女生，那我们这种成功的男性肯定会选择喝茶的女生作为我们的伴侣，作为我们长期沟通的知己。那可能是我们的伴侣去夜场，去KTV，偶尔那种快感的吹牛啊，陪一下喝一下酒啊，就走了。	AA1100 选择喝茶的女生作为伴侣和知己	A1100 以茶道来选亲密伙伴	C1100 异化诠释
（YB-34）在我只喜欢大红袍之前呢，我只喜欢铁观音。因为那时候大红袍不红不火。而且我也没那个条件，我的财富只有比如说一个亿，但我喜欢大红袍的时候，我可能已经有十个亿的财富，因为喝大红袍的成本实际能提高的，现在的大红袍，好的一斤好几万。	AA1113 财富一个亿喝铁观音，十个亿喝大红袍	A1113 用不同品牌寓意不同财富水平	C1113 品牌隐喻
（YB-42）其实喝好茶会让你茶醉，甚至让你睡不着。你明知道茶会让你茶醉，就会被她刺到，但是你还是会爱她。睡不着，那你还是爱一个女人一样，你只要爱她，那你还是会爱她。	AA1121 明知茶醉失眠也要喝茶	A1121 因品牌失眠	C1121 废寝忘食
……	……	……	……

（续表）

语义群编号（部分原始资料）	初级代码	代码	概念
（XF-7）我很喜欢买装备，我有一些非常喜欢的越野的领军品牌的装备。比如salomon，例如越野跑包，各种颜色，各种容量，不同款式，都很有。比方说我们越野鞋都是分距离的，30km以内，50km的，100km的，就不同的距离。你就对鞋的要求不一样。	AA1128 不同越野要求不同品牌产品	A1128 不同仪式不同品牌要求	C1128 仪式规范摄入
（XF-14）然后我身上的每一个品类实际上是比较固定的，不同的品牌。现在因为跑的比较多之后，就基本上比较固定能适应身体的了，的确很少换，因为换这件事情我觉了几次，发现还是之前的合适。	AA1135 跑步的每个品类用身体适应的品牌	A1135 固定身体适应的品牌	C1135 身体匹配
（XF-19）跑越野这个事情就是你得试，比方说是跑长途，背包，就所有的东西，哪怕一个细节，尤其是跑袜。比方说五指袜，因为那个东西质量不太好，它就勒住了脚，破了之后就磨了脚。他们说五指袜比较不容易起泡嘛。然后我就买了五指袜，因为那个五指袜质量太好，都很要命的。那就是一点点这种东西，如果不行的话，可能你就不能完成任务。	AA1140 排斥经不住越野跑的品牌产品	A1140 排斥试错品牌	C1140 排斥
（XF-41）有的人可能会设计自己的冲线动作，因为有摄影嘛。比赛本身它会有仪式感，比方说有起跑线，它也会有一个冲线嘛。起跑线倒没有说什么，反正终点线，大家一般比较有经验的一定会想好自己的冲线动作。而且像有的女选手，冲线很重要。每个人的冲线动作不一样，但是我看到最常见冲线前200m先整整好妆容，口红的，然后再开始冲线，因为那个冲线很来吗，表示胜利欢呼的那种姿势。当然如果你要跳得起来，因为很多人可能跳不起来。那会儿已经嗨了。	AA1162 设计冲线动作表示胜利	A1162 仪式动作表示胜利	C1162 引申性

（续表）

语义群编号（部分原始资料）	初级代码	代码	概念
（XF-50）这可能是越野最感人、最迷人的地方吧。最迷人，就是你的情绪会很复杂，一会儿高兴，一会儿绝望，一会儿难过，一会儿烦躁生气，因为路上很难。如果要用一句话来总结的话，就是对于长途越野，就是从头到尾不能有如果不行我就放弃了的念头。一旦有这个念头，可能十有八九就跑不完了。	AA1171 情绪复杂但一直要有不放弃信念	A1171 复杂情绪但一直要有不放弃的信念	C1171 情感释放
（XF-79）能坚持下来的人啊，都是因为把自己的一个个人品牌，都是因为这个人都知道，跑步这个事情是骗不了人的。就绝大多数事情你都是可以吹牛的，有的东西是可以买来的，跑步不是。比方说你跑完了100km，真的就是一步一步跑下来的，绝对是投入训练的时间要多得多、专注得多、自律得多。这个是肯定的。	AA1200 把跑步当作个人品牌	A1200 仪式个人品牌化	C1200 个性化
（XF-87）最高峰的时候啊，那你在外人眼里可能算疯狂吧。因为我为了能跑一个全世界跑越野的人都人人敬仰的环勃朗峰超级越野耐力赛。哇塞，那个跑完了，我可以吹一辈子牛啊，那我每年个月每个月就跑跑步训练啊，北京的夏天多炎热呀，真的跑得快死了，但是还是会跑啊。	AA1208 为参加环勃朗峰超级越野耐力赛疯狂地训练	A1208 为顶级品牌仪式疯狂地训练	C1208 品牌优先
…	…	…	…
（YYZ-1）跟品牌有关系的话，是在2018年的一个国际音乐比赛得了第一名。当时签约了雅马哈的演奏家。从那时候开始参加雅马哈品牌表演，品牌年会等等。	AA1209 签约雅马哈演奏家	A1209 签约一线品牌寓意第一	C1209 品牌隐喻

（续表）

语义群编号（部分原始资料）	初级代码	代码	概念
（YYZ-36）简单举个例子，就是非洲鼓。非洲鼓曾经有一些品牌，比如说雅马哈好像也有做非洲鼓，包括一个荷兰的品牌，或者甚至做鼓皮的，他们都会去做。这些非洲鼓完全是用流水线生产出来的，一模一样的。但这对真正业内的人来说，可以说当成一个笑话来看，为什么呢？因为非洲鼓当时诞生就是非洲部落的成年礼的成年礼物，每一个小孩儿他们成年了，大人会给他挖一棵树，把整棵树砍下来，用那棵最好的那一段木头用手自己去做一个鼓，然后鼓代表以后做品牌化的话，其实很多的人对这个是不太满意的。所以说，你把这个东西做成品牌化，就是把这个罩上羊皮。这个鼓代表着我这一辈子的乐器了。	AA1244 业内人不满意非洲鼓的品牌化	A1244 排斥意仪式传统的品牌化	C1244 排斥
（YYZ-47）它可能会教你怎么思考吧，教你怎么感性地思考。现在音乐会不只是听，还可以看，甚至有的音乐会会在法国是可以闻到的。它就是多项感官艺术的结合，所以这个多项思考的过程，它就会让你一次一次的进步，你会想从一些新的，在艺术上最前沿的观念，甚至可以跨界。	AA1255 演奏官艺术性地思考	A1255 仪式教人感性地思考	C1255 专业直觉
（YYZ-50）首先你演奏的话，要自己有共鸣嘛，那这首曲子你要能演奏到自己满意，然后能跟自己的某项情感引起共鸣，这样才能演奏出好的作品。	AA1258 演奏要能与自己的某项情感共鸣	A1258 仪式与自己的情感共鸣	C1258 情感释放
（YYZ-77）每天练八九个小时，除了吃饭睡觉，就是打击乐。	AA1285 除吃、睡就是打击乐	A1285 如吃睡般重复	C1285 复制性

（续表）

语义群编号（部分原始资料）	初级代码	代码	概念
（YYZ-80）比如说像雅马哈，绝对是一个忠诚的牌子。包括我出国比赛啊，我使用的乐器都会跟这方要求雅马斯，就是荷兰品牌叫阿这姆斯，它的鼓类是比较好的。然后还有一个德国的品牌。这个可能在中国基本上没有普及，它也生产打击乐器和音乐会的一些用具，比如说指挥台，指挥棒，垂台，或者婆子。也是属于国际一流的品质。有时候我甚至会几个牌子混在一起用.因为每个品牌它出来的效果，出来的声音都不一样。但是无论如何组合，就基本上是三种品牌之间进行组合。	AA1288 限于三种品牌组合	A1288 固定品牌组合	C1288 程式性
（YYZ-90）就是你忘记了你在舞台上表演，忘记了下面有一堆人在看着你，你只是在演奏你想要表现的东西而已。乐器差不多是忘记了.因为其实练到一定程度，你会形成一个肌肉记忆。然后，你就不会考虑我在干什么，我在敲的哪些乐曲。我刚才传递了哪些的音量平衡，我刚才共鸣了整个场地。	AA1298 表演时忘记观众、忘记乐器、靠肌肉记忆产生共鸣	A1298 融入与共鸣	C1298 共鸣
……	……	……	……
（ZB-4）我觉得浪凡作为这种红血高奢的品牌用这种方法做，其实已经放下了自己高奢的身段，就是说买的人牙不牙，它不care，合不合适那个人牙，它也不care，它其实care 的就是销量。对这个品牌而言，我觉得反正这种营销的手段嘛，其实是挺不符合他们所谓的这种红血、蓝血的身份。	AA1302 浪凡只顾销量的营销不符合红血高奢的身份	A1302 排斥红血品牌只顾顾销量	C1302 排斥

（续表）

语义群编号（部分原始资料）	初级代码	代码	概念
（ZB-108）浪凡那次就是合影的呀，所以还是很不一样的。是啊，我今天成了这个圈子里面叫什么都来着。每个人说起来都说，我说没有成毅的签名照。每个人都说你有合影啊。	AA1406 追成毅签名照与合影	A1406 追星签名照与合影	C1406 程式性
（ZB-126）肖邦其实它怎么么割的香水大使，应该是它产品线里最贵便宜的嘛。然后呢，一般来讲两年会给升一个title，就是说让你升到什么宝宝大使，然后再割一茬珠宝。然后呢，等到你有足够的含金量，它可能才会给你升到手表大使，手表才是它最终的。	AA1424 肖邦从产品线最便宜到最贵任授予明星品牌大使	A1424 品牌进阶授予明星品牌大使	C1424 品牌隐喻
（ZB-131）很多人的心情就是属于他说，啊，我要看到他，最好他要跟我打招呼啊。就说粉丝的那个心情，其实非常的卑微的。	AA1429 追星粉心情卑微	A1429 粉丝心情卑微	C1429 情感释放
（ZB-150）有些人是会把那些片子翻来覆去看，然后做成各种物料。产出大大。包括b站的那些东西，都是这些二次创作的人搞出来的。然后，就丰富我们平时枯水期平淡的生活啊。	AA1448 产出大大搞二次创作与传播	A1448 二次创作与传播	C1448 向外融合
（ZB-191）你会很真切地感觉到成毅这个人是活的，是真的，他的情绪是怎么么样。因为这个人也是很多人是最后会人粘度高的一个原因嘛。	AA1489 感受到成毅的真实	A1489 粉丝共情	C1489 情绪感染
……	……	……	……

（续表）

语义群编号（部分原始资料）	初级代码	代码	概念
（ZF-20）随着珍珠我买得越来越多，我就看中了 PASPALEY，也就是因为它是澳洲最顶尖的珍珠品牌。	AA1514 看中澳洲最顶尖的珍珠品牌 PAS-PALEY	A1514 看中品类质尖品牌	C1514 识别品牌高识别度呈现
（ZF-24）我觉得这个是不是跟年龄有关系，现在我就把其他的那些淘汰了，我就就挺喜欢珍珠的，原来是那些小珍珠，现在就换成大珍珠。原来是一颗的，两颗、三颗，现在我就觉得换成一串的珍珠。	AA1518 只喜欢戴珍珠跟年龄有关	A1518 年龄相关	C1518 阅历积累
（ZF-27）比如说珍珠，和它搭配的这些衣服我觉得比较经典。我挺喜欢这种感觉的，也蛮合适我，因为我这人也不是那种时髦的，那种对新兴起的东西特别有感觉的，那我就觉得这种挺安全的，也挺符合我的身份，和我出去沟通，作为一个角色是财务咨询师，保守这种角色形象，我自稳重啊，成熟啊，就是比较古典，甚至是死板，置身于这样一个形象里面。	AA1521 搭配珍珠的经典形象适合我	A1521 戴珍珠自我形象	C1521 自我表达
（ZF-30）那天我还同女儿，妈妈项链珍珠的挺多，给她一串。我就说刚入手的这串澳白可以当传家宝。	AA1524 把澳白珍珠当传家宝给后代	A1524 品牌产品传给后代	C1524 品牌产品传家
（ZF-43）最深处的感觉就是，我觉得这串澳白的价值是会升值的，这种天然的肯定是越来越少，这么昂贵的珍珠，她当时也跟我说了，一年也就产一百条吧，挺稀罕的，因为我自己也得出来少有的，纯自然的，又这么大颗，会保值升值。	AA1537 这串澳白因为稀罕会保值和升值	A1537 品牌产品因稀罕而升值	C1537 品牌隐喻

（续表）

语义群编号（部分原始资料）	初级代码	代　　码	概　　念
（ZI-64）这十来天我戴的就是大溪地的黑珍珠。我每天都戴，我就没换。就是因为我家老人去世，我穿着黑色的衣服，那我的心情也是很重的。大溪地的珍珠，它是黑黑的，发亮的，我觉得代表着我的一种心情。	AA1558 家里老人去世戴大溪地黑珍珠	A1558 戴品牌产品投射心情	C1558 情感投射
（ZI-65）我就是看中的它是天然的，自然的。感觉很大气，对它本身的意义完全认可的。当时从一堆珍珠里面一眼相中这串渍白。从头到尾我都不知道我花了十分钟时好开心啊。因为本来以为我是一看看吧。	AA1559 一眼相中迅速决定购买	A1559 一眼相中迅速购买	C1559 认知匹配
……	……	……	……
（ZI-7）我也觉得很奇怪啊，因为我穿其他品牌就觉得很宽松啊，然后要不就特别紧身，只是第一次穿VICUTU这款西装就觉得刚好符合我的这个身材啊。	AA1580 第一次穿VI-CUTU就刚好符合身材	A1580 品牌产品合身	C1580 身体匹配
（ZI-21）然后VICUTU还有完全噜哈的一个系列，但我就基本上没法接受了啊，就是穿的那种花花绿绿的那种啊。那个其实我就基本上没有去碰它。	AA1594 不碰VICU-TU的噜哈系列	A1594 不碰品牌某一系列	C1594 排斥
（ZI-45）就给别人看，这一眼就能看得出来，不是一般的用料和设计。然后有些服装的颜色也是很特殊的，比较少见。	AA1618 用料、设计和颜色一眼看出不一般	A1618 一眼看出差异	C1618 认识别品牌高识别度呈现

（续表）

语义群编号（部分原始资料）	初级代码	代码	概念
（ZI-47）它有一些西装，比如说远看以为是纯色，它其实里面会有一些暗纹，在里面交错的，所以这种其实还是蛮有特点的，就会给人感觉还是很别致。	AA1620 暗纹交错显得考究	A1620 品牌设计考究	C1620 品牌隐喻
（ZI-50）这种服装会给你增加自信，感觉特别贴，它会让你整个人有焕然一新的感觉。	AA1623 这种服装增加自信，焕然一新	A1623 品牌传递自信与清新	C1623 激发情感
（ZI-51）你只要穿它的衣服，就会穿它前面弓着腰，就会把你两个肩膀往后面拉这种设计，你是不自觉地会挺胸。然后挺胸的话就觉得特别合身啊，所以它这种设计其实是有这个讲究在里面。	AA1624 衣服设计让人自然挺胸	A1624 品牌设计与体态合一	C1624 人器合一
（ZI-65）不管是工作还是休闲啊，这个品牌反正我穿上它就觉得比较信任她啊，我不会觉得她会让我失望。我所有的服装都是这个品牌，四季的衣服都是它的，就除了鞋子和袜子，所有都是他们家的。反正到了一定程度，你觉得这个品牌能够赋予你所所需要的所有东西，我觉得就充分地信赖它了。然后呢，我也不会再分找其他品牌进行替代了。	AA1638 穿了它家产品让人信任	A1638 信赖品牌	C1638 情感认同
合　计	1859个 初级代码	826个 代码	51个 概念

资料来源：作者分析整理

表 4.3 开放编码形成范畴与理论来源

编号	范畴	内涵	下属概念	理论依据与说明
1	个人动机	消费者从事品牌仪式行为是受到个人内在的特定因素所驱动。	情感动机:正向满足,压力驱使,天性驱动;认知动机:阅历积累,非凡信念驱使,彰显人格魅力;追求感官刺激:亲眼目睹	Tauber (1972) 开发了个人动机(即角色扮演、转移注意力、自我满足、了解新趋势、体力活动和感官刺激)。
2	社会动机	消费者从事品牌仪式行为是受到社会外在的特定因素所驱动。	社会文化:他人影响,缺失社交常识驱动;社会认知稀缺驱动,习俗养成,品牌启蒙;情境:与外界搭配;转型:重大事件	Tauber (1972) 开发了社会动机(即社会经验,与他人的沟通,同伴群体吸引,地位和权威以及讨价还价的乐趣)。
3	隐喻性	具有象征意义	相似性,引申性	仪式强调行动的象征意义(Rook,1985)。
4	重复性	复制特定程序	程序性,复制性	任何一场仪式活动都具有固定的、清晰的特定程序,仪式每次举行往往都以相同的方式进行(Mead,1956);Cheal(1992)的复制仪式(rituals of reproduction)。
5	情感性	引发特定的情感	传达情感,激发情感	仪式从个人那里引出特定的思想和情感(Mead,1956)。

（续表）

编号	范畴	内涵	下属概念	理论依据与说明
6	品牌显性知识内化	通过语言和文字来传达的品牌知识	品牌信息接收、识别品牌高识别度呈现、仪式规范摄入	波兰尼(Polanyi,1958,1966)指出，显性知识是我们通常描述的能通过书面文字、公式图表加以表达和描述的知识。Deci 等(1994)的内化(internalization)理论，指摄入价值和规范，分为内射(introjection)与整合(integration)。
7	品牌隐性知识领会	不易用语言表达，通过体会和练习而获得的品牌知识	品牌隐喻、身体学习、品牌内核	波兰尼(Polanyi,1958,2009)提出了"隐性知识"的概念，指人们意识到，但难以言传和难以用符号表达的知识。隐性知识深深植根于特定情境下的行动，承诺和参与。德鲁克(Drucker,2018)指出隐性知识是不可用语言来解释的，只能通过演示证明它的存在，学习隐性知识的唯一方法是领悟和练习。Nonaka(1994)指出，知识创造过程可以从两类知识的区分中得出：隐性知识和显性知识。
8	品牌情感体验	品牌仪式行为触发消费者产生的情感状态	情绪感染、情感释放	品牌情感体验是品牌体验的一个维度(Brakus 等，2009)，或一种类型(Schmitt,1999)，也是消费体验的一个常见元素(Hirschman 和 Holbrook,1986)。
9	意义确认	消费者理解并认可品牌意义	认知匹配、情感认同、身体匹配	Allen 等(2008)关于消费者作为品牌意义的共创者。

（续表）

编号	范畴	内涵	下属概念	理论依据与说明
10	意义投射	消费者进行的自我外化	自我表达、能力体现、情感投射	Allen 等（2008）关于消费者作为品牌意义的共创者。
11	意义扩展	消费者基于品牌意义进行的拓展	向外融合、个性化、演绎	Allen 等（2008）关于消费者作为个体消费者使用品牌进行身份管理。
12	意义协商	消费者做出不同于品牌意义的评价和行为	排斥、异化诠释、品牌缺憾、做减法	Allen 等（2008）关于消费者作为反向品牌意义创造者。
13	品牌代际传承	消费者引渡后代产品的品牌传统或产品的行为	代际传统相传、品牌产品传家	Olsen（2002）品牌偏好的代际转移。
14	消费者—品牌合一状态	消费者与品牌在行为上或精神上的合而为一的状态	品牌体感养成、共鸣、人器合一	禅宗境界论（慧能，2013；铃木大拙，1998、2013；阿部正雄，1989；吴言生，2011）。
15	智慧悟出	品牌知识转化为消费者智慧	烦恼消除、洞察力、专业直觉	禅宗境界论（慧能，2013；铃木大拙，1998、2013；阿部正雄，1989；吴言生，2011）。
16	浑然忘我	消费者超越自我中心界限的行为表现	品牌优先、废寝忘食	禅宗境界论（慧能，2013；铃木大拙，1998、2013；阿部正雄，1989；吴言生，2011）。

资料来源：作者分析整理

二、轴向编码

在轴向编码(或主轴编码)(Axial Coding)中,跟研究问题关联最为紧密的类属,从生成的代码和相关的代码注释中被选择出来(伍威·弗里克,2021)。编码的目标是为了促进现象间、概念间和类属间关系结构的发现和确立。主轴编码就是把开放编码形成的范畴进一步形成更大的类属,并探究它们之间是如何联系起来的。轴向编码可以归结为一个"……以根据范式模型来发现和关联类属为目的……涉及很多步骤的归纳和演绎思维的复杂过程"(Strauss 和 Corbin,1990,p. 114)。

主轴编码是指通过运用"原因条件—现象—情境—中介—策略—结果"这一编码范式将开放式编码中得到的各种范畴进行聚类,按新的方式重新排列在一起形成主轴范畴的过程(Strauss 和 Corbin,1998)。本研究基于访谈的原始材料和开放式编码,通过 Strauss 和 Corbin(1998)的主轴编码范式,发现从动机到品牌仪式行为到品牌境界的实现路径,如图 4.1 所示。消费者出于特定动机,发生品牌仪式行为,产生了心理效应,通过意义赋予,最终形成品牌境界。依据该模式,本研究将开放式编码所产生的 20 个副范畴,进一步归纳为 6 大类主范畴,分属5 类关系类别。

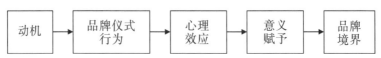

图 4.1 动机—品牌仪式行为—心理效应—意义赋予—品牌境界的实现路径

资料来源:作者分析整理

　　在动机类别中,我们发现"个人动机"和"社会动机"两个主范畴。本研究将情感动机、认知动机、追求感官刺激等作为副范畴,类属为"个人动机"主范畴。其中,追求感官刺激是不同于文献综述时的新发现。同时,将社会文化、情境因素、转型因素作为副范畴,类属为"社会动机"主范畴。这些副范畴与文献综述时的研究比较吻合,虽然出现了更加丰富的内容。

　　在现象类别中,本研究发现"品牌仪式行为"主范畴,以及隐喻性、重复性、情感性的副范畴。其中,隐喻性指品牌仪式表达特定的象征意义,包括相似性、引申性。它来源于仪式理论(Rook,1985)的提炼。重复性指品牌仪式是复制特定的一套程序,包括程式性、复制性。它来源于任何一场仪式活动都具有固定的、清晰的特定程序,仪式每次举行往往都以相同的方式进行(Mead,1956)以及 Cheal(1992)的复制仪式(rituals of reproduction)。情感性指品牌仪式引发特定的情感,包括传达情感、激发情感。它来源于仪式从个人那里引出特定的思想和情感(Mead,1956)。

　　从目的的关系类别来看,主范畴心理效应表现为:品牌显性知识内化(品牌信息接收、识别品牌高识别度呈现、仪式规范摄入)、品牌隐性知识领会(品牌隐喻、身体学习、品牌内核)、品牌情感体验(情绪感染、情感释放)。其中,品牌显性知识内化是指消费者摄入用语言和文字明确表达和传递的品牌知识,借鉴了仪式理论(Rook,1985)和内化理论(Deci 等,1994);品牌隐性知识领会是指消费者掌握无法用语言和文字表达和传递的品牌知识,它借鉴了隐性知识理论(Polanyi,1958,2009;Drucker,2018;Nonaka,1994);品牌情感体验是指品牌仪式行为触发相应的消费者情感,它借鉴了品牌体验的研究成果,它是品牌体验的一个维度(Brakus 等,2009)、或一种类型(Schmitt,1999),也是消费体验的一个常见元素(Hirschman 和 Holbrook,1986)。例如,游戏就会带来一种情感体验(Holbrook 和 Hirschman,1982;Holbrook 等,1984)。

意义赋予被发现是从现象到结果之间的中介变量,它作为主范畴,由意义确认(认知匹配、身体匹配、情感认同)、意义投射(自我表达、能力体现、情感投射)、意义扩展(向外融合、个性化、演绎)和意义协商(排斥、异化诠释、品牌缺憾、做减法)四个副范畴构成。它分析了消费者"意义赋予"的发生维度,借鉴了 Allen 等(2008)关于消费者作为品牌意义的共创者与反向品牌意义的创造者的论述。其中,意义确认是消费者理解并认可品牌意义。意义投射是指消费者进行自我的外化。意义扩展是指消费者基于品牌意义进行的拓展。意义协商是指消费者做出不同于品牌意义的评价和行为。

最后,从品牌仪式行为的结果来看,最终将会实现品牌境界。它借鉴了中国禅宗境界论(慧能,2013;铃木大拙,1998,2013;阿部正雄,1989;吴言生,2011)的理论内涵,品牌境界包括品牌代际传承(代际传统相传、品牌产品传家)、消费者—品牌合一状态(品牌体感养成、人器合一、共鸣)、智慧悟出(烦恼消除、洞察力、专业直觉)以及浑然忘我(品牌优先、废寝忘食)。

品牌境界在交易忠诚（Newman 和 Werbel，1973；Tellis，1988；Oliver，1997，1999；Keller，2001）和参与忠诚（Van Doorn 等，2010；Barari 等，2021；Vivek 等，2012）的研究成果上推进了一步，体现了消费者与品牌的共修关系，它超越了消费者—品牌关系中交易忠诚的共存关系、参与忠诚的共创关系，是一种更紧密、更长久且更能激发消费者内在价值的一种高级关系。

具体的关系类别、包含的范畴及关系内涵见表 4.4。

表 4.4 主轴编码形成的类别及其关系内涵

编号	关系类别	主范畴	副范畴	关系内涵
1	动机	个人动机	情感动机 认知动机 追求感官刺激	消费者从事品牌仪式行为并不是受到某种品牌产品的功能性需求所驱动，而是受到个人内在的特定因素所驱动。个人动机主要通过三个维度发生作用：1. 情感动机：正向满足、压力驱使、天性驱动；2. 认知动机：阅历积累、非凡信念驱使、彰显人格魅力；3. 追求感官刺激：亲眼目睹
		社会动机	社会文化 情境因素 转型因素	消费者从事品牌仪式行为并不是受到某种品牌产品的功能性需求所驱动，而是受到社会外在的特定因素所驱动。社会动机主要通过三个维度发生作用：1. 社会文化：他人影响、缺失社交常识驱动、社会认知稀缺驱动、习俗养成、品牌启蒙；2. 情境：与外界搭配；3. 转型：重大事件
2	现象	品牌仪式行为	隐喻性 重复性 情感性	品牌仪式行为表达特定的象征意义。它包括相似性、引申性。 品牌仪式行为是复制特定的一套程序。它包括程式性、复制性。 品牌仪式行为引发特定的情感。它包括传达情感、激发情感。

（续表）

编号	关系类别	主范畴	副范畴	关系内涵
3	目的	心理效应	品牌显性知识内化	品牌显性知识内化是指消费者摄入用语言和文字明确表达和传递的品牌知识。它包括品牌信息接收、识别品牌高识别度呈现、仪式规范摄入。
			品牌隐性知识领会	品牌隐性知识领会是指消费者掌握无法用语言和文字表达和传递的品牌知识。它包括品牌隐喻、身体学习、品牌内核。
			品牌情感体验	品牌情感体验是指品牌仪式行为触发相应的消费者情感。它包括情绪感染、情感释放。
4	中介	意义赋予	意义确认	意义确认是消费者理解并认可品牌意义。它包括认知匹配、身体匹配、情感认同。
			意义投射	意义投射是指消费者进行自我的外化。它包括自我表达、能力体现、情感投射。
			意义扩展	意义扩展是指消费者基于品牌意义进行的拓展。它包括向外融合、个性化、演绎。
			意义协商	意义协商是指消费者做出不同于品牌意义的评价和行为。它包括排斥、异化诠释、品牌缺憾、做减法。
5	结果	品牌境界	品牌代际传承	品牌代际传承是指消费者引渡后代继承品牌传统或产品的行为，它包括代际传统相传、品牌产品传家。
			消费者—品牌合一状态	消费者—品牌合一状态指消费者与品牌在行为或精神上的合而为一的状态。它包括品牌体感养成、人器合一、共鸣。
			智慧悟出	智慧悟出是指品牌知识转化为消费者智慧，它包括烦恼消除、洞察力、专业直觉
			浑然忘我	浑然忘我是指消费者超越自我中心界限的行为表现，它包括品牌优先、废寝忘食。

资料来源：作者分析整理

三、选择性编码

选择性编码是继续推进轴向编码阶段所形成的抽象化。

研究者要为关联的类属寻找更多的例子和证据。这一做法将分析引向关于个案故事的详细阐释或表述。这种表述的目的是对故事作出一个描述性的简短概要。当故事线得到澄清,即将一个概念与故事中的中心现象相关联,并且这一概念与其他类属相关,分析就超出了描述的层次。(伍威·弗里克,2021)

　　本研究在对品牌仪式行为发生发展的机制分析中发现,品牌仪式行为实际上是通过消费者的心理效应和意义赋予实现品牌境界的过程。因此,本研究将"品牌仪式行为"确定为核心范畴,围绕该核心范畴可以形成统领整个范畴的故事线:即消费者因为个人或社会动机,发生品牌仪式行为,通过心理效应和意义赋予,最终实现品牌境界。本研究发掘的各个范畴在这一核心范畴的统领下形成了指向关系,这些都在原始材料中得到了清晰的呈现。表4.5对此加以举例说明。依据这一故事线,本研究提出了以"品牌仪式行为"为核心概念发展的作用机制:动机—品牌仪式行为—心理效应—意义赋予—品牌境界的作用机制,详见图4.2。

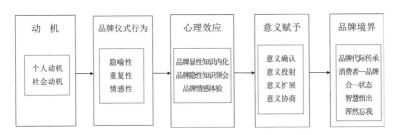

图4.2　动机—品牌仪式行为—心理效应—意义赋予—品牌境界的作用机制
资料来源:作者原创

表 4.5 代码之间的关系指向性及其所属范畴举例

部分原始资料	代码	代码的指向性	主范畴/副范畴
GYZ-28：它的牌子我倒是从来不看，我就是看那个包装，然后我就一把抓来。所以我觉得它的包装对我来说就很重要啊。牌子写在最下面，黑色的小字。它其实是一个挺有名的一个公司：kikkoman。	C461 识别品牌高识别度呈现		心理效应/品牌显性知识内化
GYZ-29：因为每次你必须这个豆奶盒子的背面把特殊的盖子取出来。所以你就必须要看它一眼。它这个设计就是这样。这个我肯定会看到不同的配方。因为它那个盖子还是很容易取的，你知道吗？因为它就贴得很牢。然后你要搜它的时候还需要一定的力度。然后你就必须要把你的注意力集中在这个背面的印刷上面。然后，你就发现，诶，今天这个配方又不一样。所以它的这个仪式我实际上是嵌入在里面了，都不需要打广告。	C462 程式性	C462 程式性 → C461 识别品牌高识别度呈现 → C479 个性化	品牌仪式行为/重复性
GYZ-46：我会用自己的喜好去发挥一下，然后做出一些新的不同的东西来。当然，在它的基础上。比如说，朋友比较喜欢喝味道浓郁的，我就会加一点牛奶或者是加一点咖啡伴侣啊什么的，就会有一种新的尝试。	C479 个性化		意义赋予/意义扩展
TJY-15：这个扑克魔术要把关注点放在观众身上，一定要听你的想法，看你的反应。	C786 激发情感	C786 激发情感 → C801 识别品牌高识别度呈现 → C828 废寝忘食	品牌仪式行为/情感性

（续表）

部分原始资料	代　码	代码的指向性	主范畴/副范畴
TJY-30：单车扑克牌的设计都是一样的，看这个牌位，一看就知道是bicycle的牌位，牌位上面这个正中间是一个类似于针一样的东西，然后因为扑克牌是个正对称的嘛，对称的那一部分是一个天使在骑个单车，最显眼的就是一个天使骑个单车。	C801 识别品牌高识别度呈现		心理效应/品牌显性知识内化
TJY-57：这个痴迷的就是废寝忘食啊。我就是不吃饭不睡觉地练牌啊，而且还不是有意识到如果扑克怎么都没睡了，饭都忘记吃了。这就需要没达到那个质量没达到那个玩步，当你玩着玩着它就卡了。	C828 废寝忘食		品牌境界/浑然忘我
LMS-9：我穿的这个牌子的衣服印花特别夸张，或者背后后陶了个大洞，或者像这件衣服有三朵花，都很夸张。	C666 相似性		品牌仪式行为/隐喻性
LMS-14：这就保证了我不会做撞衫。因为我是fashion界的，最起码就是说我是一个时尚装精，我知道有这样的一个小众的品牌实这样的衬衣，别人不知道。	C671 品牌隐喻	C666 相似性 → C671	心理效应/品牌隐性知识领会
LMS-36：比如说Anne Fontaine这件衣服。它中间不是有一个大花嘛，这个花它是一个很特，但是这个花就很少用。因为我经常会把衣服扎到裤子里，然后这个花儿长，特别长，我个子又不高，如果我不把它扎到那个裤子里的话，它就会特别长，穿着会显腿短。	C693 做减法	品牌隐喻→C693 做减法→C707 烦恼消除	意义赋予/意义协商

（续表）

部分原始资料	代码	代码的指向性	主范畴/副范畴
LMS-50：我会有把烦恼忘记，我觉得获得了一个崭新的我，得到了一个新生。	C707 烦恼消除		品牌境界/智慧悟出
SD-22：我的感觉是非常自由，同时感觉到强大，因为它是动力强劲的的摩托车。	C729 情感释放	C729 情感释放→C740 自我表达→C746 品牌产品传家	心理效应/品牌情感体验
SD-33：这就是平时真实的自我。我想如果我追求理想自我的话，我可能会骑赛车摩托车。但是，我不会那么做，太危险了。	C740 自我表达		意义赋予/意义投射
SD-39：我常邀儿子一起骑杜卡迪，也愿意将我的杜卡迪留给他。	C746 品牌产品传家		品牌境界/品牌代际传承
DDE-32：索尼不说比如网上打广告，或者找一些人产品测评，索尼其实是鼓励"街拍"的，就是你上街去用他这个产品。	C312 程式性	C312 程式性→C336 识别品牌高识别度呈现	品牌仪式行为/重复性
DDE-33：我出去拿索尼相机拍的时候有索尼的标识。相机有索尼，相机拍的时候，相机拍的时候就会想到。	C336 识别品牌高识别度呈现 C317 演绎	C336 识别品牌高识别度呈现→C317 演绎→C352 人器合一	心理效应/品牌显性知识内化；意义赋予/意义扩展
DDE-37：我还真不知道索尼的 slogan。但是大家网上都会说的一句话，叫索尼大法好。用户都这么说，这个相当于一个流行语，我在用它的时候就知道。这个大法的意思就是它领域很宽，什么领域很宽，什么都很强。	C352 人器合一		
DDE-72：我拍的时候会跟运动员上战场一样，就是肾上腺素直接上升，会有那种激情，觉得还是很信任索尼，一个拍摄活动可能7、8小时，那种人机状态会出现。		C352 人器合一	品牌境界/消费者-品牌合一状态

资料来源：作者分析整理

四、理论饱和度检验

理论被更加详细的细节不断丰富，但仍需与数据反复对照。数据阐释的程序，与额外经验材料的整合类似，只有当理论饱和（进一步的编码、类属的丰富等操作已经不能再产生新知识）发生时才能告一段落（伍威·弗里克，2021）。本研究运用前期编码中预留的 624 条语义群进行了理论饱和度检验。结果显示，模型中的范畴已经发展得相当丰富，没有在现有的范畴之外产生新的范畴和关系。因此，可以认定前文所构建的"动机—品牌仪式行为—心理效应—意义赋予—品牌境界"的作用机制在理论上是饱和的。以下列举部分具有代表性的语义群作为举证：

JQ-6：实际上这里边是会受两个思潮的影响，一个就是大家都归隐山林，往山里跑，这种民宿风的影响。那么就形成了一个消费的趋势，然后你做人的风格也会向他们靠近，就相当于你希望是隐逸的、归隐的、休憩的、充电的这样一个地方。（社会文化—社会动机）JQ-13：我这个别墅的后花园设计属于苏州园林，至于心里暗戳戳的表达嘛，那就自然是文人几千年来林泉高致的精神了，就是我觉得自己是个隐士和高人。（品牌隐性知识领会—心理效应）JQ-7：因为我觉得玩园艺是家庭生活当中唯一你可以用很多体力然后又很愉快的地方。这个体力消耗养的是文化，对吧？文人一贯是以造园作为一种雅趣的。玩园艺如何让我这样一个抠逼挖出了几十万块的，真的因为的确很愉快。（品牌情感体验—心理效应）JQ-30：那我在园林中和自然共处的过程当中，我会感觉相当于变成烟雾一样依附在这些自然之中。

就是说你变得更大了，你的感受更加敏感了，而且也更加舒适了。它是一个很疗愈的状态。（智慧悟出—品牌境界）

KN-2：我觉得在德国大部分人家里都是喜欢用固定的一种牌子过圣诞节和复活节，大家大部分就是一套一套的。比如说我们家里目前过圣诞节和复活节用的餐具牌子是 Villeroy & Boch，是纯白的 Royal 系列下的 Bone China。（重复性—品牌仪式行为）KN-32：从 12 月 1 号—24 号，每天要拆一个礼物那种，叫"圣诞日历（Advent Calendar）"。超市里一到这个节日到处都有卖，各种系列的，有巧克力系列、玩具系列、香水系列，每天拆开来一瓶小的像试用装那种香水，还有酒的系列，每天是不同的酒。它这个是从最普通的品牌，到最贵的品牌都有的。（重复性—品牌仪式行为）KN-1：我婆婆家宗教气氛比较多一点，圣诞节就可以拿出各种家里的宝藏。过圣诞节和感恩节都是用固定品牌的器皿，她好像是祖上传下来的那种，如果坏了一个，过个100 年也能配得到。（品牌代际传承—品牌境界）

MA-7：我每天早上都有写东西的习惯。我利用早晨的咖啡时间到 Zippy 咖啡厅写东西，组织当天的工作。（重复性—品牌仪式行为）MA-14：你知道有一个法国明星 Allen Delon，我的名字跟他一样的，在他那个很出名的电影里头，他的特点就是在公共场合非常安静、非常酷、非常冷静。这个 Zippy 餐厅里的很多人也是这样看我的。（隐喻性—品牌仪式行为）MA-20：就是除了能吃、能喝，它是一种可预期的，我内心感觉就是不受干扰，比较平静的，可以让自己全身心投入到眼前工作上的一个咖啡厅。（品牌情感体验—心理效应）MA-29：我觉得我在里面是一种绝对融入的感觉,因为很多年了,话都不用说,它有一个时间、空间,就上咖啡,我可以很冷静地专注。(消费者—品牌合一状态—品牌境界)

WB-1:我用的是著名的高尔夫球推杆品牌 Scotty Cameron,就是每次你把球推进洞时用的推杆。我在推杆外头用了一个带有品牌 logo 标志的套子,因为这个套子向外界展示了推杆的品牌(隐喻性—品牌仪式行为)。WB-5:我从年轻时开始打高尔夫球,用过许多不同品牌的球杆,Taylor made,Cobra等等。但是,当我开始研究推杆时,只有一种推杆非常有名,就是这一种(意义确认—意义赋予)。WB-40:要打高尔夫球,你必须全神贯注,然后就会忘记其他事情,球杆才会像手臂的延伸(消费者—品牌合一状态—品牌境界)。WB-58:打高尔夫有的时候会突然下雨,我会首先保护我的 Scotty Cameron 推杆,常常自己淋到雨,也没有让它和推杆套淋湿(浑然忘我—品牌境界)。

WM-11:每次开酒之后,先闻气味,就是闻那个瓶塞的味道,从瓶塞的味道其实就可以在很大程度上推断这瓶酒它的品质怎么样,它这个可能是属于哪一方的香气(重复性—品牌仪式行为)。WM-40:我还有一些可能是投射到自己的生活的东西。比如说有一年年终吧,我发了一个酒的照片,背景是我正在看的一部电影,那我觉得它最后一句话说得特别好,就是没有最终的成功,也没有致命的失败,最可贵的是继续前行的勇气。这就跟我当时喝酒的心情特别投合(意义投射—意义赋予)。WM-92:就是你会把眼前困扰你的很多事情看得轻一点,哎呀,有什么大不了的(智慧悟出—品牌境界)。

WXF-14:我已经很习惯的是说,我早晨起来了之后就打开樊登读书会 APP,因为是每周一本,我基本上可能在周末或者是周一、周二的早晨起床之后就打开它,我边听边洗漱,然后我去单位路上我会打车,我就在车上到单位这段时间,就能把他一个节目听完。(重复性—品牌仪式行为)WXF-27:其实是感到产生了一种共鸣和激励。(品牌情感体验—心理效应)WXF-55:在经过一个阶段的积累,或者是在工作生活当中得到一些印证,感觉自己变得更好了。(智慧悟出—品牌境界)

ZHJ-25:像我反正不管到哪个朋友家做客,DM 店的产品一直都是有的,像我基本上一个星期肯定会去一次的。(重复性—品牌仪式行为)ZHJ-56:我挺喜欢喝茶的,我觉得在国内我喝的茶比较多的就是单一的茶,比如说绿茶、红茶、乌龙茶这种。那我觉得到了这边之后,我就发现他们这里喝花茶相当的多,而且是各种不同的混在一起的,这种花茶就挺有意思。比如它有什么安眠茶,清晨的活力茶,舒缓压力的茶,护理喉咙的茶,抗过敏的茶,养胃的茶,但是它这些都是花茶类的,做了配方一样的。所以有的时候在 DM 看看尝尝不同的也挺有意思。(品牌显性知识内化—心理效应)ZHJ-55:我不大会去其他的店买这些东西,我只会去他们家。因为我们旁边还有一家超市,也跟他家的定位差不多,但它会打价格战,会定期促销。但尽管如此,我还是去 DM。(意义确认—意义赋予)

ZYT-23:比较大牌的,刚买到时,我会跟它合影,然后其他的比较重要的新东西我会把它拍下来。(重复性—品牌仪式行为)ZYT-38：平常我锅我就不大去洗得那么干净，但是这个双立人的锅，我都是洗得很干净，并且把它那个底部的 logo 也洗得很干净。然后，经常把它底部朝上放在那里。(隐喻性—品牌仪式行为)ZYT-35：实际上，买这个加拿大鹅和沃尔沃之前，是有相当长一段时间的那个期待或者情感的积淀。所以，买下后拍照和分享，是一种非常喜悦的感觉。(品牌情感体验—心理效应)ZYT-28：比如说我挂在那个房间里头不是有一幅画吗？就说你自己对人生的期待可能里头就有，比如说父母在一起其乐融融啊，还有坐游船啊，还有孩子们，其中也有一个是名车的 logo。可能说买沃尔沃拍照也是因为和我的那种人生目标契合起来了。(意义投射—意义赋予)

LQP-10：泡绿茶有三种投法。先把 95 度水倒在杯里，然后再投茶下去，它就叫上投。中投就是水倒一半，茶放下去，然后再慢慢地注水。下投就先放茶叶，再直接注水。(重复性—品牌仪式行为)LQP-2：煮的这个水一谓形变，要打开盖子可以看到形状。那么它的形状有五个，出虾眼 80 度，虾眼过后升蟹眼，螃蟹的眼睛 85 度。蟹眼过后生鱼眼 90 度，鱼眼过后四周是涌泉腾波，古浪 95 度，水气全消方为成熟，99.5 度。(品牌显性知识内化—心理效应)LQP-12：我的强项是：你的茶我泡得比你泡得好喝。我有个朋友拿了一款六星孔雀过来，我一泡，他说，"你泡出了一种超冷的感觉，我自己从来没有喝过如此美妙的瞬间，至少你这个茶泡得没有苦涩味"。(品牌隐性知识领会—心理效应)LQP-27：铁观音泡了 18 道以后，他和我讲再泡一道，我说不能泡。他还真就过去泡了一泡，他马上就后悔了，他说我真不应该泡,这一泡全部是水味的。对,我们是泡得正好,茶水不分离,刚刚好走到这个尽头我们就收了,是"知止"。(智慧悟出—品牌境界)LQP-9:就这个茶,七年前他(注:制茶师)做完拿给我看,我说这个茶摊凉要摊六个小时,最近你摊了五个小时,缺口气,他说你连这个都能感觉出来。(智慧悟出—品牌境界)

第五章 品牌仪式行为的作用机理及结果分析

　　研究品牌仪式行为是对时下日益盛行的仪式感消费在品牌领域如何有效开展的一项新探索。那么,品牌仪式行为是如何发生的,能产生怎样的结果,这其中是怎样一种作用机理?

　　通过前文的扎根理论分析,本研究发现,品牌仪式行为(隐喻性、重复性和情感性)是基于特定的动机(个人动机和社会动机)而产生的,它促成相应的心理效应(品牌显性知识内化、品牌隐性知识领会和品牌情感体验),进而通过消费者意义赋予(意义确认、意义投射、意义扩展和意义协商),品牌仪式行为最终将实现品牌境界(品牌代际传承、消费者—品牌合一状态、智慧悟出和浑然忘我)。

　　除了揭示了以上作用机制,本研究还拓展了隐性知识理论和禅宗境界论在品牌仪式行为机制中的应用,分别提炼了新构念"品牌境界"和新范畴"品牌隐性知识",从而推进和补充了品牌相关领域的研究。

第一节 品牌仪式行为的动机分析

　　品牌仪式行为的产生是基于来自个人或社会的动机作为前

因的。从本研究形成的核心概念的质性材料分析来看,特定的个人动机和特定的社会动机会促成品牌仪式行为的发生。这一逻辑关系不仅得到本研究的质性材料的支持,而且在相关理论文献中亦有阐释。Tauber(1972)开发了许多购买动机,他指出,购买动机指购物者是受到各种心理、社会需求的驱动,而不是那些与购买某种产品严格相关的需求所驱动的。鉴于品牌仪式行为也是一种消费行为,本研究借鉴了他关于购买动机的界定,认为它同样适用于品牌仪式行为的动机。

结合扎根理论分析的结果,本研究认为从事品牌仪式行为的消费者并不主要受到某种产品的功能性需求所驱动,而是受到个人内在的和社会外在的特定因素所驱动。关于品牌仪式行为的动机分析,下文分述个人动机(情感动机、认知动机和追求感官刺激)和社会动机(社会文化、情境因素和转型因素)。

一、个人动机

扎根理论分析的结果显示,参与品牌仪式行为的个人动机概括为三个方面:情感动机、认知动机和追求感官刺激。Tauber(1972)开发的个人动机包括角色扮演、转移注意力、自我满足、了解新趋势、体力活动和感官刺激等层次。显然,本研究继承和发展 Tauber(1972)所开发的个人动机,同时,丰富了其内涵。

(一)情感动机

关于情感动机,扎根理论分析概括为三个方面:正向满足、压力驱使、天性驱动。

首先,为了一种正向的情绪满足来从事某种品牌仪式行为,是比较典型的一种情感动机。所谓追求情绪满足并不是出于解决某种功能性的需求,而是为了满足某种心理需求,有时候它不是动机之一,而是更重要的动机。甚至在某种情况下,为了追求某种情绪满足,例如追求猎奇、时髦、归属等,还要牺牲一些功能性的需求。例如,其实我觉得就像我们七十年代什么洋快餐,并不是真的说它那个口味多吸引你,我觉得是心理上的这么一个满足吧(AN-26)。

品牌仪式行为作为具有象征价值的一种消费,它是不同于必需品的消费。必需品的消费是维持基本生存所必需的,因此是不可缺少的,消费它也是平淡无奇的。相较之,品牌仪式行为则是必需品之外的一种消费,因为它是额外的,所以它对于自我常常具有一种犒赏性。它是消费者在履行了社会和家庭的义务和责任之后,独辟出来的一个专属自我的时空。例如,这位定期参加盛装聚会的女士陈述:这一天就是作为你自己的一个 reward,作为妈妈你奉献了这么多,然后这一天是属于自己的(AN-56)。

调动消费者的内在价值感会促使其发生品牌仪式行为。通过较强的参与性和互动性的诱导,使消费者感觉到自己在其中做出了一份贡献、付出和认可,从而调动出一种内在价值感,可以促使消费者参与/完成品牌仪式行为。例如,这位魔术爱好者讲述参与魔术表演的感受时说:魔术表演可以调动观众的一种内在感觉,有自我价值啊,他会感觉到对于这场表演做出了一部分贡献,即使真实的情况并不是这样(TJY-16)。

其次,已有文献(Alcorta 和 Sosis,2005;Zumwalt,1982)显示压力是参加仪式的重要原因之一。这在本研究的扎根理论分析中得到了印证。有不少消费者是出于解压、解脱或者转移注意力而进行品牌仪式行为的。例如,这位香道师是这样回忆自己如何开始香道的:那因为当时自己创立公司的时候压力比较大嘛,所以想寻求一样解压的方式,那接触到香之后,慢慢地我觉得真的是很发自内心地喜欢(HX-7)。

最后,所谓天性驱动,是相对于外在驱动而言的,它从动力角度描述了品牌仪式行为的动力来源。如果说有些情绪满足是源自外在,例如从众心理,那么天性驱动的动力来源则完全来自于内在,是内在产生的本源的需求或冲动。例如,这位热爱打猎的工程师陈述:因为这个没有任何普遍的 value,就这东西必须是内心的一种特别的感受,才会导致这个习惯(CX-6)。不可否认,有些品牌仪式行为的确契合了某些消费者的天性或天赋,或者说,消费者的某些天性被品牌仪式行为唤醒,某些天赋得到品牌仪式行为的赏识,使消费者在某种品牌仪式行为中感觉到得心应手,使消费者在其他领域无法施展的天性或天赋得以在特定的品牌仪式行为中得到充分的发挥和施展。例如,这位时髦精把打扮描述为自己的一种天分:促成我要把打扮自己当作一件比较重要的事情去做,就是我好像天生对仪表的这种东西,就有一种敏感(LMS-3)。

(二) 认知动机

关于认知动机,本研究的扎根理论分析提炼为三个方面:阅历积累、非凡信念驱使、彰显人格魅力。

消费者养成品牌仪式行为是以他的阅历积累为条件的。普遍来说,品牌仪式行为具有一定程度的认知门槛,很多消费者是在不断的学习中逐渐进步,循序渐进地达到一定的认知水平和实践能力,使他得以顺利地开展和进阶品牌仪式行为。例如,这位受访女士坚信远途旅行不应该是一种疲惫潦草的样子,她谈论她为何能在旅行中保持优雅和潇洒:我觉得是久而久之,是出差跟经常出去旅行的一个自己学习跟进步的过程。所以说我现在能美美地旅行是积累了很多经验的结果(AG-11)。当然,阅历积累还有可能与成长经历有关。在成长过程中,受到过某种特定仪式的熏陶,或者比同龄人率先体验到某种仪式,他在认知方面会得到更多的启蒙和影响,这会促使他成年后主动追求和维持这种仪式行为。例如,这位热爱打卡米其林餐厅的女士谈论她儿时的经历:小时候第一次吃了肯德基这件事情,可以一直吹牛吹好久(AN-25)。除了生活经历,工作机会也有助于阅历积累。不少消费者借由各种工作机会,养成品牌仪式行为。例如,这位时尚网红陈述了她是如何开始频繁地参加各种品牌新品发布会的原因:我毕业以后就做杂志编辑,那个时候还是纸媒,做杂志编辑就会去参加各种各样的品牌新品发布会(EC-1)。认知状态会随着人的年龄增长逐渐发生变化。不同的认知状态对品牌仪式行为会做出不同选择。不同的年龄层追求不同的品牌仪式行为。有些年轻时热衷的,到了中年可能就被淘汰。有的品牌仪式行为甚至只有到了一定年龄才会去考虑。例如,这位创业者描述了自己中年后热衷于戴珍珠的心路历程:我觉得这个是不是跟年龄有关系,现在我就把其他的那些淘汰了,我就挺喜欢珍珠的,原来是那些小珍珠,现在就换成大珍珠,原来是一颗的,两颗,三颗,现在我就觉得得换成一串的珍珠(ZF-24)。

不少文献显示,仪式具有神圣性和神秘性,这是某些具有非凡信念的消费者参与仪式的原因(Erikson,1977,1982;Otnes等,2012,2018)。本研究的扎根理论分析也验证了这一点。不可否认,某些品牌仪式行为具有神圣感,例如被粉丝崇拜的明星具有不可亵渎的神圣性,例如不少禅宗大师通过茶道、香道来修行悟道。那么,有些消费者是持有一种仰视的、崇拜的认知状态来从事这类品牌仪式行为。例如,这位香道师描述她接触到的学员动机时说:有的人有信仰,他觉得就是佛能成道,是一种崇拜的眼光去看待香,他很想去学香(HX-41)。

人格魅力是一个人认知状态的综合体现,而品牌仪式行为是现代人体现自我人格魅力或者观察他人人格魅力的一种展现方式。与直接的物质炫耀相比,品牌仪式行为所彰显的人格魅力更加真实感人。因此,有的消费者会选择从事某种品牌仪式行为,用它来作为自己内在认知状态的外化和展示。例如,这位成功的企业家热爱茶道,也用茶道来观察合作伙伴:茶有时候也是体现身份的一种象征。就是一帮人在一起,某个老板如果拿出一泡好茶或者拿出几泡好茶,他能把这个茶讲得很清晰,我们可能更愿意接受跟他一起合作。我们认为他是一个很清楚的人,懂得喝茶,也懂得感恩,懂得品味,有内涵(YB-18)。

（三）追求感官刺激

追求感官刺激体现为亲眼目睹。品牌仪式行为作为一种具身的实践,强调身体力行。促使它发生的一个重要原因是身体感官受到了直接的刺激,例如亲身经历和亲眼目睹,这种刺激(尤其是第一次)会留下深刻的身体记忆,令消费者产生重复某种品牌仪式行为的动力。不少品牌商运用这一原理,常常推出"携带一人免费"的营销策略,因为商家希望通过给新客提供直接的感官刺激,以此拉新,扩大用户群。例如,这位受访者讲述了他为何热爱魔术的原因:促使我玩魔术的原因是我亲眼看到过这个魔术在身边发生,能够想起来的就是在夏威夷,一个保安给我变海绵球,然后变硬币,就觉得这是一个非常直观的、能够令人短暂兴奋的事物(TJY-12)。

二、社会动机

Tauber(1972)开发了社会动机,包括社会经验、与他人的沟通、同伴群体吸引、地位和权威以及讨价还价的乐趣等含义。根据扎根理论分析的结果,本研究借鉴了 Tauber(1972)社会动机的视角,定义为驱使个人从事品牌仪式行为的社会因素,它包括三方面:社会文化、情境和转型。

（一）社会文化

关于社会文化,涉及到五个方面:他人影响、缺失社交常识驱动、社会认知稀缺驱动、习俗养成、品牌启蒙。

有些品牌仪式行为来自他人影响,他人有可能是父母、师长、领导、同学、朋友乃至晚辈等。父辈保持某种仪式实践,对孩子会产生耳濡目染的影响,等到孩子成年以后有了条件,儿时隐性的影响会逐渐浮现为显性的需求。例如,这位热爱打猎的受访者陈述了他为何打猎的原因:应该是我小时候老爸的一种传染吧,老爸以前是在跟部队有关系的地方,所以他有机会出去用枪,有机会出去打猎。所以,就给我吹嘘了半天,这个从小就种下种子(CX-1)。又如,这位受访者陈述了她为何会讲究品牌仪式行为原因:我可能遗传了我妈这一点。我如果要吃一样的东西,我得进入到一个境界里面,我才会觉得生活都挺好的。但是,你要让我端个锅吃,那就是真的是,哎,我 800 年没吃饭了,我已经饿成这个样子了吗(GYZ-14)? 长辈除了通过行为影响之外,还会通过家教影响年幼的消费者,使之持续到成年。例如,这位使用日抛型内裤品牌的消费者陈述了她的原因:因为我妈是医生,我妈妈就从小跟我说所有东西都有细菌啊,都要消毒啊,就会脑子里想很多(JS-23)。

通常比较复杂的品牌仪式行为并不容易掌握,常常需要师傅或品牌营销专家领入门,并在他们的带领下不断进阶。这就是为什么现在茶道师、香道师、花道师、健身教练等在市场上日益热门的原因。消费者已经不能满足于仅仅提供功能性价值的商品,而是需要有助于提升个体价值的品牌。例如,这位打猎爱好者陈述了他拜师打猎的经历:事实上开始是一个美国人教的,因为自己的话,是没有这种动力,没有这种机会,你去哪里,你都不知道看什么东西,这个有人带的话,可以减少很多很多弯路,因为打猎不是说一蹴而就的事情,是需要长期积累的(CX-60)。领导常常起到示范和带动效应,因此领导带动是不少消费者从事某种品牌仪式行为的原因。例如,这位茶道爱好者谈到她如何入门喝茶的:这个是我一个老领导,也是老朋友,他来上海出差,说他要去他的茶艺老师那边喝个茶,问我有没有时间一起啊？然后，我就挺好奇的吧，喝茶还得有老师啊，然后就跟着去了（WJ-2）。

随着人们物质生活水平的不断提高，很多品牌仪式行为已经成为社交场合的基本常识，是进入特定社交圈的钥匙，是打开社交局面的密码。有些消费者感觉到自身缺失某些社交常识，受到这个因素的驱动，自然会选择补课。例如，这位香道师陈述了她所接触的不少学员是出于自身缺失社交常识驱动的：还有人觉得别人懂了我也要懂，这是个社交。现在如果你不懂六大茶类去跟别人交谈，你都觉得很难受。倘若人家给你泡一杯大红袍，你说这是红茶，因为你只能看颜色嘛，你就很尴尬。理解到香上面是一样的，终究以后人家给你点了个沉香，而你以为是檀香呢（HX-52）。

有些消费者则是观察到整体社会对某种品牌仪式行为在认知方面普遍稀缺，为了标新立异或者脱颖而出而参与进来。例如，这位魔术爱好者陈述了影响其选择的驱动因素：社会因素可能比如说社会对魔术这个东西的认知并不普遍啊，所以人家看起来就会很新鲜啊，大部分人都会眼前一亮，不管你表演的是差是好（TJY-20）。

习俗养成会促成消费者的品牌仪式行为，因为传统习俗的维系对于消费者具有潜移默化的影响作用。例如，这位每天练习书法的受访者陈述了他的原因：我一直到大三之前，我家对联，还有旁边的对联，过年的对联，都是我写（TT-10）。生活习俗显然会对消费者发生某些品牌仪式行为产生直接的影响，不同的生活方式会产生不同的品牌仪式行为。异域生活方式常常会促使消费者逐渐养成当地的某些品牌仪式行为。例如,这位移民法国的受访者谈到她是如何喜欢上品酒的:我觉得对那个酒是到了法国慢慢地开始喜欢。因为有这种聚会的场景,慢慢地在这种花园里面,我们春天啊夏天一般都是在花园里摆放那种桌椅。大家来聚会,每餐都有酒,就是一种生活很轻松的一种调剂(JJ-4)。

品牌启蒙常常融入在社会文化之中,以不易察觉的方式深刻地影响了消费者发生品牌仪式行为。例如,这位时髦精讲到儿时的品牌启蒙时仍旧记忆犹新:我小时候爱看国外的小说,尤其国外的这种通俗小说会对物质的细节进行很详细的一些描写。比如说它会写一个律师穿什么样的衣服,他住在什么酒店,他到哪一个餐厅去吃饭,或者他跟哪个客户见面,抽什么样的雪茄,或者是喝了一罐儿什么样的啤酒。然后这些东西给了我一个品牌的启蒙(LMS-5)。在移动互联网时代,消费者尤其是新世代消费者往往受到网络社群文化的启蒙,开始某些品牌仪式行为。例如,这位坚持每年造访迪士尼乐园的受访者陈述了她所受到品牌社群的启发:其实本来我对琳娜贝尔并不是非常的痴迷,但是因为看了很多别人发的视频和图片,还有大家对他的喜欢,我就越来越受这方面影响。所以,我觉得最近的话应该说网上的社群文化对我也有影响(WYY-4)。

(二)情境

如果说社会文化的动机是基于长期的、大环境的因素积累,那么情境就是个体消费者所面对的当下的、微观的环境。扎根理论分析发现了情境具体表现为:与外界搭配。该概念在多位受访者身上皆有体现,以下提取一位常去高级餐厅就餐的受访者的陈述为例:还有就是你去那儿穿什么样的衣服。包括我那女朋友还挺有意思,还问我说你到时候会穿什么? 说咱们俩要搭一下(AN-44)。可见,与外界搭配的概念不仅指与物理环境的匹配,还有与一同活动的其他消费者在行为表现上的匹配。

(三) 转型

所谓转型是指不确定事件的发生(Zumwalt,1982;Alcorta和Sosis,2005)或者消费者社会地位发生变化(阿诺尔德·范热内普,2010)。因而,会产生从一种状态到另一种状态的过渡仪式。大量文献指出,当出现诸如诞生、成人、毕业、结婚、生育、死亡等人生中的重大转型时,常常伴随着成人礼、毕业典礼、婚礼、满月酒、葬礼等过渡仪式,以帮助人们从旧的状态顺利地进入新的状态。

本研究扎根理论发现,在日常生活中还经常发生的一种转型因素:重大事件。例如,这位喜欢品一级庄红酒的受访者谈到她在生活中何时会开一瓶好酒:越开心就会水涨船高的往上开酒。有一些大事终于过去了,我告诉你那真是吐口血。就说开瓶二级庄吧,然后说的不解气,还是来个一级庄(AN-137)。

根据上述的理论分析和文本分析,品牌仪式行为是基于特定的个人动机和社会动机而产生的。本研究形成以下命题:

命题1a:消费者出于特定的个人动机(情感动机、认知动机和追求感官刺激)产生品牌仪式行为。

命题1b:特定的社会动机(社会文化、情境和转型)有助于促成消费者的品牌仪式行为。

第二节　品牌仪式行为产生心理效应的分析

一、品牌仪式行为产生心理效应

通过扎根理论分析可见,品牌仪式行为是消费者产生心理效应的前因,具有隐喻性、重复性和情感性的特征。隐喻性指品牌仪式表达特定的象征意义,它包括相似性、引申性。重复性指品牌仪式是复制特定的一套程序,它包括程式性、复制性。情感性指品牌仪式引发特定的情感,它包括传达情感、激发情感。选取如下语义群作为示例:

AN-11:我们这边有一家米其林二星每一季、每一年推的菜是不一样的。有一年推意大利菜的时候,每一道菜都是意大利的一段历史,我读上去基本上就是一个荷马史诗那种(程式性—重复性—品牌仪式行为);AN-12:这就让我生怕错过每一季的主打菜单,还要打扮得漂漂亮亮的去餐厅才对得起那样精致的菜式(品牌信息接收—品牌显性知识内化—心理效应);AN-98:一般我过生日的时候都会去牛排店 Morton's,那个牛排店会专门印张菜单,有你的名字和生日,专属的感觉很好。所以就搞得我好几年的生日都在那个牛排店过。然后我就在反省,难道我是为了那张菜单去的吗?(情绪感染—品牌情感体验—心理效应)

AN-88:因为每个酒庄的酒标是不一样的。我们开不同酒庄的酒的时候,那个塞子会象征性的留一个(引申性—隐喻性—品牌仪式行为);AN-138:就说开瓶二级庄吧,然后说的不解气,还是来个一级庄,我真的是要开心(情感释放—品牌情感体验—心理效应)。

GYZ-29:因为你必须要从这个豆奶盒子的背面把特殊的盖子取出来,所以你就必须要看它一眼。它这个设计就是这样,这个你就肯定会看到不同的配方。因为它那个盖子还不是很容易取的,你知道吗? 因为它就贴得很牢,然后你要拽它的时候,还需要一定的力度。然后,你就必须要把你的注意力集中在这个背面的印刷上面。然后,你就发现,哎,今天这个配方又不一样。所以,它的这个仪式就实际上是嵌入在设计里面了,都不需要打广告(规范性—程式性—品牌仪式行为);GYZ-36:这款豆奶让你就会觉得生活里面有小惊喜(情绪感染—品牌情感体验—心理效应)。

HX-19:"香方向"品牌强调方位很重要。压香灰的时候,我们方位的要求是在 9:00 的方向。这意味着方向要一定要对,那这样我们的努力才没有白费(引申性—隐喻性—品牌仪式行为);HX-13:我做香、点香,或者熏香的过程当中,我是很安静的,我是很享受那个过程的(情绪感染—品牌情感体验—心理效应)。

TJY-15:这个扑克魔术要把关注点放在观众身上,一定要听你的想法,看你的反应(激发情感—情感性—品牌仪式行为);TJY-30:单车扑克牌的设计都是一样的,看这个牌位,一看就知道是 Bicycle 的牌位,牌位上面这个正中间是一个类似于时针一样的东西,然后呢因为扑克牌是对称的嘛,对称的那一部分是一个天使在骑个单车,最显眼的就是一个天使骑个单车(识别品牌高识别度呈现—品牌显性知识内化—心理效应)。

LQP-10:泡绿茶有三种投法。先把95度水倒在杯里,然后再投茶下去,它就叫上投。中投就是水倒一半,茶放下去,然后再慢慢地注水。下投就先放茶叶,再直接注水(*程式性—重复性—品牌仪式行为*);LQP-2:煮的这个水一谓形变,要打开盖子可以看到形状。那么它的形状有五个,出虾眼80度,虾眼过后升蟹眼,螃蟹的眼睛85度。蟹眼过后生鱼眼90度,鱼眼过后四周是涌泉腾波,古浪95度,水气全消方位成熟,99.5度(*仪式规范摄入—品牌显性知识内化—心理效应*)。

JJ-13:一般必有的一个动作呢,就是大家在喝之前有一个轻轻碰触酒杯的动作,像中国类似于干杯这样碰触,那个动作应该是必不可少的(*程式性—重复性—品牌仪式行为*);JJ-15:这个酒呢就应该让人的整个身体都得到全面的享受。你闻那个酒的时候呢,就让你的鼻子享受到了。你喝酒的时候呢,让你的嘴巴、舌头享受到了。你去观看这个酒的颜色的时候,就让你的眼睛得到享受,那我们碰一下,那个清脆的、悦耳的声音,就让自己的耳朵也享受到了(*身体学习—品牌隐性知识领会—心理效应*)。

二、品牌仪式行为的定义、类型与维度阐释

(一) 品牌仪式行为的定义与类型

根据扎根理论分析的结果,品牌仪式行为本质上是具有象征性的行为,它表达特定的、与品牌相关的意义和情感。这也与广受认可的 Rook(1985)对仪式的定义相呼应,即"仪式指的是

一种表达性的、象征性的活动,由多种行为构成"。

所谓象征性,最简单地理解是,它是非功能性的,做不做都不妨碍对某品牌产品的消费。更深一层的意思是指它具有意义表达性。例如,De Waal Malefyt(2015)的研究揭示了男性们把剃须仪式当作一种象征"成功"的自我呈现。研究中的男性们提到了与成功男性的传统形象的象征性联系,比如 19 世纪的英国银行家。对这些男性而言,每日剃须仪式的品牌产品"在他们的一生中扮演着一种指南针或时钟的关键角色"(Strove 等,2009,p. 6),他们使用诸如品牌等物作为沟通者和稳定装置,以此获得、复制和挑战自我身份。

重点是,这种象征性将仪式与普通的、重复的习惯区分开来,因为"缺乏这种象征意义的标准化的、重复的行为只是习惯,而不是仪式"(Kertzer,1989,p. 9)。仪式是一种"带有浓厚的感官意义"的象征性行为(Grimes,1995,p. 965)。Barrett 和 Lawson(2001)的实证研究表明,与简单的流程化动作不同,仪式必须向参与者传递象征意义。从仪式象征性的起源来看,宗教仪式之所以具有最初的象征意义起源于人类对大自然不可控制和难以预测而感到的恐惧,仪式成为人类与大自然进行沟通的渠道(Alcorta 和 Sosis,2005)。

根据扎根分析,本研究得出品牌仪式行为的三种类型。第一类是消费者从事的一系列由品牌预先定义的行动,例如消费者解开蒂芙尼(Tiffany)的白色丝带、打开蓝色包装盒。第二类是消费者与品牌之间具有仪式特征的互动行为,消费者可以采用传统仪式与品牌互动,例如用品酒五步法品尝拉菲(Lafite);

也可以自己定义或形成品牌仪式行为,把品牌当作仪式象征物等核心要素,例如消费者在半岛酒店(仪式场地)用 De Beers 钻戒(仪式象征物)求婚。第三类是消费者基于惯例或习惯与品牌产生联系的行为,例如保持经典剃须习惯的消费者会特意选择穆乐(Muhle)剃须三件套。这些品牌习惯或惯例可能是个人的(Prexl 和 Kenning,2011),例如瑜伽、摄影、书画、演奏乐器等;也可能是群体性或社会性的(Prexl 和 Kenning,2011),例如舞蹈、打猎、打高尔夫球、踢足球等。de Wilde(2013)研究指出,一些消费者将马拉松长跑、打高尔夫球、单车骑行等运动项目视为一种仪式行为,并从中获得神圣感,因而能够产生比一般玩家更高层次的娱乐体验。结合前文关于品牌仪式的文献综述,品牌仪式与品牌仪式行为的主要区别在于,前者所包含的元素更为广泛(例如,品牌、消费者行为、场景等),后者则重点考察消费者的行为性质与特征。

以上品牌仪式行为可以简单和容易,也可以复杂和模糊;它涉及 Prexl 和 Kenning(2011)所提出的品牌仪式强度,特指消费者用行动表达的对某个品牌的仪式化程度(简单 VS. 复杂)(Park,1998;Ran 和 Wan,2023)。品牌仪式行为可以是某个细小的动作,也可以是一组连贯的动作,还可以是某种具有象征意义的行为方式。这些行为和动作,可以是品牌有意设计的,也可以是消费者自己建构的。可见,消费者的整个消费过程可以是一场完整的仪式,例如茶道、香道、品酒五步法;也可以是看似普通的消费过程中嵌入部分仪式环节,例如在米其林餐厅就餐时与主厨合影,在打猎前祈祷等。

（二）品牌仪式行为的维度阐释

通过扎根理论分析，本研究发现了品牌仪式行为的三个维度：隐喻性、重复性和情感性。该发现与文献也是吻合的：品牌仪式具有意义表达性（Rook，1985）；具有重复性（Prexl 和 Kenning，2011；Park，1998），即对特定的程式（Rook，1985）加以复制（Cheal，1992）。此外，品牌仪式应能从个人那里引出特定的思想和情感（Mead，1956），从而具有情感性。

本研究发现了构成品牌仪式行为的第一个维度：隐喻性，指品牌仪式行为表达特定的象征意义。它包括两个方面：相似性、引申性。相似性指品牌仪式行为的喻体与喻依之间具有某方面的共性。例如，茶具呈梯形摆设，表示八方来客。例如，向茶壶或盖碗中注水的动作称为"凤凰三点头"，它寓意三鞠躬，欢迎客人的到来。引申性指品牌仪式行为具有派生意义。例如，茶杯倒满表示欺客，因此中国人给客人倒茶通常八分满，以示对客人的敬意。

中华茶道的泡茶程序极具隐喻性：温杯、投茶、润茶、泡茶、出汤、分茶。尤其是，在"泡茶"这个环节就出现了一系列密集的隐喻。如果用茶壶泡茶，例如：滚水烫壶、落茶高冲、刮沫闭塞、滚球洗杯、洒茶入杯、关公巡城、韩信点兵。同样的"泡茶"环节，如果用盖碗泡茶，又有不同的隐喻：刮沫、挫茶、摇香、入海、蝶舞、展茗、落蝶、皈依。中华香道之"篆香"也是包含一系列隐喻：理香灰象征着静心，压香灰象征着专注，置香篆象征着放下，加香粉象征着正念，填香粉象征着用心，脱香篆象征着专注当下。甚至，在这其中每一个环节都富含了颇具隐喻的动作，例如，压香灰的这个环节,左手逆时针旋转香炉,右手持香压平整香灰时,宜始终朝向九点钟的方向,象征着用功要始终朝着一个正确的方向,如果方向错了,或者迷失了方向,用功反而会走向失败。

一些消费者将参加马拉松长跑等运动项目视为象征自我的重要组成部分(McGinnis 和 Gentry,2004)。一些隐喻性行为发生在开始或结束时,它符合阿诺尔德·范热内普(2010)的过渡理论,象征着事件或者自我身份的开始和结束。例如,这位受访者描述了越野跑者设计特有的冲线动作来隐喻胜利:有的人可能会设计自己的冲线动作,因为有摄影啊。比赛本身它会有仪式感,比方说有起跑线,它也会有一个冲线嘛。起跑线倒没什么,反正终点线,大家一般尤其是比较有经验的一定会想好自己的冲线动作。而且像有的女选手一般还要在冲线前200m先整好妆容、口红的,然后再开始冲线,因为那个冲线很重要。每个人的冲线动作不一样,但是我看到最常见可能就跳起来呗,表示胜利欢呼的那种姿势,当然如果你要跳得起来,因为很多人可能跳不起来,那会儿已经瘫了(XF-41)。

本研究发现了构成品牌仪式行为的第二个维度:重复性,指品牌仪式行为是复制特定的一套程序。Wilde(2013)研究指出,将参与运动项目视为仪式的消费者表现出持久的参与行为,例如主动加入相关主题俱乐部,定期参与其所组织的各种活动,甚至购买区别于初级玩家的"高级装备"等。品牌仪式行为的重复性包括两个方面:程式性、复制性。关于程式性,指消费者的动作和行为以固定的程序或模式开展。这种程式性会使消费者将固定的、专用的品牌锁定到一项品牌仪式行为之中。例如,这位每日饮用 Kikkoman 豆奶的日本受访者陈述:因为你必须要从这个豆奶盒子的背面把特殊的盖子(注:不会溅出豆奶)取出来,所以你就必须要看它一眼。它这个设计就是这样,这个你就肯定会看到不同的配方。因为它那个盖子还不是很容易取的,你知道吗?因为它就贴得很牢,然后你要拽它的时候,还需要一定的力度。然后,你就必须要把你的注意力集中在这个背面的印刷上面。然后,你就发现,哎,今天这个配方又不一样。所以,它的这个仪式就实际上是嵌入在设计里面了,都不需要打广告(GYZ-29)。可见,这个案例的程式性体现为:从固定的方向、以一定的力度取出盖子,每天看到不同的配方。又如,这位银行高管在长期品茶的过程中,养成了"品香"的程式性行为:具有象征意义的动作就是品香了,就这一点的话,跟喝本身其实是不相干的。两个环节都有机会品香。刚开始拿茶叶的时候,可能会探头去那个茶叶盒这边闻一闻,这个时候感觉很舒服的,就是洗肺的感觉嘛,就深吸一口。再就是呢,第一遍不是烫杯子嘛,烫杯子以后呢把茶叶投到盖碗里面以后摇一摇,那个杯里边的热气会把茶叶的叶片给它相当于通过很短暂时间的熏蒸,使得它稍微舒展开一些,就激发出茶叶的香味。这个时候,打开盖碗的盖子,先去闻盖杯里边这个味道,会比较清淡,但是它层次会比较清晰。然后呢,再去闻一下将倒水的那个大口杯的里的茶叶的香味。(WJ-23)

所谓复制性,指一再拷贝具有程式性的品牌仪式行为。它实质上构成消费者生活中一个最小单位,得以不断再生产。这种复制性会让消费者把某品牌仪式行为当作一种自然执行的义务,在特定的时空条件下必须再度执行,如果错过或耽误反而会感觉反常。例如,这位杜卡迪骑手陈述道:它是我生活中的一部分,每个周末都会骑,我认为我不会停止。我想如果我几个星期都不骑的话,我会因为没有做这件事而感到内疚(SD-29)。大量文献也给予的充分的支持。Legare 和 Souza(2012)以巴西的一种驱除厄运仪式 Simpatias 为研究背景,发现重复行为和多个步骤是促进仪式有效性的关键前因。Tambiah(1996,p. 119)提出仪式是"一系列规范的、有序的言语和行为的结合……具有正式、严格和重复的特征"。Rossano(2012)将仪式定义为"正规的、反复的、集中注意力的和规范管理的行为"。

本研究发现了构成品牌仪式行为的第三个维度:情感性,指品牌仪式行为引发特定的情感。它包括传达情感、激发情感。仪式有一个共同的特性,即通过象征性空间来让人们行动起来,将参与者从一种(情感)状态转换为另一种(Douglas,1966;Turner,1969)。传达情感指品牌仪式行为在品牌与消费者之间传递特定的情感。例如,这位迪士尼持续造访者陈述了花车巡游环节与动画人物通过互动来传达情感的深刻印象:我觉得迪士尼最主要的仪式应该是那个花车巡游吧,迪士尼专门请的演员在花车巡游的时候扮演动画人物去跟你进行一些互动。我就看到他们每一个只要注意听到我们的声音或者看到我们的动作,都会非常非常投入地跟我们互动(WYY-13)。激发情感指品牌仪式行为能够引发消费者产生特定的情感。例如,这种服装会给你增加自信,感觉特别贴,它会让你把胸给挺起来,能够让你整个人有焕然一新的感觉(ZJ-50)。

三、消费者心理效应的维度阐释

消费者的心理效应是品牌仪式行为的后效，它包括以下维度：品牌显性知识内化、品牌隐性知识领会、品牌情感体验。在此，且以中华香道之"篆香"为例加以阐释。品牌显性知识内化体现为消费者参与香道时，获得相关的品牌信息，按照理香灰、压香灰、置香篆、加香粉、填香粉、脱香篆等一系列仪式规范来执行。品牌情感体验则表现为当消费者做出每一个动作/行为时，通常会引发其产生相应的情感体验：理香灰在于静心，压香灰在于专注，置香篆在于放下，加香粉在于正念，填香粉在于用心，脱香篆在于专注当下。但是，隐性知识无法通过告知来直接授予，消费者必须要亲身练习和实践才能领会。品牌隐性知识领会则表现为当消费者在篆香的过程中，通过成功或失败，会逐渐地领会到无法经由告知来获得的隐性知识。例如，如果一个人篆香至半，换另一个人接着篆，篆出来的香可能会断；而即使从头到尾是一个人篆香，如果在操作过程中心思游移，也会出现断香的情况，并且这种失败无法当下修复，只能重新开始。此时，他便领会到香道所蕴含的"自始至终"、"专注当下"的隐性知识，这种隐性知识不仅仅是大脑的默会认知，而是消费者通过身与心相结合的练习和领悟所获得的整体把握能力、体会与决心。又如，茶道中人常言"岩韵"，对于一般消费者而言，此二字毫无意义；只有通过茶道细细品味过不同的高品质岩茶的消费者，才能掌握何为"岩韵"。通过品牌仪式行为，融合品牌显性知识和品牌隐性知识，伴随着特定的品牌情感体验，最终可能通过"香"或

"茶"达到"道"。

（一）品牌显性知识内化

品牌显性知识内化包括：品牌信息接收、识别品牌高识别度呈现、仪式规范摄入。通过扎根理论分析，本研究发现了品牌显性知识内化，指消费者摄入用语言和文字明确表达和传递的品牌知识。

所谓品牌显性知识，是明确地用语言表达出来的信息、规则和指示。它借鉴了英国思想家波兰尼（Polanyi，1958，2009）关于显性知识的概念界定，即我们通常所描述的能通过书面文字、公式图表加以表达和描述的知识，又称"可言说的知识（Verbal Knowledge）"或"清晰的知识"（Explicit Knowledge 或者 Articulate Knowledge）。品牌知识（Loftus 和 Loftus，1976）可以通过传播来激活并获取，也可以作为消费者降低风险的启示：强势品牌可以降低自我风险、降低做出错误决策的风险、降低浪费时间的风险（Maheswaran 等，1992）。Anderson（1983）指出，人们对品牌的普遍看法完全基于心理学和信息经济学的学科，并在很大程度上借鉴了该领域形成阶段所盛行的消费者行为信息处理理论。在该框架内，品牌作为一种认知识解（cognitive construal）明确地持有本体论地位：品牌作为品牌相关信息的知识结构存在于消费者的头脑中（Ries 和 Trout，2001；Keller，2003）。品牌的语义记忆网络包含一组具有不同抽象层次的节点和不同强度的链接，包括：品牌和产品的属性和利益；品牌信念、判断、态度和感知；感觉和情绪；感官图像以及将消费者与品牌联系起来的个人体验（Keller，1993，2003）。

所谓内化,根据 Deci 等(1994)的内化理论,显性知识内化(internalization)分为内在投射(introjection)与整合(integration),内在投射指摄入一种价值或规范流程但并未将它化为自我的一部分;它的结果是自我控制(inner control)。而整合则指将这种规范与个人的核心自我意识相融合;它的结果是自主决定(self-determination)。这意味着消费者通过品牌仪式行为获取品牌显性知识会出现两种结果,其一消费者获取了品牌显性知识,但是并未完全吸收融入自我意识,那么他完成品牌仪式行为是出于自我控制;其二消费者获取了品牌显性知识,并且充分吸收融入自我核心意识,那么他完成品牌仪式行为是出于自主决定。

品牌信息接收是品牌所传递的独特信息到达消费者,它可以是配方传授,也可以是版权分享,乃至研发与历史。例如,显性的知识就是让你发现,简单的一个豆奶实际上能够变成很多东西,比如说它变成豆奶拿铁,或者让你怎么做豆腐花,或者变成一锅豆腐锅,怎么做豆腐皮(GYZ-31)。例如,我觉得它的显性知识就是它庞大的版权,它自己有很多动画作品、各种人物,还有它的歌曲、包括表演、包括整个乐园的搭建,都是围绕它动画里的这些设定进行的(WYY-26)。例如,他们在讲述自己新一季的设计的时候,通常会把品牌的历史和研发结合在一起。比如说爱马仕就会介绍他们一直在研发,把皮革处理的像柔软的丝绸一样,而且你真的能看到他们做得到(EC-16)。

识别品牌高识别度呈现是消费者辨识出品牌所呈现的具有高辨识性的形象,它常常通过独特的品牌信息、形象和设计来表现。当然,品牌 LOGO 是最直接的一种呈现。例如,我出去拿索尼相机拍的时候,相机有索尼的标识(DDE-33)。例如,单车扑克牌的设计都是一样的,看这个牌位,一看就知道是 bicycle 的牌位,牌位上面这个正中间是一个类似于时针一样的东西,然后呢因为扑克牌是对称的嘛,对称的那一部分是一个天使在骑个单车,最显眼的就是一个天使骑个单车(TJY-30)。品牌显耀的地位和形象也具有高度识别性。例如,随着珍珠我买得越来越多,我就看中了 PASPALEY,也就是因为它是澳洲最顶尖的珍珠品牌(ZF-20)。品牌独特的设计一方面能令消费者对品牌产生快速的识别能力,例如,它的牌子我倒是从来不看,我就是看它那个包装,然后我就一把抓来。所以我觉得它的包装对我来说就很重要啊。牌子写在最下面,黑色的小字。它其实是一个挺有名的一个公司:kikkoman(GYZ-28)。另一方面,还会让使用它的消费者感觉自己与众不同。例如,显性的就是你戴着个苹果耳机,那么别人看见了可能会觉得,这个人挺高大上的,因为它跟一般的耳机能看出来不一样。反正就是觉得挺有范儿的感觉(DWY-5)。

仪式规范摄入是消费者了解品牌仪式行为的程式。该程式不仅规范了品牌仪式的基本流程动作,例如品酒的步骤,还包括把握配合不同动作的品牌产品组合。例如,喝不同类型的葡萄酒宜使用与之相应的葡萄酒杯,有 18 款,它们对于控制酒温、酒香和酒色起到不同的作用,分别是赤霞珠杯、波尔多杯、西拉杯、勃艮第杯、黑皮诺杯、仙粉黛杯、长相思杯、雷司令杯、霞多丽杯、郁金香杯、长笛杯、浅碟杯、阿尔萨斯杯、桃红杯、干邑杯、波特杯、马德拉杯、雪莉杯。不同级别或段位的品牌仪式行为,也要求配备不同的品牌装备。例如,比方说我们越野鞋都是分距离的,30km以内、50km 的、100km 的,就不同的距离,你就对鞋的要求不一样(XF-7)。仪式规范摄入还包括消费者在品牌仪式行为过程中,根据品牌产品使用中的不同反应,把握恰当的时机,配合相应的动作/行为。例如,煮的这个水一谓形变,要打开盖子可以看到形状。那么它的形状有五个,出虾眼 80 度,虾眼过后升蟹眼,螃蟹的眼睛 85 度。蟹眼过后生鱼眼 90 度,鱼眼过后四周是涌泉腾波,古浪 95 度,水气全消方位成熟,99.5 度(LQP-2)。

(二)　品牌隐性知识领会

本研究的扎根理论分析发现了品牌隐性知识领会,指消费者掌握无法用语言和文字表达和传递的品牌知识。它包括品牌隐喻、身体学习、品牌内核。

关于品牌隐喻,是品牌仪式行为所寓意或蕴含的意义。例如,这位香道师阐释了"香方向"品牌所蕴含的意义:为什么我们一定要强调方位很重要?就是方位就是方法、方向吧,你方向要一定要对,那这样我们的努力才没有白费啊(HX-19)。有的品牌仪式行为本身就是一种"暗号",只有消费行家才能洞悉其中所蕴含的意义。例如,这就保证了我不会被撞衫。因为我是fashion 界的,最起码就是说我是一个时装精,我懂,我知道有这样的一个小众的品牌卖这样的衬衣,别人不知道(LMS-14)。例如,用 Bicycle 单车扑克那隐性知识最直接的就是,只要是了解魔术的人,一看到你拿了单车扑克玩魔术,就知道你是专业玩魔术的,你是入了门的(TJY-29)。

身体学习指消费者对隐性知识的领会是一种感官学习,而不是单纯的大脑对显性知识的学习。并且,这是一种身体各个感官与大脑、心灵高度整合的一种学习。以品酒为例,步骤分为:听、看、闻、品。"听"是碰杯,让耳朵学习到这种声音;"看"是慢摇一圈,查看酒色以及留在杯壁上的酒液形态;"闻"则是深吸,训练鼻子的敏感性;"品"是让酒液在舌面停留数秒,吞之前舌头在口腔搅动一圈。例如,另外一种说法,就是说酒杯这样碰,声音就会传到耳朵里面。他们因为觉得这个酒呢就应该让人的整个身体都会得到全面的享受。你闻那个酒的时候呢,就让你的鼻子享受到了。你喝酒的时候呢,让你的嘴巴、舌头享受到了。你去观看这个酒的颜色的时候,就让你的眼睛得到享受,那我们碰一下,那个清脆的、悦耳的声音,就让自己的耳朵也享受到了(JJ-15)。

品牌内核是指品牌所蕴含的抽象概念或技术内核,品牌多样化产品所具备的共同要素与特征。无论品牌产品如何琳琅满目,其中都蕴含着万变不离其宗的品牌内核。例如,就是时尚类品牌所传达的隐性的应该说是一样的吧,就是美和创意,因为有参加大部分时装类品牌,时装、设计、珠宝、美妆,你能看到的就是一方面是他们技术不断的精进和研发,另外一方面你也能够感觉到就是美感还有创意。就有的时候你没想到那个颜色可以那样用,这种东西可以这样搭配,就是很有想法,很有创意的(EC-23)。

(三) 品牌情感体验

品牌情感体验,指品牌仪式行为触发相应的消费者情感。它表现为:情绪感染、情感释放。诚如森下典子(2016)所言,"茶道,最讲究的是形,先做出形之后,再在其中放入心。也就是透过茶道仪式以达到静心的目的"。关于情绪感染,是消费者在品牌仪式行为过程中体验到品牌所传递的某种情感。它要么是某种具有感染力的情感,要么是品牌—消费者之间的一种共情。例如,我觉得就像洗脸、刷牙、喝水、睡觉一样,成了一种习惯以后,你就会无所谓了,它只要是这个东西我买什么品牌都无所谓。但是,这款豆奶让你就会觉得生活里面有小惊喜(GYZ-36)。例如,你会很真切地感觉到成毅这个人是活的、是真的,他的情绪是怎么样。因为这个也是很多人最后会粘度很高的一个原因嘛(ZB-191)。例如,当你拿着索尼拍照的时候,别人就觉得你是专业的,虽然我觉得自己没有达到那么专业的一个地步,但是周围同学都觉得很专业,它就会给你一种自信的感觉(DDE-40)。例如,我做香、点香,或者熏香的过程当中,我是很安静的,我是很享受那个过程的(HX-13)。例如,我们所谓闻香啊什么的,还真的挺香的,挺开心啊,你要是有美感,一种身体上的愉悦,你可能会去仔细地去品尝它(WJ-47)。例如,在花车巡游和最后的烟花表演,它会疯狂地给你输出一波情怀,然后你就会沉浸在它搭建的这个世界里。所以我觉得这个仪式感就是所有人在那个环境里都非常的快乐,就没有不快乐的人存在,这个就应该是仪式感(WYY-15)。

　　关于情感释放,是消费者从事品牌仪式行为所必然激发出的相应情感,它可能是正向、负向或各种情绪并行或交错的状态。情感释放体现为一种宣泄感。例如,写之前心里有期待,有一种能量在里面爆发,写字有宣泄感,写书法相当于气功一样的

(TT-40)。正向的情感释放,诸如快乐、宁静、满足。例如,去之前那种情感是一种期待。然后这个过程当中是一种探索、好奇。然后,结束了以后是一种满足啊,开心啊(AG-29)。又如,(JJ-17)我觉得实际上喝酒是让人的心灵得到放松,先忘掉一些尘世的烦恼,让你进入到另外一种愉悦的情景啊。酒可以暂时地忘掉我,或者说它带给你一种勇气,你之前不敢表达的或者有点羞涩的,逐渐地它让你放开了。情感释放不一定都是正向的,消费者通过品牌仪式行为也可能释放负向情绪,诸如紧张感或者卑微感。例如,很多人的心情就是属于说,啊,我要看到他,最好他要跟我打招呼啊。就说粉丝的那个心情,其实非常的卑微的(ZB-131)。当然,消费者通过品牌仪式行为也有可能释放出复杂多样的情绪。例如,这可能是越野最感人、最迷人的地方吧,就是你的情绪会很复杂,一会儿高兴,一会儿绝望,一会儿难过,一会儿烦躁生气,因为路上很难的(XF-50)。

从上述语义内容看,品牌仪式行为具有隐喻性、重复性和情感性,有效地促发了消费者的心理效应。根据上述的理论分析和文本分析,本研究形成以下命题:

命题2a:品牌仪式行为是指消费者从事的以品牌为核心的一系列预先定义的象征性行为,它是促成消费者心理效应的前因;主要包括3个核心特征:隐喻性(相似性、引申性)、重复性(程式性、复制性)、情感性(传达情感、激发情感)。

命题2b:消费者心理效应是指消费者在认知和情感上产生的相关反应,它是品牌仪式行为的后效;主要包括品牌显性知识内化(品牌信息接收、识别品牌高识别度呈现、仪式规范摄入)、品牌隐性知识领会(品牌隐喻、身体学习、品牌内核)和品牌情感体验(情绪感染、情感释放)。

第三节　消费者心理效应促成
意义赋予的分析

一、消费者心理效应促成意义赋予

消费者从事品牌仪式行为而产生心理效应,进而会促成意义赋予,它有以下维度:意义确认、意义投射、意义扩展和意义协商。意义确认是指消费者理解并认可品牌意义。它表现为认知匹配、情感认同和身体匹配。例如,WYY-27:它隐性的知识就是大家都说迪士尼是孩子的天堂、是世界上最快乐的地方(品牌隐喻—品牌隐性知识领会—心理效应);WYY-36:它有这样的一个故事线,我觉得我去迪士尼时的感受和我的生活经历是比较符合的。我很喜欢迪士尼这种叙事手法,就是讲小孩儿的非常迪士尼式的成长吧,非常阳光、非常励志,我形成了一个固有的思维,就是我觉得它一定要这样,不是这样我不喜欢(认知匹配—意义确认—意义赋予)。EC-13:我去四川参加迪奥品牌的活动,迪奥就会在酒店的门卡上印他们品牌的 logo,然后房间里送的巧克力或者鲜花,那上面也都有相应的一些包装和 logo。其实好多品牌都是这样(识别品牌高识别度呈现—品牌显性知识内化—心理效应);EC-38:最近有一次我去看荣宅吧,Prada 那几个英文字跟荣宅这两个中文字的字体进行了融合,就是你看到它那个中文字拆分以后变成了 Prada,然后拆分以后变成了荣宅。我当时就迷疯了,就爱上那两个字了,其实那个包没什么特别,我就一下子就两眼放光了,就买了(情感认同—意义确认—意义赋予)。ZJ-45:就给别人看,这一眼就能看得出来,不是一般用料和设计,然后有些服装的颜色也是很特殊的,比较少见(识别品牌高识别度呈现—品牌显性知识内化—心理效应);ZJ-7:我也觉得很奇怪啊,因为我穿其他品牌就觉得很宽松啊,然后要不就特别紧身,只是第一次穿VICUTU这款西装就觉得刚好符合我的这个身材啊(身体匹配—意义确认—意义赋予)。

当消费者成功地完成对品牌的意义确认之后,会进行自我外化,即意义投射。它表现为:自我表达、能力体现、情感投射。例如,LMS-14:因为我是fashion界的,最起码就是说我是一个时装精,我懂,我知道有这样的一个小众的品牌卖这样的衬衣,别人不知道(品牌隐喻—品牌隐性知识领会—心理效应);LMS-34:我喜欢这种style的法国牌子Anne Fontaine,这其实可能也是内心对生活的一种表达吧,就是说我还是很希望我这个生活每一天能平稳、能安全的,但是呢,又希望每天生活中有点儿小的变化(自我表达—意义投射—意义赋予)。DDE-33:我出去拿索尼相机拍的时候,相机有索尼的标识(识别品牌高识别度呈现—品牌显性知识内化—心理效应);DDE-17:相机它都是死的,不管它是索尼也好,有多贵,多高超,就是靠人活灵活现的。那些摄影大师其实用的器材在市场上都能买得到。所以,品牌还是看用的人(能力体现—意义投射—意义赋予)。ZF-20:随着珍珠我买得越来越多,我就看中了PASPALEY,也就是因为它是澳洲最顶尖的珍珠品牌(识别品牌高识别度呈现—品牌显性知识内化—心理效应);ZF-64:这十来天我戴的就是大溪地的黑珍珠,我每天都戴,我就没换,就是因为我家老人去世,那我的心情也是很重的,大溪地的珍珠,它是黑色的、发亮的,我觉得代表着我的一种心情(情感投射—意义投射—意义赋予)。

当消费者成功地完成对品牌的意义确认之后,常常会基于品牌意义进行拓展,即意义扩展。它表现为:向外融合、个性化、演绎。例如,HX-18:压香灰的时候,我们有一定的方位的要求,是在 9:00 的方向,左手负责转动香炉,右手的香尺一直在 9:00 拿起放下,拿起放下(仪式规范摄入—品牌显性知识内化—心理效应);HX-17:20 年吧,我给江诗丹顿的 VIP 客户来体验篆香。手表是用来记时的,咱们的篆香传统上也是计时的,就做了一个结合(向外融合—意义扩展—意义赋予)。GYZ-36:这款豆奶让你就会觉得生活里面有小惊喜(情绪感染—品牌情感体验—心理效应);GYZ-46:我会用自己的喜好去发挥一下,然后做出一些新的不同的东西来。当然,在它的基础上(个性化—意义扩展—意义赋予)。DDE-38:所以这个可能给人传达的信息就是,我很厉害,只有厉害的人配得上这个(品牌隐喻—品牌隐性知识领会—心理效应);DDE-37:我还真不知道索尼的 slogan。但是大家网上都会说的一句话,叫索尼大法好。意思就是它领域很宽,什么都很专业,什么都很强(演绎—意义扩展—意义赋予)。

最后,当消费者对品牌的意义确认失败时,会产生不同于品牌意义的评价和行为，即意义协商。它表现为：排斥、异化诠释、品牌缺憾、做减法。例如，AN-138：就说开瓶二级庄吧，然后说的不解气，还是来个一级庄，我真的是要开心（*情感释放—品牌情感体验—心理效应*）；AN-86：但是我要去一个网红店，我自己带一个一级庄，说句不好听的话，那些小姑娘啪啪两下把你那个酒标还开断了，倒酒的时候那个酒标还给你搞花了或者怎么样都有可能的（*排斥—意义协商—意义赋予*）。WJ-61：那个金骏梅一万多一斤，如果当他请你喝的是金骏眉啊，可能从我的角度来看，首先他肯定是很尊重你（*品牌隐喻—品牌隐性知识领会—心理效应*）；WJ-62：第二呢，我会感觉到我们不熟，那我们今天是在社交（*异化诠释—意义协商—意义赋予*）。JS-25：我穿这个短裤的时候，用热吹风机吹它几秒，就让它那个挥发一下，我觉得这个可能是一个心理作用啊（*情感释放—品牌情感体验—心理效应*）；JS-22：那它一个没有那么漂亮，另外就是材质很单一（*品牌缺憾—意义协商—意义赋予*）。LMS-11：Anne Fontaine 专门做衬衣的，而且就是黑白两色的衬衣（*识别品牌高识别度呈现—品牌显性知识内化—心理效应*）；LMS-36：比如说 Anne Fontaine 这件衣服，它中间不是有一个大花嘛，这个花它是一个腰带，但是这个我就很少用。因为这件衣服是欧洲人的那种款，特别长，我个子又不高（*做减法—意义协商—意义赋予*）。

二、消费者意义赋予的维度阐释

消费者通过品牌仪式行为所产生的心理效应，整合了品牌显性知识、品牌隐性知识和品牌情感体验,由此主体内在会呈现一个饱满的品牌意义。Allen 等(2008)指出品牌知识产生共享的品牌意义,品牌知识按理应被所有目标受众所共享,因此品牌存在一个共同所有的意义。可见,因为品牌仪式行为所产生的心理效应维度超越了品牌知识,所以它所呈现的品牌意义更加丰满感人。当每一位消费者主体内在地把握品牌意义时,并非如一个白板,盲目顺从、消极被动地全盘接受;相反,他们会对品牌意义进行积极主动的甄别与评价,并伴随着相应的行为反应。同时,还会赋予品牌个人化的意义,这种意义也有可能并不是品牌事先有意设计的,而是消费者在个人实践的过程中赋予品牌的。这一切形成了消费者的意义赋予行为,本研究发现了它的发生维度依次为:意义确认、意义投射、意义扩展和意义协商。

消费者的意义确认(认知匹配、情感认同和身体匹配)(参见图 5.1)是意义赋予的第一步,它意味着品牌仪式行为成功地将品牌意义转移给消费者,它与消费者的自我意识实现融合,品牌意义不再是品牌单向设定的意义,而是得到消费者理解和认可的意义。消费者完成意义确认后,反过来会作用于品牌。通常消费者会选择品牌个性(Aaker,1997;Keller,2003)吻合的品牌,以此自我证实和自我提升(Escalas 和 Bettamn,2005)。他们通过意义投射(自我表达、能力体现、情感投射)和意义扩展(向外融合、个性化、演绎)进行自我的外化。然而,当消费者在心理效应阶段的品牌显性知识内化过程中,仅仅处在内在投射阶段时,意味着消费者虽然摄入了品牌意义,但是并未与自我意识彻底融合,那么消费者就可能出现意义协商。结合 Allen 等

(2008)关于消费者也是反向品牌意义的创造者的研究,意义确认失败时,消费者会通过排斥、异化诠释、品牌缺憾、做减法的方式与品牌进行意义协商。

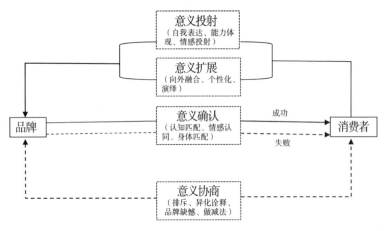

图 5.1　意义赋予各维度关系
资料来源:作者原创

（一）意义确认

意义确认是指消费者理解并认可品牌仪式的意义,它包括:认知匹配、情感认同、身体匹配。意义确认是消费者对品牌的解读,包含两个方面的意思:其一,从认知角度而言,消费者能够理解品牌仪式的意义。这是杨国荣所说的"理解——认知之维"的意义,即:存在的意义就在于被理解和具有可理解性(杨国荣,2018)。其二,从情感的角度而言,消费者认可或喜欢品牌的意义。这涉及消费者对品牌的评价,消费者出于不同的动机、为了达到不同的目的、或者基于不同的立场,会对同一个品牌做出不同的评价。这涉及"目的——价值之维",从这一层面而言,所谓

"有意义"主要是指:从实现某种目的来看,相关的人、物或观念有积极的作用。反之,如果对于实现以上目的没有作用或价值,则它们便没有意义(**杨国荣**,2018)。让消费者觉得意义的原因有出于历史因素(Hobson 等,2018)、有对虚构事物(myths)的需求(Holt,2003),还有社会化过程获得其意义(Solomon,1983)。但是,如果希望品牌意义通过品牌仪式行为向消费者转移成功的话,就必须要得到消费者的确认,即意义确认。从这个视角而言,没有得到消费者意义确认的品牌,即没有被消费者所理解和认可的品牌,那就是没有意义的。可见,品牌作为一种外部事物,只有进入消费者的视域,与消费者发生关系,得到消费者的理解和认可,成为消费者意义确认的对象,它的存在才称得上是真正赋予意义了。

1. 认知匹配

消费者视品牌如伙伴和朋友(Fournier,1998)和他们会像选择朋友一样选择品牌(King,1970)。认知匹配的最佳体现就是遇到了知音的感觉。例如,就是好的牛排店,我们去把酒往那一放,店面经理会亲自给我们来开,手法非常娴熟。然后呢他会跟你聊这个酒的年份、产地,所以真的就是会有一种知音的感觉(AN-85)。消费者把品牌当作个人自我的延伸(Belk,1988)。品牌仪式行为直接体现了消费者的偏好。例如,我只会比较信任某一个 style,就是我比较喜欢有一点点夸张的,比如说在某一个细节上稍微有点儿夸张的,这个细节呢有的时候可能是袖子,有的时候可能是一个特别夸张的蝴蝶结或者是特别夸张的一个荷叶边儿。我喜欢的这个法国品牌

Anne Fontaine,它是最普通的白衬衣,但是它在白衬衣上有变化,我想要的就是这样的(LMS-8)。消费者与品牌的关系源自于品牌形象的认同,它有助于界定自我(Bhattacharya 和 Sen,2003)。如果品牌能够满足消费者仪式行为的象征性需求,那么迅速的购买决策就是意义确认的直接表现。例如,我就是看中的它是天然的、自然的、感觉很大气,对它本身的意义完全认可的。当时从一堆珍珠里面一眼相中这串澳白,从头到尾我都不知道我花了十分钟没有,所以人家当时好开心啊,因为本来以为我看一看吧(ZF-65)。

2. 情感认同

当消费者想表达、明确或提升自我情感时,就会选择品牌个性吻合的品牌,他们使用该品牌是为了证实自我和自我提升(Escalas 和 Bettamn,2005)。品牌个性是指与品牌相关的一组人格化特征(Aaker,1997)。Keller(2003)指出,具有独特个性的品牌能让消费者感觉到这个品牌是适合自己的,是"和自己相似的产品",这迎合了消费者的情感诉求,改善和增进了其与品牌间的关系,进而提升了其购买意向(Schouten,1991)。例如,不管是工作还是休闲啊,这个品牌反正我穿上它就觉得比较信任她啊,我不会觉得她会让我失望。我所有的服装都是这个品牌,四季的衣服都是它的,就除了鞋子和袜子,所有都是他们家的(ZJ-65)。

3. 身体匹配

品牌仪式行为让消费者与品牌产生密切配合与身体接触,品牌产品与身体的适配性具有非同寻常的意义。例如,茶道者会根据自己的手掌大小来选择泡茶的盖碗,日常讲究打扮的消费者更要根据体型、体态来匹配品牌。当消费者从事品牌仪式行为时,经过试穿或试用,如果觉得很合身或者很趁手,就会立即产生意义确认。例如,鞋子从好看跟好穿集合起来,我觉得Ferragamo、Jimmy Choo 跟 Sergio Rossi 这几个品牌是最好的。这些品牌都是我穿过很好穿的,即使旅行时穿的是高跟鞋,脚感也非常好(AG-13)。又如,然后我身上的每一个品类实际上是比较固定的、不同的品牌。现在因为跑的比较多之后,就基本上比较固定能适应身体的了,的确很少换,因为换过,有的尝试换了几次,发现还是之前的合适(XF-14)。

（二） 意义投射

意义投射是指消费者通过品牌仪式行为进行的自我外化,它包括:自我表达、能力体现、情感投射。这里的自我包括了心理学家阿德勒在《自卑与超越》中所指出的:自己眼中的"我"、他人眼中的"我"和想在他人眼中呈现的"我";也包括弗洛伊德所说的本我、自我和超我。消费者为了实现或体现这六种自我中的任何一种,会通过品牌仪式行为进行自我的外化,完成自我的意义投射。自我的意义投射既表现为消费者自我与某个特定品牌之间的关联,也表现为消费者在塑造自我概念和自我一致性过程涉及到多个品牌。自我一致理论（self-congruity theory）（Sirgy,2018）认为,自我一致性是一种心理过程和结果,是消费者将自己对品牌形象的感知（更具体地说,品牌个性或品牌-用户形象）与自己的自我概念（如实际自我、理想自我、社会自我）进行比较的过程和结果。

1. 自我表达

为了表达真实自我,例如,品味、个性,消费者在品牌仪式行为过程中会选择相应的品牌。例如,我喜欢的餐厅是比较有艺术气息的,比较会做菜,有特色,例如那家以意大利文艺复兴为主题的餐厅,每张菜单上都印有意大利的典故。有一些餐厅只是傻贵傻贵的,那种地方我是不会去的。我觉得就是自我品味的一个体现吧(AN-108)。个性突出的消费者会选择同类品牌进行自我的个性表达。例如,我一直都是不太随大溜儿的那种人,就是大的地方我可以不太那么突兀,但是小的细节的地方我会表现我自己,我觉得人类学就是这样,首先你看到它是美的,你再往下看,你会发现它美的与众不同。我觉得这个就很适合我(AN-166)。此外,消费者在从事某些高技能性品牌仪式行为时,往往体现的是现实自我。如果消费者想要在这种品牌仪式行为中体现超我,会受到技能的局限,这光靠支付金钱无法实现。例如,这就是平时真实的自我。我想如果我追求理想自我的话,我可能会骑赛车摩托车。但是,我不会那么做,太危险了(SD-33)。当消费者的几个自我存在冲突时,尤其当真实自我平时受到抑制时,他会选择通过特定的品牌仪式行为将其释放出来。例如,我期待社会对我的认知实际上给我造成了一定的压力,虽然我是一个偏向于理智的人,但是这不代表我没有情感需求。可是我为了去符合我理想中大家对我的认知,我有可能会很多时候需要压制自己的情感需求。然后去迪士尼,正好就是让我觉得我就是需要情绪,我就是很感性,我就是一个对童年的一些事情看得很重的人(WYY-80)。

2.能力体现

不同的消费者即使使用同一品牌产品发生同一仪式行为，他们能力体现也是各不相同的。与此同时，品牌与消费者之间具有一种互相加强的关系。一个强势品牌有助于发挥出消费者的潜能，促使他们体现出更好的能力。品牌产品的优劣会限制消费者的能力体现，当同一个消费者更换了强势品牌从事同一项仪式行为，可以更好地体现他的能力。例如，就像打高尔夫有个说法，你装一个好的球杆，就会导致你的成绩提高一两杆，因为你心里感觉我得对得起这武器啊，我感觉这心里感觉就棒了。所以枪也一样，那种感觉不一样，这个品牌的话绝对是有影响（CX-13）。

3.情感投射

品牌仪式行为常常有助于消费者投射不便于或者不愿意用语言来表达的情感，对于东方文化情境下的消费者尤其如此。例如，这十来天我戴的就是大溪地的黑珍珠，我每天都戴，我就没换，就是因为我家老人去世，那我的心情也是很重的，大溪地的珍珠，它是黑色的、发亮的，我觉得代表着我的一种心情（ZF-64）。

（三）意义扩展

意义扩展指消费者基于品牌意义进行的拓展，它包括向外融合、个性化、演绎。根据 Allen 等（2008）关于消费者作为品牌意义的共创者，消费者在赋予意义的过程中，会基于品牌仪式起初的意义，做出发挥和演绎，从而丰富品牌仪式行为的意义。这些意义本质上还属于品牌起初界定的意义范畴，只是做了一些扩展和发挥。

1. 向外融合

消费者基于品牌的核心意义,向外与其他品牌与仪式结合或扩展,形成更加丰富的表达形式与传播途径。例如,有些人是会把有些片子翻来覆去看,然后做成各种物料。产出大大,包括 b 站的那些东西,都是这些二次创作的人搞出来的。然后,就丰富我们平时枯水期的生活啊(ZB-150)。

2. 个性化

品牌仪式行为具有独特的象征意义。消费者利用它丰富个人经历、增强个人记忆、铭记重要时刻。在英文中有一个词组:make memories,即打造记忆,品牌仪式行为成为消费者为个人生活赋予意义的一种方法。例如,我觉得它是回忆的一部分。就说不光是有人,有故事,有味道,就是有那个店面,有那天特别美,特别温馨。或者跟一个朋友去吃饭,就讲了好多的伤心事,其实那次生日还哭了啊。所以就是说的让你的这种回忆特别有立体感(AN-132)。品牌仪式行为常常是在品牌规定的框架内实施的,不过,资深消费者通过掌握品牌的底层方法论,逐渐会突破表层桎梏,发展出新的动作和知识。例如,实践中华香道的消费者通常谨遵经典《香乘》中的古方制香,而这位香道师讲述了她有自创香方的想法:我现在了解古人的香方,但我也有这种想法,我想做一款香就是要让大家去闻了就很开心的香,因为身边有人抑郁啊,你闻到花香就会很开心啊(HX-98)。消费者还会运用品牌仪式行为来树立个人品牌。品牌仪式行为并非仅仅靠消费者投入金钱即可实现,难以一蹴而就,它常常需要消费者身心投入,耗费大量的时间和精力。并且,一旦达到某种段位,是其他人无法拿走的,具有鲜明的个人标识度。例如,能坚持下来的人啊,都是因为把这个当作自己的一个个人品牌一样。因为只要跑步的人都知道,跑步这个事情是骗不了人的。就绝大多数事情你都是可以吹牛的,有的东西是可以买来的,跑步不是。比方说你跑完了100km,真的就是一步一步跑下来的。绝对是投入训练的时间要多得多,专注得多,自律得多,这个是肯定的(XF-79)。

3. 演绎

消费者通过对品牌意义进行推演铺陈来实现意义扩展,究其根源仍旧可以追溯出品牌的核心意义。这种演绎表现为将传统意义现代化、国际品牌意义本地化以及官方品牌意义民间化等。茶道消费者把喝茶演绎为促成生意的一个媒介,本质上仍旧没有脱离茶道的社交属性。例如,这也能快速地促进朋友之间的沟通,包括可能一些生意上的促动。现在整个中国三个商帮,闽商、潮商、浙商,特别是闽商跟潮商,他们大部分的生意都是在茶桌上谈成的,或者以茶为借口来快速地把生意谈成(YB-11)。品牌通常会发布自己的官方 slogan,例如耐克经典的"Just do it"。这属于品牌设计的基础意义。那么消费者也会总结出非官方的 slogan,在品牌社群当中自发地传播。例如,我还真不知道索尼的 slogan。但是大家网上都会说的一句话,叫索尼大法好。用户都这么说,这个就相当于一个流行语,我在用它的时候就知道。这个大法的意思就是它领域很宽,什么都很专业,什么都很强(DDE-37)。

(四) 意义协商

意义协商是指消费者不同于品牌意义的评价和行为,它包括:排斥、异化诠释、品牌缺憾、做减法。Allen 等（2008）指出，消费者实际上会作为反向品牌意义的创造者。意义协商是当消费者不理解或不认可品牌仪式的意义时，偏离了品牌仪式起初的意义，做出完全不同甚至相反相对的意义阐释。这些意义已经不属于品牌起初界定的意义范畴，脱离或背离了品牌的基础意义或核心意义。

1. 排斥

消费者对品牌意义产生不解、困惑和反感时，会出现负面评价和拒绝行为。当定位高奢的蓝血品牌采取低价竞争时，当品牌定位瞄准全新目标时，当品牌服务不符合仪式规范时，当品牌背离仪式传统时，都可能会出现排斥现象。例如，VICUTU 还有完全嘻哈的一个系列，但我就基本上没法接受了啊，就是穿的那种花花绿绿的那种啊。那个其实我就基本上没有去碰它（ZJ-21）。当某些品牌化背离仪式传统时，例如流水线化、大众化，会稀释仪式的传统意义，消费者便难以接受。例如，简单举个例子，就是非洲鼓，非洲鼓曾经有一些品牌，比如说雅马哈好像也有做非洲鼓，包括一个荷兰的品牌，或者甚至做鼓皮的品牌，他们都会去做。这些非洲鼓完全是用流水线生产出来的，一模一样的。但这对真正业内的人来说，可以说当成一个笑话来看，为什么呢？因为非洲鼓当时诞生就是非洲部落的成年礼的成年礼物，每一个小孩儿当他们成年了，大人会给他挖一棵树，把整棵树砍下来，用那棵树最好的那一段木头用手自己去做一个鼓，然后罩上羊皮。这个鼓就代表以后跟随一辈子的乐器了。所以说，你把这个东西做成品牌化的话，其实很多的人对这个是不太满意的(YYZ-36)。

2. 异化诠释

品牌仪式通常具有一个常规的意义,有的消费者将之赋予不同寻常的意义。每个消费者在心理效应阶段对品牌隐性知识的领会常常基于各自的心理图式,所默会的品牌意义有可能超出了其起初的界定。例如,通常消费者会在仪式行为中采用高定价的品牌产品来彰显对他人的重视,但有的消费者可能会将其诠释为与粗浅社交。品牌仪式行为本身无所谓好坏,只关乎喜好,而消费者有可能根据自己的喜好来对品牌意义做出好坏的取舍。例如,如果我们看到一个喝酒的女生,和看到一个喝茶的女生,那我们这种成功的男性肯定会选择喝茶的女生作为我们的伴侣,作为我们长期沟通的知己。作为喝酒的,那可能是我们去夜场,去 KTV,偶尔那种快感的吹牛啊,陪一下喝一下酒啊,就走了(YB-21)。

3. 品牌缺憾

品牌仪式行为在消费者的生活中具有高度的重复性,所以为了避免消费者产生餍足感,仪式设计分阶段分层次,所涉及的产品丰富多样,不断创新。目前,市场上的诸多品牌仪式存在这种缺憾,要么仪式行为单调无趣,要么品牌产品单一乏味。示例参见前文。

4. 做减法

消费者如果对于品牌意义总体认可,但是对其中某项意义感觉没意义,或者冗余,或者不适合自己,就会在品牌仪式行为的过程中,通过做减法的方式(例如去除、忽视),加以放弃,但是会保留其余意义。示例参见前文。

根据上述的理论分析和文本分析,本研究形成以下命题:

命题 3a:品牌仪式行为所产生的心理效应能够创造品牌境界,而意义赋予是这一正向影响的中介机制;具体来说,品牌仪式行为所产生的心理效应能有效激发顾客意义赋予,顾客意义赋予又正向促进了顾客品牌境界。

命题 3b:品牌仪式行为所产生的心理效应的积极影响主要作用于顾客 4 种类型的意义赋予,分别是意义确认(认知匹配、情感认同和身体匹配)、意义投射(自我表达、能力体现、情感投射)、意义扩展(向外融合、个性化、演绎)和意义协商(排斥、异化诠释、品牌缺憾、做减法)。

第四节　品牌仪式行为的作用
结果:实现品牌境界

一、品牌仪式行为的作用结果:实现品牌境界

根据扎根理论分析的结果,品牌仪式行为的作用结果是实现品牌境界,它包括以下维度:品牌代际传承(代际传统相传、品牌产品传家)、消费者—品牌合一状态(品牌体感养成、共鸣、人器合一)、智慧悟出(烦恼消除、洞察力、专业直觉)、浑然忘我(品牌优先、废寝忘食)。

(一) 品牌代际传承

1. 代际传统相传

代际传统相传表现为,消费者对某品牌仪式行为不是短期

的、一时的热度,而是终生的实践,甘愿为该品牌仪式行为的代际传承做出自发的努力和贡献。当消费者自身掌握了较高的品牌仪式行为的技艺,他们通常对后代会产生耳濡目染的影响,实现代际传统相传。例如,因为打猎是人类的一个基本本能,它必须生存,必须要让另一个动物来牺牲作为你的食物,对不对? 那我们把这个传承下去,必须让我们的后一辈都知道食物的来源,也学会尊重这个生命。因为我们必须是打了,必须要吃这个动物的(CX-38)。有的消费者把某项品牌仪式行为当成了终生的陪伴,从时间的跨度来看可以持续一生,并在这个过程中传承给后代。例如,在我生活当中,我觉得香是我一辈子的一种陪伴吧,我儿子也受到我的影响离不开香了(HX-67)。

2. 品牌产品传家

承载着消费者品牌仪式行为记忆的品牌产品备受珍惜,他们会将这些品牌产品作为传家宝,世代相传。例如,我常邀儿子一起骑杜卡迪,也愿意将我的杜卡迪留给他(SD-39)。又如,在我生活当中,我觉得香是我一辈子的一种陪伴吧,我儿子也受到我的影响离不开香了(HX-67)。再如,那天我还问女儿,妈妈项链珍珠的挺多,给她一串。我就说刚入手的这串澳白可以当传家宝(ZF-30)。Thomas(2009)的研究印证了这一点,由于钻石订婚的意义与永久的浪漫关系密不可分,因此"处理"此类物品的唯一正确方法是将其传给女性后代。

(二) 消费者—品牌合一状态

消费者—品牌合一状态是指消费者与品牌在行为或精神上的合而为一的状态。这种合一状态不仅体现为消费者与品牌互动时身体上的适配与流畅,例如使用品牌产品时在肢体行为上的得心应手,还表现为一种精神状态上的共鸣。通过不断的品牌仪式行为,消费者与品牌消弭了初始主客二体的疏离感,适应了对品牌产品的使用,摆脱了动作流程上的夹生感,体悟到一种合二为一、行云流水的感觉。这种合一状态常常出现在消费者经过长期的品牌仪式行为与意义赋予之后。起初进入合一状态较慢,出现合一状态较难,持续时间较短,逐渐地能够较快地、较容易地进入合一状态,持续时间也会更长。合一状态是消费者通过品牌仪式行为所获得的一种难得的佳境,它会让消费者不断地想通过品牌仪式行为再次回到这种状态。

1. 品牌体感养成

当消费者在品牌仪式行为的过程中,与某品牌长期磨合时,消费者的身体会产生独特的记忆和感觉,受访者们称之为"体感"或者"趁手"。一旦这种体感形成,意味着消费者的身体在特定的品牌仪式行为中已经离不开某品牌产品,实现了"一物在手、得心应手"的感觉。例如,因为这个索尼相机跟了我毕竟五六年,即使市面上有更好的,其实也不舍得把它换掉。因为你就自己用熟了,整个摸上去这个手感呀,就像很多人穿鞋一样,它整个的手感、脚感,我会觉得很舒服,已经适应了(DDE-59)。

2. 共鸣

共鸣是消费者与品牌在精神上产生的同频共振、心领神会。最佳共鸣不止于消费者与品牌之间,有可能实现品牌仪式时更大场域的精神整合。例如,就是你忘记了你在舞台上表演,忘记了下面有一堆人在看着你,你只是在演奏你想要表现的东西而已。乐器差不多是忘记了,因为其实练到一定程度,你会形成一个肌肉记忆。然后,你就不会去考虑说我在干什么,我在敲什么,而是说我刚才做的哪些乐曲,我刚才传递了哪些的音量平衡,我刚才共鸣了整个场地(YYZ-90)。

3. 人器合一

人器合一最基本表现为消费者身体与品牌产品的高度适配性。例如,你只要穿他的衣服,就会把你两个肩膀往后面拉,你不自觉地会挺胸,挺胸的话就觉得特别合身啊(ZJ-51)。又如,用人类学这个品牌,感觉到它和我之间是合而为一的,并不是说我把我自己要塞到一个盒子里头(AN-167)。高阶消费者经过反复训练,不再受限于品牌产品的物理约束以及品牌仪式行为的程式限制,实现品牌与肢体行为高度"合体",品牌为肢体赋能,或成为肢体的延伸。例如,我拍的时候会跟运动员上战场一样,就是肾上腺素直接上升,会有那种激情,觉得还是很信任索尼,一个拍摄活动可能 7、8 小时,那种人机状态会出现(DDE-72)。又如,我的身体好像跟杜卡迪长在一起了,一旦骑上它就感觉到身体的延伸和强劲(SD-64)。

(三) 智慧悟出

1. 烦恼消除

智慧是梵语"般若"的意译。从品牌仪式行为到品牌境界就是一个从知识到智慧的实现过程。品牌知识由品牌显性知识和隐性知识组成,显性知识可以通过语言文字传递,而隐性知识只有通过消费者的练习才能领会。消费者在品牌仪式行为的磨炼中,会逐渐地将品牌显性知识和隐性知识内化,又通过意义赋予进行外化。这种内化与外化的往复,有助于消费者最终将外在的品牌知识成功地转化为一种滋养生命的主体智慧。烦恼消除是智慧产生的首要现象。例如,我喜欢沉香不是说因为它比较名贵,而是因为它的结香是太难得了,有多少个机缘巧合它才能结香啊,当时达摩禅师讲过一句话,烦恼若尽,佛从心出;朽腐若尽,香从树出。沉香受伤涅槃重生的过程让我觉得生活里的烦恼都不算什么(HX-62)。又如,我会有把烦恼忘记,我觉得获得了一个崭新的我,得到了一个新生(LMS-50)。

2. 洞察力

洞察力指透过现象看本质。根据弗洛伊德的理论,洞察力就是变无意识为有意识。消费者从品牌仪式行为中获得的品牌隐性知识,最终内化为消费者的一种洞察力。一方面,这种洞察力体现为把握了品牌背后的灵魂、哲学以及抽象规律。例如,其实说我们学习香道,学习的是你对待万事万物的那个分寸吧,那个分寸也就是我刚刚讲的经验,那经验一定要自己累积的,才能变成你自己的。我觉得这个分寸就是一种平衡状态,或者说中庸,就你遇到开心的事情,你不会在那狂喜,遇到逆境的时候,又很伤心,没有去懂得平衡,去调整达到那个合适的状态(HX-72)。又如,我已经是它每一季出来都在看,了解这个行业的运作模式,也知道服装设计师一年要出两到三季的服装,他不可能每一季都出彩,就慢慢也开始去看那些服装的门道了(EC-37)。另一方面,这种洞察力体现为对生存智慧的悟出。例如,去高级餐厅吃了很多年之后,越吃越精,从吃这个方面就给了我一个最深的人生启迪是什么? 就是说你永远都

不要去泛泛的吃,就吃到精,吃到适可而止,这个就是最好的
(AN-142)。又如,因为我该见的都见到了,对这种名牌儿也
好、奢侈品也好,还有所谓设计师的东西也好,我觉得已经就比
绝大多数的人有定力(LMS-38)。

3. 专业直觉

专业直觉是一种无需逻辑思考而做出的专业判断,具有鉴
别真伪、优劣的意识判断能力。品牌仪式行为是一种具身的身
体体验,如果能够成功地调动消费者的感官,就会得到消费者的
意义确认,消费者获得越多的感官调动就会提高感性思考能力,
这种能力是下意识的反应,而不是一种理性的判断能力或者逻
辑的推理能力。其一,它体现为消费者无需借助任何外在工具
即能实现的专业辨别力。例如,我就知道什么字好,我一眼就能
看得出来。因为书法是一个意识判断,它不像那个重量一样,它
一称就知道重量(TT-65)。又如,就品茶本身来说,我一开始会
描述出来自己的感觉,然后了解了不同的口感的成因。接着,就
是有的时候能盲品(WJ-79)。其二,它体现为消费者对品牌产
品的混沌感消失,实现了高敏感度和区分度。例如,它会教你怎
么感性地思考。现在音乐会不只是听,还可以看,甚至有的音乐
会在法国是可以闻到的(YYZ-47)。又如,就这个茶,七年前他
做完拿给我看,我说这个茶摊凉要摊六个小时,最近你摊了五个
小时,缺口气,他说你连这个都能感觉出来(LQP-9)。其三,它
体现为消费者的专业判断能力明显高于平均水平,因为品牌知
识完全化为消费者所有。例如,因为索尼相机给你的自信还有
别的优点,它会慢慢地转化到你身上,像这种相机的镜头,你通

过它观察世界不一样。然后,慢慢你就培养来自己的这个能力
(DDE-64)。又如,穿衣打扮方面的品鉴能力,我觉得我应该在
全国算是前5%的。我一眼就可以看出某种装扮来源于历史上
的哪个流派(LMS-41)。

(四) 浑然忘我

浑然忘我指消费者在品牌仪式行为的过程中,不断地突
破自我中心的束缚,甘愿在品牌仪式行为中自然地让渡自我
利益,表现出不同程度的自我牺牲。禅境界是一种生命的超
越境界,禅宗最终要超越的乃是主客二分、物我对峙的二元世
界,通过达到能所俱泯、物我一体的一元世界(余虹,2007)。
品牌仪式行为常常需要消费者全神贯注,身体、情感和认知出
现一个"排空"的过程。这种重复性训练会让消费者越发容易
体悟到一种的《剑道及剑道史》的著者高野弘正氏所说的"无
念"、"无想"的心境。此时,消费者将所有的存在冲突的自我
悉数抛开,进入到一种无我的境地。这意味着不被任何思想、
困惑或执念束缚的自由意识,使与生俱来的能力发挥作用。
此"无我"心境是不抱利己思想,意识不到自己得失的状态(铃
木大拙,2013)。

1. 品牌优先

品牌优先是指消费者在品牌仪式行为的过程中,当自我利
益与品牌发生冲突时,下意识地优先考虑品牌。它体现为以身
体健康为代价优先使用或保护品牌,或以实现品牌仪式为首选。
例如,我曾经因骑摩托而意外受伤,但这并不能阻止我骑摩托,
我迫不及待地想回到杜卡迪车身上去(SD-62)。又如,打高尔

夫有的时候会突然下雨,我会首先保护我的 Scotty Cameron 推杆,哪怕自己淋到雨,也不会让它和推杆套淋湿(WB-58)。再如,(XF-87)最高峰的时候啊,那如果在外人眼里可能算疯狂吧。因为我为了能跑一个全世界跑越野的人都人人敬仰的环勃朗峰超级越野耐力赛。哇塞,那个跑完了,我可以吹一辈子牛啊,那我每个月每个月就跑步训练啊,北京的夏天多热呀,真的跑得快死了,但是还是会跑啊。

2. 废寝忘食

废寝忘食体现为消费者为从事品牌仪式行为牺牲睡眠或进食。例如,其实喝好茶会让你茶醉,甚至会让你睡不着。你明知道睡不着,那你还喝,就跟爱一个女人一样,你只要爱她,就会被她刺到,但是你还是会爱她(YB-42)。消费者履行品牌仪式行为可以达到废寝忘食的地步,这对品牌产品的耐受性提出了更高的要求,只有能经受住消费者长时间使用的品牌产品才能被消费者保留下来。例如,这个痴迷的就是废寝忘食啊。我就是不吃饭不睡觉地练牌啊,而且还不是有意识的,就是玩着玩着怎么就都没睡了,饭都没吃了。这就需要玩好扑克例如单车扑克,因为有的扑克牌它的质量没达到那个地步,当你玩着玩着它就卡了(TJY-57)。

二、品牌境界的内涵与特征

(一)品牌境界的内涵

结合扎根理论分析的结果,借鉴禅宗境界论(慧能,2013;铃木大拙,1998,2013;阿部正雄,1989;吴言生,2011),本研究提出了"品牌境界"的构念,即品牌促使消费者在代际、认知、行为能力和精神上的升华,实现消费者—品牌终极紧密关系的一种状态。它体现了消费者—品牌关系的较高级形式,是品牌和消费者通过品牌仪式行为能够实现的最高目标。这种关系所强调的是消费者内在的自我价值的提升,在此过程中品牌起到辅助和赋能的作用,表现为消费者与品牌的共修状态,品牌和消费者任何一方都难以不依靠对方而单独实现品牌境界。

品牌隐性知识对于实现品牌知识向消费者智慧的转变发挥了重要的前因作用。波兰尼提出的隐性知识(Polanyi,1958,2009;Nonaka,1994)无需诉诸话语和明晰规则,也无法通过语言和文字进行传递。而且,品牌隐性知识是一种身体学习,只有通过领悟和练习(Drucker,2018)才能获得。可见,品牌广告传递的是品牌显性知识,消费者通过亲身实践品牌仪式行为默会品牌隐性知识。这种集合品牌显性知识、品牌隐性知识和品牌情感体验的心理效应是一种内化过程,进而消费者通过积极的意义赋予进行自我的外化。最终,外在的品牌知识有机会成为消费者内在的主体智慧。这种智慧体现为从品牌知识中获得的理解能力,从品牌具象中提炼本质的抽象能力,鉴别真伪优劣的意识判断能力,以及烦恼的淡去或消除。

消费者—品牌合一状态与浑然忘我也是经过消费者与品牌仪式行为的磨合,经过不同形式的意义赋予,在品牌、自我和仪式之间找到一种确定的意义感。最终,在某个时间,使消费者与品牌、消费者身与心达到合而为一的状态。这种合一状态不仅体现为消费者与品牌互动时身体上的适配与流畅,还表现为一种精神状态上的共鸣。一般而言,消费者因为自我的存在,常常过于在意自我,或者以自我中心,这种自我与世界的二元对立常常导致了恐惧、焦虑、虚无等消极情绪和极端认知,使人们沉溺于过去、或者忧虑未来,却并未活在当下,缺少正念。显然,这种合一状态与浑然忘我有助于让消费者专注当下,摆脱自我中心束缚,降低或消弭内卷社会中消费者的各种精神内耗。

本研究结合禅宗境界论,将品牌仪式行为阐释为一种提高境界的修养方法。慧能说:"故知本性自有般若之智,自用智慧观照,不假文字"(慧能,2013,第 54 页)。禅不依靠概念,它不是通过普遍律则和共同规范所能传授的,只能靠个体去亲身实践才能获得,它所要唤醒的就是隐性知识。因此,品牌仪式行为的作用类似于禅宗的棒喝、天龙向俱胝竖起的一只手指、禅师让问道者去踢球,甚至打了问者一个嘴巴,或者修禅之人的茶道和剑道。不突破普通的意识水准,就不能解放出横陈在底层隐蔽的力量。这些极具象征性的行为为激发消费者体悟隐性知识提供了途径,为引发消费者进行意义赋予提供了空间。消费者意义赋予的能动性与丰富性会有助于实现境界的提升,最终将达到一种品牌境界。

(二) 品牌境界的特征

根据以上扎根理论分析的结果,结合禅宗境界论的阐述,本研究梳理了品牌境界的四个特征:引渡性、修炼性、内显性和超越性(参见图 5.2)。

关于品牌境界的引渡性指先达境界的消费者启发后来消费者。前文分析的品牌代际传承(代际传统相传、品牌产品传家)

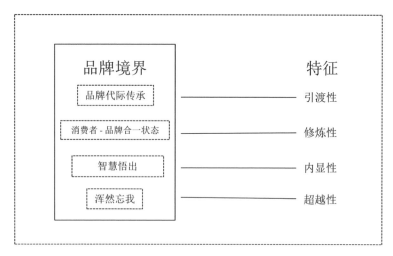

图 5.2 品牌境界的特征
资料来源:作者原创

就是典型表现。当然,除了亲缘代际之间的引渡,目前盛行的粉丝引渡素人亦是粉丝社群内的代际传承。通常,消费者会通过传承品牌产品来渡人。例如,宋瓷名盏"木叶天目盏"专门选用桑叶、菩提叶作为纹路装饰,宋人诗曰:"桑叶能通禅",以此来启发茶人的觉悟。此外,资深消费者还引渡后代或素人参与象征性的品牌仪式行为,这体现了禅宗所主张的"因机施教",悟道的禅师常常借助于手势、动作、暴打、吆喝等象征性手法来启发弟子。这样的引渡效果对消费者实现的品牌启蒙影响深远。

关于品牌境界的修炼性指消费者运用品牌持续练习,以达到更高水平。儒、道、佛都重视并强调实践修养功夫,三家所说的境界,也是一种功夫境界(蒙培元,1996;付长珍,2008)。前文分析的消费者—品牌合一状态(品牌体感养成、共鸣、人器合一)即是修炼的直接效果。经过不断地修炼,消费者不再感受到早期品牌或仪式对行为的约束和限制,会发现自己的品牌仪式行为浑然天成、合而为一。这个修炼的过程是消费者与品牌的一种共修关系,只有能够始终支撑或赋能消费者的品牌,才能最终成为消费者首选的忠诚品牌。

品牌境界的内显性是指个体的独特体悟是由内而生的,呈现于内在心灵,是个体内在的获得,无法直接赠予,他人不通过自身的品牌仪式行为难以获取。它是禅宗中所描述的"如人饮水,冷暖自知"(余虹,2007)。前文分析的智慧悟出(烦恼消除、洞察力、专业直觉)尤其凸显了这一特征,无论烦恼消除,还是洞察力和专业直觉的建立,根源在于个体内在成长起来的力量或能力。这种悟"并非理智认识又不是不认识,而只是一种不可言说的领悟、感受(李泽厚,1999)"。这种个人化的内在体悟,并不一定与他人的体悟相同。它是自身的,而不是他人的;是个体的,而不是公众的。它是消费者与品牌个体对话并由消费者内在发力的一种结果,是消费者与品牌之间的一种个体关系。

品牌境界的超越性意味着品牌仪式行为有助于消费者实现自我超越,跨越自我中心困境。禅境界最终要超越主客二分、物我对峙的二元世界,达到能所俱泯、物我一体的一元世界(余虹,2007)。前文分析的浑然忘我(品牌优先、废寝忘食)充分体现了超越性,它可以达到物我两忘与废寝忘食的地步,这种"无我"的心境是意识不到自己得失的状态,它能极大地激发出消费者的内在潜能。这种超越性是消费者通过品牌仪式行为的积累,逐渐能从品牌的物质享受、认知提高,发展到精神收获和心灵超越,消费者—品牌的共修关系最终撬动了消费者内在能量的爆发与智慧的领悟。最终,消费者不仅从身体行为上、认知能力上以及心理状态上超越了从前的自我,而且从整体上获得精神的提升与心灵的超越。这是一种消费者对品牌产品物质性的超越、对于满足感官刺激的超越以及自身精神境界的超越。因此,品牌境界意味着品牌仪式行为最终有助于消费者实现自我觉醒与自我超越。

三、品牌境界与传统品牌忠诚的比较

品牌忠诚和品牌参与在消费者—品牌关系中是两个具有代表性的构念,参见前文。品牌依恋(Thomson 等,2005)、品牌皈依(靳代平等,2016)和品牌崇拜(曹泽洲,2015;刘伟和王新新,2017)等构念,都可以根据其下属维度,找到与品牌忠诚和品牌参与的重合之处,它们都属于传统品牌忠诚的范畴。

品牌忠诚是消费者重复购买产品的行为和态度(Tellis,1988;Newman 和 Werbel,1973;Oliver,1997,1999;Keller,2001)。Oliver(1999)指出,忠诚是一种根深蒂固的承诺,即在未来一贯地复购或强化所偏爱的产品/服务,从而导致重复性地购买同一品牌或同一品牌集。Prexl 和 Kenning(2011)研究发现,品牌仪式强度正向影响消费者对品牌的忠诚度,对 Oliver(1997,1999)忠诚概念的四个阶段都有显著的积极影响:认知忠诚、情感忠诚、意欲忠诚、行为忠诚。品牌参与是指消费者在特定消费者—品牌互动过程中、或与特定消费者—品牌互动相关的认知、情感和行为的品牌相关活动中的积极性"(Hollebeek,2011a,2011b;Hollebeek 等,2014;Patterson 等,2006;Sprott 等,2009;Mollen 和 Wilson,2010)。

根据现有研究成果,消费者对于品牌表现出重复性的、长期的购买行为与承诺,品牌在消费者的生活中体现为物理存在,这种消费者与品牌的共存关系属于交易忠诚。当消费者表现出了交易之外的、无偿的(voluntary)、角色外的(extra-role)行为时,出现了价值共创,对品牌意义进行衍生和传播时,这种消费者与品牌的共创关系体现为参与忠诚。

(一) 品牌境界与传统品牌忠诚的联系

首先,品牌境界与传统品牌忠诚的联系表现为,它们都是对消费者—品牌关系的一种提炼和概括,但是它们是对不同程度的关系描述(参见图 5.3)。交易忠诚属于一种共存关系,体现为消费者通过购买与品牌实现物理共存。参与忠诚属于一种共创关系,体现为消费者通过互动与品牌共同创造一个外在价值。

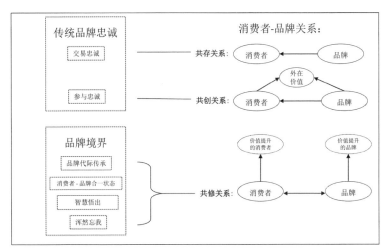

说明:共存关系指消费者通过购买让品牌物理存在于个体生活中;品牌作用于消费者,消费者输出货币价值。
共创关系指消费者通过互动与品牌共同创造价值;品牌作用于消费者与外在价值,消费者输出可操作性资源。
共修关系指消费者通过品牌进行修持,提升个体价值;品牌作用于消费者内在成长需求,同时提升品牌价值。

图 5.3 品牌境界对消费者—品牌关系的推进
资料来源:作者原创

而品牌境界则是一种共修关系,体现为消费者通过品牌进行修持,提升个体内在价值。

在此,姑且借用青源惟信禅师语录(吴言生,2011)来进行类比分析:"老禅三十年前未参禅时,见山是山,见水是水。及至后来,亲见知识,有个入处,见山不是山,见水不是水。而今得个休歇处,依前见山只是山,见水只是水。"此处的"见山是山,见水是水"类似于交易忠诚。消费者对于品牌表现出重复性的、超常规的、长期的购买行为、态度与情感,单向地确认和接受品牌所提供的意义,对品牌意义较少发挥。而"见山不是山,见水不是水"则类似于参与忠诚。消费者表现出了购买之外的行为、态度与情感,出现了消费者与品牌共创的行为,会对品牌意义进行衍生、传播与协商。到了"见山只是山,见水只是水"就是本研究所提出的品牌境界。消费者通过品牌仪式行为,依靠自我领悟,由内而外爆发出主体智慧,超越了由品牌向消费者单向输出意义的交易忠诚,也超越了由消费者围绕品牌意义参与共创的参与忠诚,还超越了传统品牌忠诚对品牌效用的显性认知层面,进入了对品牌意义的隐性认知层面,从而实现了消费者—品牌关系的深度链接。第三重境"见山只是山,见水只是水"意味着,消费者从之前的"向外的崇拜"转变为"对内的自信"(杜继文和魏道儒,1993)。品牌境界类似于禅宗所说的"于相中达到非相"。品牌和仪式都是一个个具体的"相",消费者经过长期的实践,逐渐可以体会出超越这些具体的"相"的"非相",但同时又不离相,它是难以言传的、但是可以真实体会的一种状态。

其次,品牌境界与传统品牌忠诚的联系还表现为,品牌境界是对传统品牌忠诚的超越,它同时亦具有品牌忠诚度和品牌参与度的特征。换言之,实现品牌境界的消费者必然同时实现了传统品牌忠诚,只是出现了更新的维度。此理类同于参与忠诚对交易忠诚的超越,意味着参与忠诚超出了消费者购买行为(Van Doorn 等,2010),还包括非交易行为(Kumar 等,2010)。交易忠诚主要是指消费者长期购买某品牌的行为、意愿与情感。参与忠诚则在交易忠诚的基础上,增加了消费者的非交易行为,指消费者在特定消费者—品牌互动过程中的认知、情感和行为的积极性(Hollebeek 等,2014)。而品牌境界则在实现前两者的基础上,出现了新的维度。

在本研究的访谈对象中,凡是实现品牌境界的受访者,都呈现出了交易忠诚和参与忠诚。受访者的交易忠诚体现为消费者的仪式行为与品牌形成了绑定关系,仅在一个品牌集里升级换代。例如,打击乐手绑定了雅马哈的乐器,摄影师绑定了 Sony相机,长跑爱好者绑定了苹果耳机,摩托车手绑定了杜卡迪。还体现为超常规的消费,例如,浪凡的消费者突破了个人消费纪录,人类学的消费者追买每季新品,一级酒庄消费者预订期品。还体现为对品牌的情感依恋与信赖,例如,LA MER 消费者常年随身携带它,迪士尼爱好者保持日常接触其各类衍生品。此外,受访者的参与忠诚体现为口碑(例如,红酒爱好消费者向他人推荐红酒品牌,魔术爱好者在哔哩哔哩上分享单车扑克手法,追星族通过微信群、直播分享经历与体会)、与其他客户合作(例如,迪士尼爱好者不断发展新人去迪士尼乐园)、售后服务(例如,摄影师帮助他人了解如何使用索尼相机拍摄作品)和共同创造与营销(例如,追星族对明星作品进行二次创作,开发出各种衍生品,在品牌粉丝圈和社交平台上公益性传播和赠予)。

根据现有研究成果,品牌代际传承、消费者—品牌合一状态、智慧悟出、浑然忘我等四个维度并未出现对应的范畴,因此品牌境界是本研究的新发现。它们体现了消费者运用品牌进行修持的消费者与品牌的共修关系,它从代际、行为、认知和精神等角度提升个体价值。品牌境界使消费者超越了由品牌向消费者单向输出意义的交易忠诚,也超越了由消费者围绕品牌意义参与共创的参与忠诚,品牌成为消费者提升自我价值的必需元素或途径,最终实现了消费者—品牌关系的深度链接。(详见图5.3与表5.1)

表 5.1 品牌境界与传统品牌忠诚的比较

	交易忠诚	参与忠诚	品牌境界
理论	理性行为理论、效用理论	关系营销理论、社会交换理论、服务主导逻辑	隐性知识理论、禅宗境界论
主导	品牌主导	品牌主导,消费者参与	消费者主导
表现	与品牌交易	与品牌互动	品牌价值内化
价值	价值交换	价值共创	(消费者个体)价值提升
关系	物理共存关系	共同创造关系	共修关系
资源	消费者投入金钱	消费者投入操作性资源(operant resources)如知识、经验、技术、人脉	消费者投入身(体)、心(灵)
衡量	重复购买行为与承诺	超越交易的、无偿的、角色外的行为	代际传承、身心合一、认知提升、精神超越
代表文献	Jacoby 等（1978）；Aaker（1992）；Oliver（1999）	Van Doorn 等（2010）；Brodie 等（2011，2013）；Hollebeek(2011a,2011b)	本研究

资料来源:作者分析整理

（二）品牌境界与传统品牌忠诚的差异点

本研究最终发现品牌境界是一种较新的消费者—品牌关系的状态。与交易忠诚和参与忠诚相比，品牌境界主要有以下七方面的区别（参见表 5.1）：

1. 理论基础的不同

从理论基础而言，交易忠诚的理论基础是理性行为理论（theory of reasoned action）（Fishbein，1980）、效用理论（utility theory）（Thaler，1985）。参与忠诚的理论基础是关系营销理论（Vivek 等，2012）和社会交换理论（Blau，1964）、服务主导逻辑（Lusch 等，2007）。相较之，品牌境界的理论基础则是隐性知识理论（Polanyi，1958，2009；Nonaka，1994）和禅宗境界论（慧能，2013；铃木大拙，1998，2013；阿部正雄，1989；吴言生，2011）。

理性行为理论认为，购买态度和主观规范是行为发生的前提（Fishbein，1980）。效用理论（Thaler，1985）认为，人们总是选择期望效用的期望值最大的一个。关系营销（RM）涉及吸引关系（Berry，1983；Berry 和 Parasuraman，1991）和建立关系（Gronroos，1990；Morgan 和 Hunt，1994）的同时。也加强、发展、保留或维持关系。社会交换理论认为，个人的无偿（voluntary）行为的动机是他们期望从他人那里带来回报。与经济交换相比较，在社会交换中，参与交换的义务的确切性质并没有事先规定（Blau，1964）。服务主导逻辑基于对个人和组织的交织结构的理解，个人和组织被整合到网络和社会中，专门从事并交换他们的应用能力。服务主导逻辑主张将客户视为一种可操作性资源（operant resource）——一种能够作用于其他资源的资源,一种与公司共同创造价值的合作伙伴——并提倡"与市场（market with）"的理念（Lusch 等,2007）。

相较之,品牌境界的理论基础则是隐性知识理论和禅宗境界论。隐性知识理论（Polanyi,1966,2009）不能用语言来充分表达（其内容只得到了部分的展示）（郁振华,2022）,只能通过演示证明它的存在。学习隐性知识的唯一方法是领悟和练习（Drucker,2018）,因为它能用行动/实践来充分地表达（*其内容得到了完全的展示*）（郁振华。2022）。禅宗境界论是指个体通过象征性行为启发内在,以禅悟为最高目标,实现自我超越的一种功夫和精神状态。参见图 5.4,基于理性行为理论和效用理论的交易忠诚,倡导的是"向市场（market to）"的理念,品牌营销的目的管理市场和顾客。基于关系营销理论、社会交换理论和服务主导逻辑的参与忠诚,倡导的是"与市场（market with）"的理念,品牌营销的目的是与顾客共创价值。而基于禅宗境界论的品牌境界,倡导的是"内市场（market inside）"的理念,品牌营销作用于顾客内在,目的在于实现顾客的自我超越与个体价

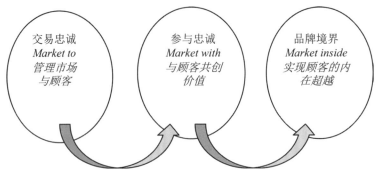

图 5.4 从理论基础比较品牌境界与传统品牌忠诚

资料来源:作者基于 Lusch 等(2007)研发

值提升。

2. 主导角度的不同

从主导角度而言,交易忠诚的意义和价值是以品牌创造为主导的,消费者较少参与品牌意义与价值的创造。参与忠诚以品牌创造为主导、消费者参与品牌意义和价值的创造。相较之,品牌境界则以消费者的内在创造为主导,品牌意义和价值起到启发、支撑和赋能的作用。

3. 表现角度的不同

从表现角度而言,交易忠诚表现为消费者与品牌进行交易,参与忠诚表现为消费者与品牌进行互动,而品牌境界则表现为消费者将品牌的客体价值进行主体内化。品牌境界是经过了消费者意义赋予之后的反刍升华,品牌的显性知识和隐性知识经过消费者的意义共创,不仅将僵硬的品牌知识转化为消费者活生生的智慧,还会产生超出品牌起初定义的知识内容。

4. 价值角度的不同

从价值角度而言,交易忠诚是一种价值交换,参与忠诚是一种价值共创,而品牌境界则是消费者的个体价值获得提升。

交易忠诚和参与忠诚尚有对品牌效用的理性判断,二者的主要区别在于交易忠诚是消费者与品牌之间明码标价的购买行为,而参与忠诚则是消费者与品牌之间未事先明确交换性质的一种无偿的志愿行为,它成为与品牌的一种价值共创。相较之,品牌境界则是消费者与品牌在行为、认知和心灵上的全方位深度链接,它以消费者为中心使消费者个体价值获得提升。因此,品牌境界会将消费者—品牌关系推向极致的紧密程度,具有更高的可持续性,不仅可能持续一生,甚至传承至后代。

5. 关系角度的不同

从关系角度而言,处在交易忠诚的消费者与品牌是一种物理共存关系,处在参与忠诚的消费者与品牌是一种共同创造关系,而处在品牌境界的消费者则与品牌是一种共同修炼的关系。

交易忠诚和参与忠诚更强调社会性,强调消费者—品牌关系的互动性,其重点是作用于消费者外在的,表现为消费者对品牌的一种依赖、皈依、崇拜和从属关系。从某种意义而言,交易忠诚和参与忠诚意味着品牌对于消费者的束缚以及消费者对于品牌的依附性。相较之,品牌境界是指向内在的,强调消费者的内在回报、提升和超越。从这个意义而言,品牌是消费者提升自我的修炼工具,品牌仪式行为是消费者实现品牌境界的路径。在这个过程中,由品牌所拥有的知识转化为消费者的内在智慧,消费者通过外在消费品牌,发展出内在的自信。因此,品牌境界充分调动和开发了消费者的内在动力,它对于充分地发挥和挖掘消费者的内在潜力,帮助他们实现自我成长和自我超越具有重大意义。

6. 资源角度的不同

从资源角度而言,处在交易忠诚的消费者投入的是金钱,他用货币兑换货品或服务。处在参与忠诚的消费者投入的是操作性资源(operant resources)他用诸如知识、经验、技术与人脉等资源,换取相应的社会性资源或能力资源。而处在品牌境界的消费者投入的则是自己的身体与心灵,并且常常是身心合一地投入,以期将消费者的身心修炼成为一个更好的身心。

7. 衡量角度的不同

从衡量角度而言,交易忠诚的考察核心是重复购买行为与承诺,参与忠诚的考察核心是超越交易的、无偿的、角色外行为(表现为口碑、共创、意见反馈与服务其他顾客)。相较之,品牌境界考察的核心维度是消费者自身在代际传承、行为合一、认知提升和精神超越方面的卓越表现。

根据上述的理论分析和文本分析,本研究形成以下命题:

命题 4a:品牌仪式行为所产生的心理效应通过意义赋予,形成了具有东方意境的消费者—品牌关系即品牌境界,即消费者通过与品牌的共修,促成代际、行为、认知和精神上的升华,实现消费者—品牌关系极致紧密的一种状态。

命题 4b:品牌境界揭示了消费者—品牌的共修关系,包括四个维度:品牌代际传承(代际传统相传、品牌产品传家)、消费者—品牌合一状态(品牌体感养成、共鸣、人器合一)、智慧悟出(烦恼消除、洞察力、专业直觉)、浑然忘我(品牌优先、废寝忘食)。

命题 4c:品牌境界具有四个特征:引渡性、修炼性、内显性和超越性。

命题 4d:品牌境界超越了传统品牌忠诚,它超越了交易忠诚的共存关系和参与忠诚的共创关系,体现为消费者—品牌的共修关系。

第六章 总结与讨论

本章对本研究的研究成果进行全面总结,并就相关内容展开讨论,共包括四个部分。首先,对研究结论加以总结和归纳。其次,陈述本研究在学术研究方面的理论贡献。然后,指出研究成果的实践意义,提出对于营销实践领域的相关建议。最后,讨论本研究的不足之处,并对将来进一步的研究设想做出了展望。

第一节 研究结论

本研究针对消费者的品牌仪式行为,经过文献研究,通过参与式观察、32次半结构访谈和知乎社区文本数据搜索,遵循扎根理论研究的程序,发掘了品牌仪式行为的动机及其作用机制。主要发现包括:(1)品牌仪式行为的动机包括个人动机和社会动机。(2)品牌仪式行为是指消费者从事的以品牌为核心的一系列预先定义的象征性行为,具有隐喻性、重复性和情感性。它以实现品牌显性知识内化、品牌隐性知识领会和品牌情感体验等心理效应为后效。(3)本研究发现了动机—品牌仪式行为—心理效应—意义赋予—品牌境界的作用机制,即消费者的品牌仪式行为促成心理效应,进而促成消费者意义赋予(意义确认、意义投射、意义扩展与意义协商),最后该机制实现了品牌境界。(4)品牌境界包括品牌代际传承、消费者—品牌合一状态、智慧悟出、浑然忘我,它推进了消费者—品牌关系领域关于品牌忠诚的研究,是对传统品牌忠诚(交易忠诚和参与忠诚)的超越,使消费者与品牌的关系从共存关系、共创关系发展为共修关系。

一、探寻了发生品牌仪式行为的动机

本研究结合文献综述,通过扎根理论分析,探寻了参与品牌仪式的动机,归纳为个人动机和社会动机。其中,个人动机可分为情感动机(正向满足、压力驱使、天性驱动)、认知动机(阅历积累、非凡信念驱使、彰显人格魅力)和追求感官刺激(亲眼目睹)。社会动机梳理出了三个维度:社会文化(他人影响、缺失社交常识驱动、社会认知稀缺驱动、习俗养成、品牌启蒙)、情境因素(与外界搭配)和转型因素(重大事件)。需要指出的是,扎根理论研究的结果验证了文献综述关于动机的大多数结果,追求感官刺激则是通过扎根理论研究挖掘出来的个人动机之一,它有效地补充了我们对于个人动机的认识。

二、考察了品牌仪式行为的后效:心理效应,发掘了 品牌隐性知识

通过考察目前的文献,梳理出七种考察仪式所采用的理论和视角:即作为功能的仪式、作为转型的仪式、作为表演的仪式、视为权力的仪式、视为具身的仪式、作为象征的仪式。本研究发

现,品牌仪式行为适用于作为象征的仪式,它为回答本研究的问题提供了一个合适的起点。

根据扎根理论分析的结果,品牌仪式行为包括三个维度:隐喻性(相似性、引申性)、重复性(程式性、复制性)、情感性(传达情感、激发情感)。品牌仪式行为会产生消费者的心理效应,它包括品牌显性知识内化(品牌信息接收、识别品牌高识别度呈现、仪式规范摄入)、品牌隐性知识领会(品牌隐喻、身体学习、品牌内核)以及品牌情感体验(情绪感染、情感释放)。

其中,品牌隐性知识是本研究的新发现,目前文献中的品牌知识仅局限于基于信息的显性品牌知识,缺乏隐性品牌知识的界定和考察,它的发现丰富和补充了目前的研究成果。

三、考察了消费者"意义赋予"的发生维度

本研究考察了消费者心理效应可能产生的后效——消费者的意义赋予。通过扎根理论分析提炼了意义赋予的四个维度:意义确认(认知匹配、情感认同和身体匹配)、意义投射(自我表达、能力体现、情感投射)、意义扩展(向外融合、个性化、演绎)以及意义协商(排斥、异化诠释、品牌缺憾、做减法)。

现有文献主要考察了意义的分类和内容,尝试解释不同的仪式产生了哪些意义(例如,Wallendorf 和 Arnould(1991)考察了感恩节的主位意义(emic meaning)与客位意义(etic meaning))。但是,在意义如何发生的问题上缺乏有力的文献支持,意义赋予如何发生是一个重要而空白的领域。本研究继承和发展了 Allen 等(2008)关于品牌意义赋予的范式,结合当代消费

者发展的新动向,确立了从消费者的角度来考察意义赋予的发生情况。

四、发现了"品牌境界"及其实现机制

本研究发现了品牌仪式行为的作用机制:动机—品牌仪式行为—心理效应—意义赋予—品牌境界,它也是品牌境界的实现机制。在一定动机条件下产生的品牌仪式行为本质上是具有象征意义的一种行为,因其象征性所传达的意义超越了语言、文字与概念所能传达的,所以促成了包括品牌隐性知识在内的一系列心理效应,这是一种品牌→消费者的内化过程;而心理效应又进一步促成消费者的意义赋予,这是一种消费者→品牌的外化过程;最终,以上过程将有利于产生一种无法通过语言、文字和概念而抵达的品牌境界。如图 6.1 所示。

品牌境界的提出借鉴了中国禅宗境界论(慧能,2013;铃木大拙,1998,2013;阿部正雄,1989;吴言生,2011)的经典论述,超越

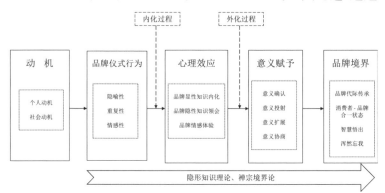

图 6.1 品牌仪式行为实现品牌境界的机制总结

资料来源:作者整理

了营销学中传统品牌忠诚,即交易忠诚(Tellis,1988;Newman 和 Werbel,1973;Oliver,1997,1999)与参与忠诚(Hollebeek,2011a, 2011b;Hollebeek 等,2014;Patterson 等,2006;Sprott 等,2009; Mollen 和 Wilson,2010),提炼了品牌境界的四个维度:品牌代际 传承(代际传统相传、品牌产品传家)、消费者—品牌合一状态(品 牌体感养成、共鸣、人器合一)、智慧悟出(烦恼消除、洞察力、专业 直觉)、浑然忘我(品牌优先、废寝忘食)。

第二节 理论贡献

一、品牌仪式行为的性质与维度确定

本研究通过考察以往研究仪式的各种视角和理论,发现仪 式作为功能、过渡、表演、权力、具身、互动不能贴切地体现"由神 圣走向日常"的品牌仪式,最终确定了品牌仪式行为的本质,即 一种象征性行为。Gardner 和 Levy(1955)曾批判性观察到,关 于产品象征是一个重要的营销盲点。尽管人们普遍认为,许多 产品和服务都是象征性刺激(Holman,1981;Levy,1959;Solo- mon,1983),但是研究象征性消费动态的实证研究相对较少。 无疑,品牌仪式行为是一种象征性行为,它不仅是仪式系统的核 心,还是当代消费行为的新特征。考察个人如何将某些市场行 为仪式化,揭示他们如何解读产品的象征意义,这是对当前研究 工作的重要补充(Belk 等,1982),多年来它在消费者研究中没 有得到足够的重视。

它具有三方面的贡献:第一,品牌仪式行为作为一种象征性行为,可以构成象征资本,能够创造象征价值。品牌仪式行为的重复性(程式性与复制性)就是象征价值的生产与再生产。因此,品牌仪式行为所创造的价值,既不是交换价值,也不是使用价值;它不是外在产生的、用于解决外部问题或者满足外部需求的一种价值,而是一种消费者内在产生的,解决了内部冲突或满足了内在需求的一种价值,体现在消费者内在获得和外化赋予的意义上。第二,确定品牌仪式行为的维度:隐喻性、重复性以及情感性,为考察品牌仪式行为提供了核心的考察工具,是对目前研究成果的高度凝练,也是有益于指导业界的理论工具。第三,以象征性视角考察品牌仪式行为,对于挖掘其可能产生的更深层次后效,即意义赋予和品牌境界具有举足轻重的前因作用。

二、发现了"品牌隐性知识"及其作用,扩展品牌知识的现有内涵

本研究经过扎根理论分析,通过运用隐性知识理论,提出了品牌隐性知识的范畴。目前的研究成果对于品牌知识(Keller,2003)的研究主要集中在品牌知识的作用以及品牌显性知识的细分领域,这些知识基于信息或数据,可以通过语言、文字和概念进行显性传播。但是,对于无法通过语言、文字和概念进行传播的品牌隐性知识,缺乏界定和考察。

品牌知识(Loftus 和 Loftus,1976)可以作为消费者降低风险的启示,例如,强势品牌可以降低自我风险、降低做出错误决策的风险、降低浪费时间的风险(Maheswaran 等,1992)。因此,品牌作为一种认知识解(cognitive construal)明确地持有本

体论地位:品牌作为品牌相关信息的知识结构存在于消费者的头脑中(Ries 和 Trout,2001;Keller,2003)。从目前的研究成果来看,其中大多数指标提供了区分品牌知识的强度和偏好的维度:品牌意识(记忆中品牌痕迹的强度)、品牌信念(特定品牌属性痕迹的强度),所选属性关联的可访问性和主导性(特定属性的显著性)、品牌感知的清晰性(品牌关联之间的一致性或共享内容),以及品牌态度的偏好和抵制(基于属性的品牌综合判断的效价和强度)(Farquhar 等,1992;Keller,1993)。

　　品牌隐性知识是本研究挖掘品牌仪式行为的作用机制中发现的一个新范畴,它不仅是品牌仪式行为的一个直接结果,而且丰富了品牌知识的现有内涵。品牌隐性知识对于实现品牌知识向消费者智慧的转变发挥了重要的前因作用。本研究发现品牌隐性知识是一种身体学习,只有通过领悟和练习(Drucker,2018)才能获得。品牌隐性知识是消费者通过练习和体会而获得的品牌知识。相较之,品牌广告等都只能传递品牌显性知识,而消费者要想获得品牌隐性知识,通过品牌仪式行为是一条重要的实现路径,它最终有助于消费者主体的智慧悟出。品牌隐性知识对于品牌知识应当如何更加有效地、多元地影响消费者,以及企业如何将品牌隐性知识作为一个品牌战略工具来使用提供了新的启发。此外,品牌隐性知识对于如何充分而深入地理解东方文化情境的市场,如何在东亚市场有效地传播品牌知识,具有针对性的贡献。

　　结合禅宗境界论,品牌仪式行为可以理解为一种提高境界的修养方法。禅不依靠概念,它不是通过普遍律则和共同规范所能传授的,只能靠个体去亲身实践才能获得,它所要唤醒的就是隐性知识。因此,品牌仪式行为的作用类似于禅宗的棒喝、天龙向俱胝竖起的一只手指,或者修禅之人的茶道和剑道。不突破普通的意识水准,就不能解放出横陈在底层隐蔽的力量。因此,品牌仪式行为为激发消费者体悟隐性知识从而获得完整的品牌意义提供了条件,是引发消费者进行意义赋予的基础。最终,消费者意义赋予的能动性与丰富性将有助于消费者实现一种品牌境界。

三、以消费者为主体挖掘意义赋予的内涵与发生维度

意义赋予的研究主要有以下三方面的突破:

第一,从目前的文献看,我们确实了解了很多关于如何从单个线索诸如颜色、标识、音乐、声音、字体、视觉修辞和风格、包装以及嗅觉、味觉和触觉等感官元素来推断意义的知识。本研究通过对品牌仪式行为的考察,将诸多创造意义的刺激效应加以整合来考察,有利于考察非语言的线索所产生的意义。

第二,诸多探讨意义的文献,是以品牌为主体考察它所传递的意义,称之为意义建构,它把消费者看成品牌仪式作用的客体,却忽视了研究消费者作为主体如何接收、筛选和共创意义的。本研究填补了消费者意义赋予如何发生的这个重要而空白的领域。

第三、对于意义赋予的内涵和维度的考察,本研究继承和发展了 Allen 等(2008)关于品牌意义赋予的范式,尤其是他们关于消费者作为品牌意义的共创者和反向品牌意义的创造者的研

究成果,剖析了意义赋予的发生维度:意义确认、意义投射、意义扩展与意义协商。因此,本研究揭示了消费者在接收通过品牌仪式行为所传递的意义时可能会发生的行为规律。

四、提炼了基于东方文化情境的构念品牌境界及其实现机制

目前,关于传统品牌忠诚和品牌仪式的研究成果中,都缺乏体现东方文化情境的考察,尤其缺乏对东方品牌仪式行为及其效应具有充分阐释力的营销学构念和理论。虽然已有学者指出这一点,但都没有提炼出一个恰当的构念加以阐释。例如,Ivanhoe(2007)、Sarkissian 等(2010)、Slingerland(2015)指出,经典儒家哲学相当重视通过目标导向的行动和价值观的内化来进行仪式。并且,有证据表明,与西方文化中那些较少仪式化的人相比,来自高度仪式化的儒家文化的东亚人改善了自我管理(Butler 等,2007;Sarkissian,2014;Seeley 和 Gardner,2003)。

本项原创性研究成果具有较大的理论创新,它在品牌关系关于品牌忠诚的研究领域里,向前推进了一大步。具体而言,该研究基于中国的传统理论:禅宗境界论(慧能,2013;铃木大拙,1998,2013;阿部正雄,1989;吴言生,2011),结合西方相关理论:隐性知识(Polanyi,1966,2009;Drucker,2018;郁振华,2022)、品牌忠诚(Tellis,1988;Newman 和 Werbel,1973;Oliver,1997,1999)、品牌参与(Hollebeek,2011a, 2011b;Hollebeek 等,2014;Patterson 等,2006;Sprott 等,2009;Mollen 和 Wilson,2010),遵循扎根理论的研究程序,提出了一个较具创新性的、扎

根于东方文化情境的构念——品牌境界。该构念在理论基础上汲取了中国的禅宗境界论、西方的隐性知识理论的经典论述,同时,参照了营销学中的交易忠诚与参与忠诚的构念,用境界的丰富内涵超越了传统品牌忠诚(交易忠诚与参与忠诚)的内涵。经过丰富的扎根理论分析,本研究发现品牌境界是一种新型的消费者—品牌关系,它将消费者—品牌关系从共存关系、共创关系推进到了共修关系,并且提炼了构成品牌境界的四个维度:品牌代际传承、消费者—品牌合一状态、智慧悟出、浑然忘我。因此,通过这种中、西方理论的融合探索,它既对东方文化的营销情境具有较强的解释力,也同样适用于其他文化情境。根据目前国际上该领域的研究成果,此项研究的理论贡献比较明显。

第三节 实践意义

本研究对品牌仪式行为作用机制的研究,为企业界提供了一个重要的战略工具,运用它进入市场,定位品牌,进一步提高消费者的品牌忠诚度。概括而言,对于企业界至少具有以下几项启示。

一、运用品牌仪式行为的核心特征与作用机制,回报较高

这项研究通过对品牌仪式行为特征的提炼,有助于业界较明确地把握核心要素,设计品牌仪式,辅之动机工具,引导消费者发生品牌仪式行为。虽然,要实现从品牌仪式行为到品牌境

界的整个作用机制难度较大,研究中的各个变量及其组合并非轻易可以把控的工具,它对品牌的底蕴和消费者的涵养都具有较高的前提要求。但是,该研究成果揭示,一旦该机制实施成功,消费者忠诚度的可持续性较强。根据本研究的访谈样本可知,它少则延续多年,多则延续一生,乃至代际传承。可以说,品牌仪式行为的作用机制足以通向品牌实现顶级忠诚度的殿堂。

二、品牌忠诚计划起始于频率营销计划

本研究对品牌仪式行为前因与维度的研究启示是,企业界应该认识到并不是每个品牌都需要一个忠诚度计划。大多数品牌其实只需要从频率(frequency)营销计划(Raj,2012)开始,即尽量使他们的客户较频繁地感官接触或使用该品牌,为消费者与品牌产生联系建立基础,为发起品牌仪式行为创造动机。因此,对于实施品牌仪式战略感兴趣的品牌方而言,与其寻求扩大和加强他们对市场和消费者的控制水平,不如将注意力转移到创造条件上,使顾客愿意在身心方面投资于能满足其有关需求的品牌。

三、品牌干预消费者的一个重要途径源于意义

本研究为决策者提供了一条新的决策思路,除了改善品牌的基本品质以外,品牌方不应忽视"意义"的重要性。本研究结果表明,品牌除了为消费者解决实际问题,提供全程支持,还有一个重要的干预途径是源于意义的。消费者缺乏意义感并不是无法弥补的,品牌方可以帮助人们在生活中寻求更多的意义,满

足他们超越自身的需求，并为消费者意义赋予创造条件。

品牌方通过品牌仪式的设计，提供一个多义性的舞台，它使消费者运用品牌和仪式，通过品牌仪式行为灵活组合出多元而丰富的意义。品牌方通过品牌仪式行为的多维度作用及其心理效应的后效，为消费者的认可和肯定提供了空间，这是使意义得到实质性超越的关键方式。意义的复杂性可以表现在日常消费中，即使是一个小小的品牌仪式行为，它在消费者的个人生活中有可能包含着无尽的、复杂的意义，它的丰富性、可持续性有可能为实现品牌境界提供条件。如 Allen 等（2008）所提倡的，品牌经理不要把重点放在对品牌信息的管理上，而应放在消费世界中产生品牌意义的过程上。这种关注点的变化可以为解决当今品牌格局中的复杂情形指出新的方向。

四、品牌的着眼点宜助力消费者实现个体的价值提升

本研究关于品牌境界的发现，给予了品牌管理者有益的启示。他们应该注意到通过发起、维护和增强消费者的品牌仪式行为，除了有助于增强消费者的忠诚度，更为重要的是，有助于消费者将品牌价值转化为个体的内在价值，有助于消费者实现个体的价值提升。

本研究对品牌方的革命性启示在于，其着眼点不应仅限于如何通过交易赚取消费者的货币价值，或者通过互动换取消费者的可操作性资源，还应该考虑如何从消费者内在着手，帮助其成长、超越和升华。可以想象，为了可持续性地留存不断成长的消费者，品牌亦将不断成长、超越和升华。这种共修关系最终不

仅将有助于消费者实现自我超越，还有助于品牌实现自我超越。

第四节　局限与展望

品牌仪式的渊源可以追溯到人类古老而神圣的仪式，近年来作为一种新兴的营销模式日益受到业界的重视，并且得到消费者的广泛运用。但是，把品牌仪式作为一个专门的构念来加以研究，这方面的研究成果还比较匮乏。本研究通过扎根理论的质性研究方法发现了品牌仪式行为发生、发展的作用机制，但是仍然在以下几个方面存在着研究局限性，也是未来将该领域的研究进一步发展和深化的方向。

一、局限于质性研究范式，难以验证其因果关系

目前探索性的研究局限于质性研究范式，成功地挖掘出了从动机—品牌仪式行为—心理效应—意义赋予—品牌境界的理论推导关系，却难以验证其因果关系。下一步，有待于采取实验验证的方法或量化分析的方法，进一步细化和验证本研究的推论，或将作用机制中的一部分进行单独验证，从而使变量的描述更加精确，变量与变量之间的关系也更加精准。

二、局限于意义赋予的发生机制，宜拓展意义赋予的具体内容

本研究探讨的意义赋予，限于消费者进行意义赋予的发生机制，下一步宜拓展消费者在意义赋予上实现的具体内容，以便

消费者意义赋予的两大领域形成更加完备的探索成果。

三、局限于探讨品牌仪式行为特征，宜拓展其象征价值的研究

本研究中的象征价值限于笼统，今后可以在单独的研究中，对象征价值进行细分研究。宜进一步探索品牌仪式行为可以带来哪些具体的象征价值，虽然不同的品牌和仪式可想而知会带来不同的象征价值，但是应该可以试图寻找到某些具有普遍性的共性与规律。

四、局限于"重复性"的单维度描述，宜挖掘时间的战略性机制

本研究在研究品牌仪式行为时，发现时间也是一个非常有用的战略工具。在本研究中，时间只是作为考察品牌仪式行为的"重复性"维度来考察的，并未作为一个单独的变量深入挖掘其丰富的内涵与效应。将来，计划通过单独的研究来专门探讨时间在品牌仪式行为中的作用机制，从而丰富品牌仪式行为的研究成果，增加业界实施品牌战略的工具。

参考文献

[1]［奥］阿尔弗雷德·舒茨,2012:《社会世界的意义构成》,游淙祺译,北京:商务印书馆。

[2]［奥］胡塞尔·埃德蒙德,2007:《现象学的观念》,倪梁康译,北京:人民出版社。

[3]［德］洛蕾利斯·辛格霍夫,2009:《我们为什么需要仪式》,刘永强译,北京:中国人民大学出版社。

[4]［德］伍威·弗里克,2021:《扎根理论》,项继发译,上海:格致出版社。

[5]［法］阿诺尔德·范热内普,2010:《过渡礼仪》,张举文译,北京:商务印书馆。

[6]［法］格雷马斯,2005:《论意义》,冯学俊、吴泓缈译,天津:百花文艺出版社。

[7]［美］康拉德·菲利普·科塔克,2012:《人类学:人类多样性的探索》,黄剑波、方静文译,北京:中国人民大学出版社。

[8]［美］乔金森,2009:《参与观察法》,龙筱红、张小山译,重庆:重庆大学出版社。

[9]［美］Strauss, A., Corbin, J., 1998:《质性研究概论》(第1版),徐宗國译,台北:巨流图书公司。

[10]［美］约翰·费斯克等,2004:《关键概念:传播与文化研究辞典》,李彬译注,北京:新华出版社。

[11]［日］阿部正雄,1989:《禅与西方思想》,王雷泉、张汝伦译,上海:上海译文出版社。

[12]［日］冈仓天心,2010:《说茶》,张唤民译,天津:百花文艺出版社。

[13]［日］铃木大拙,2013:《铃木大拙说禅》,张石译,杭州:浙江大学出版社。

[14]［日］铃木大拙,弗洛姆,R·德马蒂诺,1998:《禅宗与精神分析》,王雷泉,

冯川译,贵阳贵州人民出版社。

[15][日]森下典子,2016:《日日是好日:茶道带来的十五种幸福》,夏淑怡译,北京:文化发展出版社。

[16][英]布克威茨 W,威廉斯 L.,2005:《知识管理》,杨南该译,北京:中国人民大学出版社。

[17][英]简·艾伦·哈里森,2008:《古代艺术与仪式》,刘宗迪译,北京:生活·读书·新知三联书店。

[18][英]罗素,2003:《人类的知识》,张金言译,北京:商务印书馆。

[19]蔡宁伟,张丽华,2014:《质性研究方法辨析与应用探讨——以经济管理研究为例》,《兰州商学院学报》,第 8 期,第 1—24 页。

[20]蔡钊,2013:《道家"无境论"探析》,《宗教学研究》,第 4 期,第 44—50 页。

[21]曹泽洲,2015:《符号消费时代超常消费行为研究》,北京:北京交通大学出版社。

[22]杜继文,魏道儒,1993:《中国禅宗通史》,南京:江苏古籍出版社。

[23]樊树志,2004:《江南市镇的民间信仰与奢侈风尚》,《复旦学报(社会科学版)》,第 5 期,第 10 页。

[24]方迎丰,2011:《仪式感营销》,《销售与市场(管理版)》,第 6 期,第 67—69 页。

[25]费显政,黄雅静,2018:《消费仪式感的量表开发与构成维度研究》,《营销科学学报》,第 3 期,第 28 页。

[26]冯健,吴芳芳,2011:《质性方法在城市社会空间研究中的应用》,《地理研究》,第 5 期,第 1956—1969 页。

[27]冯友兰,1984:《中国哲学史新编(第二册)》,北京:人民出版社。

[28]付长珍,2008:《试论程颢境界进路中的直觉性特征》,《上海大学学报》(社会科学版)第 15(4)期,第 149—154 页。

[29]甘露,卢天玲,2013,《对旅游民族志中真实性表达差异的评述》,《广西民族研究》,第 4 期,第 187—195 页。

[30]高丽华,2014,《基于社会化媒体平台的互动仪式传播》,《中国出版》,第 14 期,第 26—29 页。

[31]郭晓彤,2013,《乔布斯设计中的"禅"思想》,《金田》,总第 310 期,第 113 页。

[32]郭文,杨桂华,2018:《民族旅游村寨仪式实践演变中神圣空间的生产——

对翁丁佤寨村民日常生活的观察》,《旅游学刊》,第 5 期,第 92—103 页。

[33] 郭于华,2000:《仪式与社会变迁》,北京:社会科学文献出版社。

[34] 韩培姿,2017:《冯友兰人生境界论与禅宗境界说之比较》,《重庆第二师范学院学报》,第 5 期,第 4 页。

[35] 何佳讯,2006:《品牌关系质量本土化模型的建立与验证》,《华东师范大学学报》(哲学社会科学版),第 38(3)期,第 100—106 页。

[36] 贺枚,2011:《中国市场营销的剑与禅——评〈颠覆:中国市场营销与管理规则〉》,《全国新书目》,第 2 期,第 39—39 页。

[37] 胡遂,2015:《无修之修、顿悟成佛的禅宗方法论与境界论》,《湖南社会科学》,第 6 期,第 5 页。

[38] 胡伟希,田薇,2001:《本体与境界:中西哲学之比较与沟通》,《学海》,第 3 期,第 46—50 页。

[39] 慧能,2013:《坛经》,尚荣校注,北京:中华书局。

[40] 计建,陈小平,1998:《营销品牌忠诚度行为——情感模型初探》,《武汉大学学报》(哲学社会科学版),第 1 期,第 27—29+40 页。

[41] 蒋原伦,2009:《电子时代的民俗》,《文艺争鸣》,第 3 期,第 57—59 页。

[42] 靳代平,王新新,姚鹏,2016:《品牌粉丝因何而狂热?——基于内部人视角的扎根研究》,《管理世界》,第 9 期,第 102—119 页。

[43] 雷爱民,2017:《知识与境界》,北京:北京大学出版社。

[44] 李昌舒,2021:《超越与自由:王国维"境界"的哲学意蕴》,《南京社会科学》,第 9 期,第 8 页。

[45] 李堃,李艳军,李婷婷,2018:《消费者仪式行为研究综述与展望》,《外国经济与管理》,第 5 期,第 43—55 页。

[46] 李海廷,张明玮,2006:《品牌社区模型的演进及其营销实践》,《商讯:商业经济文荟》,第 3 期,第 46—48 页。

[47] 李慧,2020:《仪式理论:旅游营销应用现状与展望》,《旅游科学》,第 4 期,第 1—15 页。

[48] 李倩,程刚,2014:《企业隐性知识共享模型研究》,《情报理论与实践》,第 1 期,第 100—104 页。

[49] 李泽厚,1985:《漫述庄禅》,《中国社会科学》,第 1 期,第 142 页。

[50] 李泽厚,1999:《中国古代思想史论 》,合肥:安徽文艺出版社。

[51] 林蔚轩,王艺欣,2021:《论王国维"境界说"的禅学思想脉络》,《名作欣

赏》,第 6 期,第 38—40＋65 页。

[52] 刘敬严,2008:《顾客感知价值决定要因与关系质量的影响研究》,《软科学》,第 22(5)期,第 18—22 页。

[53] 刘伟,王新新,杨德锋,2017:《何为死忠粉? 品牌崇拜的概念和维度研究——基于网络志方法》,《品牌研究》,第 3 期,第 28—43 页。

[54] 卢泰宏,周志民,2003:《基于品牌关系的品牌理论:研究模型及展望》,《商业经济与管理》,第 2 期,第 4—9 页。

[55] 马捷,靖继鹏,2006:《论虚拟现实技术在企业专家隐性知识获取中的作用》,《图书情报工作》,第 10 期,第 92—96 页。

[56] 马进,2008:《作为本源境界的复归——禅宗境界的阐释》,《武汉科技学院学报》,第 12 期,第 123—127 页。

[57] 马翀炜,张帆,2005:《人类学田野调查的理论反思》,《思想战线》,第 3 期,第 45—61 页。

[58] 毛江华,2017:《禅意背后的营销玄机》,《中国电信业》,第 1 期,第 78—79 页。

[59] 毛立静,卫海英,2022:《服务"礼"化:服务仪式对品牌体验的影响》,《暨南学报:哲学社会科学版》,第 3 期,第 14 页。

[60] 蒙培元,1996:《"道"的境界——老子哲学的深层意蕴》,《中国社会科学》,第 1 期,第 10 页。

[61] 蒙培元,1998:《心灵超越与境界》,北京:人民出版社。

[62] 莫晓宇,2017:《仪式炫耀、功能检视与规制应对——论黑社会性质组织的符号化样态及其治理启示》,《河南大学学报(社会科学版)》,第 1 期,第 93—94 页。

[63] 彭兆荣,2007:《人类学仪式的理论与实践》,北京:民族出版社。

[64] 裘晓东,赵平,2002:《品牌忠诚度及其测评研究》,《现代财经:天津财经大学学报》,第 22(10)期,第 8—10 页。

[65] 冉雅璇,卫海英,2017:《品牌仪式如何形成? ——基于扎根理论的探索性研究》,《经济管理》,第 12 期,第 108—121 页。

[66] 冉雅璇,卫海英,李清,雷超,2018:《心理学视角下的人类仪式:一种意义深远的重复动作》,《心理科学进展》,第 1 期,第 169—179 页。

[67] 邵明,2015:《澄明之境——论冯友兰的人生境界说》,《南阳师范学院学报》,第 4 期,第 1—6＋18 页。

[68] 松果财经,2022:《特殊节日"溢价"的核心:贩卖"仪式感"和"浪漫"》,《钛

参考文献

媒体》2 月 17 日 https://baijiahao.baidu.com/s? id＝1724967203483348065&wfr＝
spider&for＝pc

［69］孙乃娟,范秀成,张绮诗,2019:《消费仪式观研究述评与展望》,《黑龙江社会科学》,第 5 期,第 68—73 页。

［70］谭伟,2003:《庞居士三偈之禅悟境界》,《宗教学研究》,第 1 期,第 33—36 页。

［71］唐靖,2008:《仪式文化对群体心态的影响作用》,《中国农业大学学报》(社会科学版),第 4 期,第 113—117 页。

［72］王建疆,2004:《老庄人生境界的审美生成》博士论文,复旦大学。

［73］王雷,2007:《禅说人文课程教学的四重境界》,《中国市场》,第 27 期,第 96—97 页。

［74］王众托,2004:《知识系统工程》,北京:科学出版社。

［75］卫海英,熊继伟,毛立静,2020:《品牌仪式的“见”之效应:品牌仪式如何影响消费者信任》,《商业经济与管理》,第 12 期,第 50—60 页。

［76］吴伯凡,2008:《乔布斯的“禅”》,《21 世纪商业评论》,第 5 期,第 104—108 页。

［77］吴水龙,刘长琳,卢泰宏,2009:《品牌体验对品牌忠诚的影响:品牌社区的中介作用》,《商业经济与管理》,第 213(7)期,第 80—90 期。

［78］吴炆佳,孙九霞,2018:《旅游地理视角下记忆研究的进展与启示》,《人文地理》,第 6 期,第 18—27 页。

［79］吴言生,2011:《中国禅学》(第五卷),北京:中国社会科学出版社。

［80］谢毅,彭泗清,2014:《品牌信任和品牌情感对口碑传播的影响:态度和态度不确定性的作用》,《管理评论》,第 2 期,第 80—91 页。

［81］许慎,1981:《说文解字》,北京:中华书局。

［82］徐翔,2011:《回到地方:网络文化时代的地方感》,《文艺理论研究》,第 4 期,第 128—132 页。

［83］薛海波,2015:《品牌仪式:打造粉丝忠诚的利器》,《清华管理评论》,第 1 期,第 56—62 页。

［84］薛海波,2021:《社群互动仪式,情感能量和粉丝忠诚》,《华东师范大学学报:哲学社会科学版》,第 3 期,第 134 页。

［85］薛艺兵,2003:《对仪式现象的人类学解释》,《广西民族研究》,第 2 期,第 26—33 页。

[86] 阎雨,2011:《禅文化与企业管理》,《中国企业报》,第 3/29 期,第 12 版。

[87] 杨国荣,1997:《心学之思——王阳明哲学的阐释》,上海:三联书店。

[88] 杨国荣,2018:《成己与成物:意义世界的生成》,北京:北京师范大学出版社。

[89] 杨健,2008:《试论禅宗境界观念》,《传承》,第 8 期,第 84—85 页。

[90] 杨兰,2012:《东西方哲学思想比较:境界与逻辑——从老子"道"与笛卡儿"我思"哲学谈起》,《阴山学刊》,第 5 期,第 96—100 页。

[91] 杨志刚,1994:《"礼下庶人"的历史考察》,《社会科学战线》,第 6 期,第 8 页。

[92] 姚作为,2005:《关系质量的关键维度——研究述评与模型整合》,《科技管理研究》,第 25(8)期,第 132—137 页。

[93] 叶浩生,2011:《有关具身认知思潮的理论心理学思考》,《心理学报》,第 43 期,第 589—598 页。

[94] 余虹,2007:《禅悟境界与仙道境界》,《哲学研究》,第 7 期,第 43—46 页。

[95] 郁振华,2022:《人类知识的默会维度》,北京:北京大学出版社。

[96] 张耕宁,2020:《品牌崇拜行为及其形成机制的研究综述》,《广西质量监督导报》,第 1 期,第 2 页。

[97] 张曙光,2008:《浅析商品符号意义的社会建构——兼评麦克拉肯的文化意义流动模型》,《河北经贸大学学报》(综合版),第 4 期,第 86—91 页。

[98] 张月,2015:《隐性知识在企业创新发展中的理论与实践》,《创新科技》,第 12 期,第 3 页。

[99] 郑玲,吕嘉祺,周志民,2017:《品牌消费仪式》,《企业管理》,第 12 期,第 97—98 页。

[100] 中国社会科学院语言研究所词典编辑室,1999:《现代汉语词典》,北京:商务印书馆。

[101] 周宽久,仇鹏,王磊,2009:《基于实践论的隐性知识获取模型研究》,《管理学报》,第 6(3)期,第 6 页。

[102] 周裕锴,2019:《禅宗语言》,上海:复旦大学出版社。

[103] 周志民,卢泰宏,2004:《广义品牌关系结构研究》,《中国工业经济》,第 11 期,第 98—105 页。

[104] 朱良志,2004:《中国美学名著导读》,北京:北京大学出版社。

[105] 朱兴涛,张传运,2019:《集体记忆重塑:乡村旅游市场培育的现实路

径——以查干湖旅游市场为例》,《东北师大学报》(哲学社会科学版),第 1 期,第 1—19 页。

[106] Aaker, D. A., 1992, "The Value of Brand Equity", *Journal of Business Strategy*, Vol. 13(4), pp. 27—32.

[107] Aaker, D. A., 1996, "Measuring Brand Equity Across Products and Markets", *California Management Review*, 38(3).

[108] Aaker, J., 1997, "Dimensions of Brand Personality", *Journal of Marketing Research*, 34(3), pp. 347—356.

[109] Aaker, S. F., and Brasel, A. S., 2004, "When Good Brands Do Bad", *Journal of Consumer Research*, 31 (June), pp. 1—16.

[110] Adamson, B., 2022, "Sensemaking for Sales", *Harvard Business Review*, Jan/Feb, Vol. 100 Issue 1, pp. 122—129.

[111] Afflerback, S., Anthony, A. K., Carter, S. K., 2014, "Consumption Rituals in the Transition to Motherhood", *Gender issues*, 31(1), pp. 1—20.

[112] Aggarwal, P., 2004, "The Effects of Brand Relationship Norms on Consumer Attitudes and Behavior", *Journal of Consumer Research*, 31 (June), pp. 87—101.

[113] Aguirre-Rodriguez, A., Bosnjak, M., Sirgy, M. J., 2012, "Moderators of the Self-congruity Effect on Consumer Decision-making: A Meta-analysis", *Journal of Business Research*, 65(8), pp. 1179—1188.

[114] Ahler, J. G., Tamney, J. B., 1964, "Some Functions of Religious Ritual in a Catastrophe", Sociology of Religion, 25, pp. 212—230.

[115] Ai, A. L., Tice, T. N., Peterson, C., Huang, B., 2005, "Prayers, Spiritual Support, and Positive Attitudes in Coping with the September 11 National Crisis", *Journal of Personality*, 73(3), pp. 763—792.

[116] Aisyah, V. N., 2022, "Ritual Communication and Disasters Preparedness in the Slope of Merapi Volcano", In *International Conference on Community Empowerment and Engagement* (ICCEE 2021) (pp. 141—151). Atlantis Press.

[117] Algesheimer, R., Dholakia, U. M., Herrmann, A., 2005, "The Social Influence of Brand Community: Evidence from European Car Clubs", *Journal of Marketing*, 69(3), pp. 19—34.

[118] Al-Mutawa, F. S., 2013, "Consumer-generated Representations: Muslim

Women Recreating Western Luxury Fashion Brand Meaning through Consumption", *Psychology and Marketing*, Vol. 30 No. 3, pp. 236—246.

[119] Alcorta, C. S., Sosis, R., 2005, "Ritual, Emotion, and Sacred Symbols:The Evolution of Religion as an Adaptive Complex", *Human Nature*, 16, pp. 323—359.

[120] Allen, C. T., Fournier, S., Miller, F., 2008, "Brands and Their Meaning Makers", In book: *Handbook of Consumer Psychology* (pp. 781—822) Publisher:Lawrence Erlbaum Editors:C. Haugtvedt, P. Herr, and F. Kardes

[121] Allen, N. J., Meyer, J. P., 1990, "The Measurement and Antecedents of Affective, Continuance and Normative Commitment to the Organization", *Journal of Occupational Psychology*, 63(1), pp. 1—18.

[122] Alvarez, C., Trudel, R., Fournier, S., 2013, "Brand Consensus and Multivocality: Disentangling the Effects of the Brand, the Consumer, and the Consumer-Brand Relationship on Brand Meaning", *ACR North American Advances*.

[123] Alvesson, M., 2001, "Knowledge Work:Ambiguity, Image and Identity", *Human Relations*, 54(7), pp. 863—886.

[124] Amati, F., Pestana, F., 2015,"Consumption Rituals: A Strategic Marketing Framework", *Economic Studies*, 2, pp. 229—246.

[125] Ambrosini, V., Bowman, C., 2002, "Mapping Successful Organizational Routines", Mapping Strategic Knowledge, pp. 19—45.

[126] Anastasi, M. W., Newberg, A. B., 2008, "A Preliminary Study of the Acute Effects of Religious Ritual on Anxiety", *The Journal of Alternative and Complementary Medicine*, 14, pp. 163—165.

[127] Anderson, P. F., 1983, "Marketing, Scientific Progress, and Scientific Method", *Journal of Marketing*, 47(Fall), pp. 18—31.

[128] Andre, R., Bernard K., 2014, "The Consumption Experience of Tim Hortons' Coffee Fans, *Qualitative Market Research*, 17(3), pp. 192—208.

[129] Andriani, C., 2014, "Mass Trauma and Emotional Healing around the World:Rituals and Practices for Resilience and Meaning-making", *Journal of Peace Education*, 11(3), pp. 357—360.

[130] Arghashi, V., Yuksel, C. A., 2022, "Customer Brand Engagement Behaviors:the Role of Cognitive Values, Intrinsic and Extrinsic Motivations and Self-

brand Connection", *Journal of Marketing Theory and Practice*, pp. 1—27.

［131］Arnould, E. J., Price, L. L., 1993, "River Magic:Extraordinary Experience and the Extended Service Encounter", *Journal of Consumer Research*, 20, pp. 24—45.

［132］Arnould, E. J., Thompson, C. J., 2005, "Consumer Culture Theory (CCT):Twenty Years of Research", *Journal of Consumer Research*, 31(4), pp. 868—882.

［133］Asher, D., Popper, M., 2019, "Tacit Knowledge as a Multilayer Phenomenon:the 'onion' Model", *The Learning Organization*, 26(3), pp. 264—275.

［134］Assael, H., 1984, *Consumer Behavior and Marketing Action*, Boston, MA:Kent Pub. Co..

［135］Atkinson, R., Flint, J., 2001, "Accessing Hidden and Hard-to-reach Populations:Snowball Research Strategies", *Social Research Update*, 33, pp. 1—4.

［136］Awazu, K., 2013, "Rituals of Silence: The Shaping of Memorial Services in Wartime and Postwar Japan", Bulletin of the Nanzan Institute for Religion & Culture, 37, pp. 52—63.

［137］Bagozzi, R. P., 1995, "Reflections on Relationship Marketing in Consumer Markets", *Journal of the Academy of Marketing Science*, 23(4), pp. 272—277.

［138］Baldinger, A. L., Rubinson, J., 1996, "Brand Loyalty:The Link between Attitude and Behavior", *Journal of Advertising Research*, vol. 36(6), pp. 22—34.

［139］Barari, M., Ross, M., Thaichon, S., Surachartkumtonkun, J., 2021, "A Meta-analysis of Customer Engagement Behaviour", *International Journal of Consumer Studies*, 45(4), pp. 457—477.

［140］Barnes, J. G., 2001, "Secrets of Customer Relationship Management:It's All About How You Make Them Feel", McGraw-Hill Companies.

［141］Barney, J., 1991, "Firm Resources and Sustained Competitive Advantage", *Journal of Management*, 17(1), pp. 99—120.

［142］Barrett, J., Lawson, E. T., 2001, "Ritual Intuitions:Cognitive Contributions to Judgments of Ritual Efficacy", Journal of Cognition and Culture, 1(2), pp. 183—201.

［143］Barsalou，L. W.，1999，"Perceptual Symbol Systems"，Behavioral and Brain Sciences，22，pp. 577—660.

［144］Barthes，R.，1999，"Rhetoric of the Image"，*Visual Culture：The Reader*，pp. 33—40.

［145］Bartholomew，D. E.，Mason，M. J.，2020，"Facebook Rituals：Identifying Rituals of Social Networking Sites Using Structural Ritualization Theory"，*Journal of Consumer Behavior*，19(2)，pp. 142—150.

［146］Batey，M.，2008，*Brand Meaning*，New York：Routledge.

［147］Batra，R.，2019，"Creating Brand Meaning：A Review and Research Agenda"，*Journal of Consumer Psychology*，29(3)，pp. 535—546.

［148］Batra，R.，Holbrook，M. B.，1990，"Developing a Typology of Affective Responses to Advertising：A Test of Validity and Reliability"，*Psychology and Marketing*，7(1)，pp. 11—25.

［149］Bauer，L. M.，Kaven，L. M.，2017，"*The Philanthropic Brand? An Exploratory Study of Consumers' Perceptions of Brands Communicating Moral Messages on Social Media*"，Master's Programme in International Marketing and Brand Management 2016/2017，Scool of Economics and Management，Lund University.

［150］Baumeister，R. F.，Leary，M. R.，1995，"The Need to Belong：Desire for Interpersonal Attachments as a Fundamental Human Motivation"，*Psychological Bulletin*，117(3)，pp. 497—529.

［151］Belk，R. W.，1988，"Possessions and the Extended Self"，*Journal of Consumer Research*，15(2)，pp. 139—168.

［152］Belk，R. W.，1997，"Been There，Done That，Bought the Souvenirs：Of Journeys and Boundary Crossing"，Consumer Research：Postcards from the Edge，22，P45.

［153］Belk，K.，Bahn，D.，Robert，N.，Mayer，1982，"Developmental Recognition of Consumption Symbolism"，*Journal of Consumer Research*，9 (June)，pp. 4—17.

［154］Belk，R.，Wallendorf，M.，Sherry，J.，1989，"The Sacred and the Profane in Consumer Behavior：Theodicy on the Odyssey"，*Journal of Consumer Research*，16，pp. 1—38.

[155] Bell, C., 1992, *Ritual Theory, Ritual Practice*, Oxford: Oxford University Press.

[156] Bell, C., 1997, *Ritual, Perspectives and Dimensions*, Oxford: Oxford University Press.

[157] Bennett, L. A., Wolin, S. J., McAvity, K. J., 1988, "Family Identity, Ritual, and Myth: A Cultural Perspective on Life Cycle Transitions", In C. J. Falicov (Ed.), *Family Transitions: Continuity and Change Over the Life Cycle* (pp. 211—234). The Guilford Press.

[158] Berry, L. L., 1983, "Relationship Marketing", in *Emerging Perspectives on Services Marketing*, Leonard L. Berry, G. Lynn Shostack, and Gregory Upah, eds., Chicago: American Marketing Association, pp. 25—28.

[159] Berry, L. L., 2000, "Cultivating Service Brand Equity", Journal of the Academy of Marketing Science, Vol. 28, No. 1, pp. 128—137.

[160] Berry, L. L., Parasuraman, A., 1991, *Marketing Services*, New York: Free Press.

[161] Bevan, M. T., 2014, "A Method of Phenomenological Interviewing", *Qualitative Health Research*, Vol. 24, No. 1, pp. 136—144.

[162] Beyer, R., January 28, 2022. A Global Look at the Connections Between Happiness, Income, and Meaning|Stanford Graduate School of Business. https://www.gsb.stanford.edu/insights/global-look-connections-between-happiness-income-meaning? utm_source=Stanford+Business&utm_campaign=9e94fed1ae-Stanford-Business-Issue-229-2-13-2022&utm_medium=email&utm_term=0_0b5214e34b-9e94fed1ae-74013017&ct=t(Stanford-Business-Issue-229-2-13-2022)

[163] Bhattacharya, C. B., Sen, S., 2003, "Consumer-company Identification: A Framework for Understanding Consumers' Relationships with Companies", *Journal of Marketing*, 67(2), pp. 76—88.

[164] Bianchi, C., Andrews, L., 2018, "Consumer Engagement with Retail Firms through Social Media: An Empirical Study in Chile", *International Journal of Retail & Distribution Management*, 46(4), pp. 364—385.

[165] Bird, F., 1980, "The Contemporary Ritual Milieu", in *Rituals and Ceremonies in Popular Culture*. ed. by Ray B. Browne, Bowling Green, OH: Bowling Green University Popular Press, 19—35.

[166] Blackston, M., 1992, "A brand with an Attitude: A Suitable Case for Treatment", *Journal of the Market Research Society*, 34(3), pp. 231—242.

[167] Blackston, M., 1995, "Copy-testing and Brand Equity: What's the Connection?", *Journal of Advertising Research*, 35(1), pp. RC—2.

[168] Blackston M., 2000, "Observations: Building Brand Equity by Managing the Brand's Relationships", *Journal of Advertising Research*, 40 (6), pp. 101—105.

[169] Blau, P., 1964, *Exchange and Power in Social Life*. New York: Wiley.

[170] Blumer, H., 2012, "Symbolic Interactionism", [1969], Contemporary Sociological Theory, pp. 62.

[171] Bonsu S. K., Belk, R. W., 2003, "Do Not Go Cheaply Into That Good Night: Death-Ritual Consumption in Asante, Ghana", Journal of Consumer Research, 30(1), pp. 41—55.

[172] Boorstin, D. J., 1973, *The Americans: The Democratic Experience*, New York: Random House.

[173] Bourdieu, P., 1984, *Distinction: A Social Critique of the Judgment of Taste*, translated by Richard Nice. London: Routledge and Kegan.

[174] Boyer, P., Liénard, P., 2006, "Why Ritualized Behavior? Precaution Systems and Action Parsing in Developmental, Pathological and Cultural Rituals", *Behavioral and Brain Sciences*, 29, pp. 595—613.

[175] Bradford T. W., Sherry, Jr J. F., 2013, "Orchestrating Rituals through Retailers: An Examination of Gift Registry", *Journal of Retailing*, 89(2), pp. 158—175.

[176] Bradford, T. W., Sherry, J. F., 2015, "Domesticating Public Space through Ritual: Tailgating as Vestaval", *Journal of Consumer Research*, 42, pp. 130—151.

[177] Brakus, J. J., Schmitt, B. H., Zarantonello, L., 2009, "Brand Experience: What is it? How is it Measured? Does it Affect Loyalty?", *Journal of Marketing*, 73(3), pp. 52—68.

[178] Brodie, R. J., Hollebeek, L. D., Jurić, B., Ilić, A., 2011, "Customer Engagement: Conceptual Domain, Fundamental Propositions, and Implications for Research", *Journal of Service Research*, Vol. 14(3), pp. 252—271.

[179] Brodie, R. J., Ilic, A., Juric, B., Hollebeek, L., 2013, "Consumer Engagement in a Virtual Brand Community: An Exploratory Analysis", *Journal of Business Research*, Vol. 66(1), pp. 105—114.

[180] Brooks, A. W., Schroeder, J., Risen, J. L., Gino, F., Galinsky, A. D., Norton, M. I., 2016, "Don't Stop Believing: Rituals Improve Performance by Decreasing Anxiety", *Organizational Behavior and Human Decision Processes*, 137, pp. 71—85.

[181] Brown, S., Kozinets, R. V., Sherry, J. F., 2003, "Teaching Old Brands New Tricks: Retro Branding and the Revival of Brand Meaning", *Journal of Marketing*, Vol. 67 No. 3, pp. 19—33.

[182] Bruce, C. D., 2007, "Questions Arising about Emergence, Data Collection, and Its Interaction with Analysis in a Grounded Theory Study", *International Journal of Qualitative Methods*, 6(1). Retrieved from http://ejournals. library. ualberta. ca/index. php/IJQM/index

[183] Bryman, A., 2004, *Social Research Methods* (Second Edition). Oxford: Oxford University Press.

[184] Bulbulia, J., 2004, "Religious Costs as Adaptations That Signal Altruistic Intention", *Evolution and Cognition*, 10(1), pp. 19—42.

[185] Burroughs, B., 2014, "Facebook and Farmville: A Digital Ritual Analysis of Social Gaming", *Games and Culture*, 9 (3), pp. 151—166.

[186] Butler, E. A., Lee, T. L., Gross, J. J., 2007, Emotion Regulation and Culture: Are the Social Consequences of Emotion Suppression Culture-specific?", *Emotion*, 7(1), P30.

[187] Campos, R., Suarez, M., Nascimento, D. T., 2015, "I Am Dreaming of a Car: Longitudinal Rites of Passage and Car Consumption", *Advances in Consumer Research*, 43, pp. 324—328.

[188] Canniford, R., Shankar, A., 2013, "Purifying Practices: How Consumers Assemble Romantic Experiences of Nature", Journal of Consumer Research, 39 (5), pp. 1051—1069.

[189] Caplow, T., 1982, "Christmas Gifts and Kin Networks", *American Sociological Review*, pp. 383—392.

[190] Carlton-Ford, S. L., 1992, "Charisma, Ritual, Collective Efferves-

cence, and Self-Esteem", *Sociological Quarterly*, 33 (3), pp. 365—87.

[191] Carman, J. M., 1970, "Correlates of Brand Loyalty: Some Positive Results", *Journal of Marketing Research*, Vol. 7(1), pp. 67—76.

[192] Cavero, S., Cebollada, J., 1998, "Brand Choice and Marketing Strategy: An Application to the Market of Laundry Detergent for Delicate Clothes in Spain", *Journal of International Consumer Marketing*, 10(1—2), pp. 57—71.

[193] Cayla, J., Cova, B., Maltese, L., 2013, "Party Time: Recreation Rituals in the World of B2B", Journal of Marketing Management, 29, pp. 1394—1421.

[194] Cecilia, C., Jorgen, E., 2017, "*The Magic of Place Branding: Regional Brand Identity in Transition*", Journal of Place Management and Development, 10 (3), pp. 202—212.

[195] Celsi, R. L., Rose, R. L., Leigh, T. W., 1993, "An Exploration of High-risk Leisure Consumption through Skydiving", *Journal of Consumer Research*, 20(1), pp. 1—23.

[196] Chandler, J. D., Vargo, S. L., 2011, "Contextualization and Value-in-context: How Context Frames Exchange", *Marketing Theory*, Vol. 11 No. 1, pp. 35—49.

[197] Chaney, D., 2020, "Rock Festivals as Marketplace Icons", *Consumption Markets & Culture*, 23(3), pp. 215—222.

[198] Chang, J. C., 2005, "Invisible Brands: An Ethnography of Households and the Brands in Their Kitch Pantries", *Journal of Consumer Research*, 32 (June), pp. 106—118.

[199] Chaplin, L. N., John, D. R., 2005, "The Development of Self-Brand Connections in Children and Adolescents", *Journal of Consumer Research*, 32 (June), pp. 119—29.

[200] Charmaz, K., 2008, "Grounded Theory as an Emergent Method', in S. N. Hesse-Biber and P. Leavy(eds), *The Handbook of Emergent Methods*. New York: Guilford, pp. 155—70.

[201] Cheal, D. J., 1988, *The Gift Economy*, London: Routledge.

[202] Cheal, D., 1989, "The Postmodern Origin of Ritual", *Journal of Theory of Behaviour*, 18 (3), pp. 269—290.

[203] Cheal, D., 1992, "Ritual: Communication in Action", *Sociological A-*

nalysis, 53(4), pp. 363—374.

[204] Chahal, H., Wirtz, J., Verma, A., 2020, "Social Media Brand Engagement: Dimensions, Drivers and Consequences", *Journal of Consumer Marketing*, 37(2), pp. 191—204.

[205] Chin, T., Shi, Y., Rowley, C., Meng, J., 2021a, "A Confucian Business Model Canvas in the Asia Pacific: A Yin-Yang Harmony Cognition to Value Creation and Innovation", *Asia Pacific Business Review*, Vol. 27 No. 3, pp. 342—358.

[206] Chin, T., Wang, S., Rowley, C., 2021b, "Polychronic Knowledge Creation in Cross-border Business Models: A Sea-like Heuristic Metaphor", *Journal of Knowledge Management*, 25(1), pp. 1—22.

[207] Chin, T., Shi, Y., Palladino, R., Faggioni, F., 2022, "A Yin-Yang Dialectical Systems Theory of Knowledge Creation", *Journal of Knowledge Management*.

[208] Chua, A., 2004, "Knowledge Management System Architecture: A Bridge between KM Consultants and Technologists", *International Journal of Information Management*, 24(1), pp. 87—98.

[209] Clarke, A. J., 2004, "Maternity and Materiality: Becoming a Mother in Consumer Culture", In J. S. Taylor, L. L. Layne, & D. F. Wozniak (Eds.), *Consuming Motherhood* (pp. 55—71). New Jersey: Rutgers University Press.

[210] Cohn, P. J., 1990, "Pre-performance Routines in Sport: Theoretical Support and Practical Applications", *Sport Psychologist*, 4, pp. 301—312.

[211] Cohen, W. M., Levinthal, D. A., 1990, "Absorptive Capacity: A New Perspective on Learning and Innovation", *Administrative Science Quarterly*, 35(1), pp. 128—152.

[212] Collier Jr., J., Collier, M., 1986, *Visual Anthropology—Photography as a Research Method*. Albuquerque, NM: University of New Mexico Press.

[213] Collins, R., 2004, *Interaction Ritual Chains*, Oxford: Princeton University Press.

[214] Collins, H., 2007, "Bicycling on the Moon: Collective Tacit Knowledge and Somatic-limit Tacit Knowledge", Organization Studies, 28(2), pp. 257—262.

[215] Coman, A., Sas, C., 2016, "Exploring Consumer Experiences as Rites

of Passage", *Bulletin of the Transilvania University of Bras 81300(53)* (58), pp. 47—56.

[216] Cova, B., 1997, "Community and Consumption", *European Journal of Marketing*, 31(3/4), pp. 297—316.

[217] Cova, B., Cova, V., 2002, "Tribal Marketing: the Tribilisation of Society and Its Impact on the Conduct of Marketing", *European Journal of Marketing*, 36 (5/6), pp. 595—620.

[218] Cova, B., Salle, R., 2000, "Rituals in Managing Extrabusiness Relationships in International Project Marketing: A Conceptual Framework", *International Business Review*, 9, pp. 669—685.

[219] Cowan, K., Spielmann, N., 2017, "The Influence of Rituals on Luxury Product Consumption: Implications for Brands", *Journal of Brand Management*, 24(5), pp. 391—404.

[220] Cowan, R., Foray, D., 1997, "The Economics of Codification and the Diffusion of Knowledge", *Indust. Corporate Change*, 6(3), pp. 595—622.

[221] Crews, D. J., Boutcher, S. H., 1986, "An Exploratory Observational Behavior Analysis of Professional Golfers During Competition", *Journal of Sport Behavior*, 9, pp. 51—58.

[222] Cross, S. N. N., Harrison, R. L., Gilly, M. C., 2017, "The Role of Marketing in Ritual Evolution", *Journal of Micromarketing*, 37 (4), pp. 460—478.

[223] Cushman, P., 1990, "Why the Self is Empty", *American Psychologist*, 45(May), pp. 599—611.

[224] D Aquili, E. G., Laughlin, C. D., 1975, "The Biopsychological Determinants of Religious Ritual Behavior", *Zygon*, 10(1), pp. 32—58.

[225] Damisch, L., Stoberock, B., Mussweiler, T., 2010, "Keep Your Fingers Crossed! How Superstition Improves Performance", *Psychological Science*, 21(7), pp. 1014—1020.

[226] Davies, G., Chun, R., da Silva, R. V., Roper, S., 2004, "A Corporate Character Scale to Assess Employee and Customer Views of Organization Reputation", *Corporate Reputation Review*, 7(2), pp. 125—146.

[227] Davis-Floyd, R., 1992, *Birth as an American Rite of Passage*, Berke-

ley: University of California Press.

［228］Deci, E. L., Eghrari, H., Patrick, B. C., Leone, D. R., 1994, "Facilitating Internalization: The Self - determination Theory Perspective", *Journal of Personality*, 62(1), pp. 119—142.

［229］Deegan, MJ., 1989, *American Ritual Dramas: Social Rules and Cultural Meanings*, New-York: Greenwood Press.

［230］De Houwer, J., F. Baeyens, T., Randell, P., Eelen, Meersmans, T., 2005, "Beyond Evaluative Conditioning? Searching for Associative Transfer of Non-evaluative Stimulus Properties", *Cognition & Emotion*, 19, no. 2, pp. 283—306.

［231］Dessart, L., Veloutsou, C., Morgan-Thomas, A., 2015, "Consumer Engagement in Online Brand Communities: A Social Media Perspective", *Journal of Product & Brand Management*, Vol. 24(1), pp. 28—42.

［232］De Waal Malefyt, T., 2015, "The Senses in Anthropological and Marketing Research: Investigating a Consumer-brand Ritual Holistically", *Journal of Business Anthropology*, 4(1), pp. 5—30.

［233］de Wilde, A., 2013, "Six-day Racing Entrepreneurs and the Emergence of the Twentieth Century Arena Sportscape", 1891-1912, *Journal of Historical Research in Marketing*, 4(4), pp. 532—553.

［234］Dhanaraj, C., Lyles, M. A., Steensma, H. K., Tihanyi, L., 2004, "Managing Tacit and Explicit Knowledge Transfer in IJVs: The Role of Relational Embeddedness and the Impact on Performance", *Journal of International Business Studies*, Vol. 35 No. 5, pp. 428—442.

［235］Dhaoui, C., Webster, C. M., 2021, "Brand and Consumer Engagement Behaviors on Facebook Brand Pages: Let's Have a (Positive) Conversation", *International Journal of Research in Marketing*, 38(1), pp. 155—175.

［236］Dick, A. S., Basu, K., 1994, "Customer Loyalty: Toward an Integrated Conceptual Framework", *Journal of the Academy of Marketing Science*, 22, pp. 99—113.

［237］Diener, E., Smith, H., Fujita, F., 1995, "The Personality Structure of Affect", *Journal of Personality and Social Psychology*, 69(1), pp. 130—141.

［238］Dietrich, M., 1994, *Transaction Cost Economics and Beyond: Towards a New Economics of the Firm*, London: Routledge.

［239］Di Vaio，A.，Hasan，S.，Palladino，R.，Profita，F.，Mejri，I.，2021，"Understanding Knowledge Hiding in Business Organizations: A Bibliometric Analysis of Research Trends，1988—2020"，*Journal of Business Research*，Vol. 134，pp. 560—573.

［240］Dosi，G.，1988，"Sources，Procedures，and Microeconomic Effects of Innovation"，*Journal of Economy Literature*，26，pp. 1120—1171.

［241］Douglas，M.，1966，*Purity and Danger*，London: Routledge.

［242］Douglas，M.，Isherwood，B.，1979，*The world of goods*，New York: Basic Books.

［243］Dretske，F.，1981，*Knowledge and the Flow of Information*，Cambridge，MA: MIT Press.

［244］Driver，T. F.，1991，The Magic of Ritual: Our Need for Liberating Rites that Transform Our Lives and Our Communities，San Francisco: Harper.

［245］Driver，T. F.，1996，"Transformation: The Magic of Ritual"，In R. L. Grimes(Ed.)，*Readings in Ritual Studies*. Upper Saddle River，NJ: Prentice Hall.

［246］Driver，T. F.，1998，*Liberating Rites: Understanding the Transformative Power of Ritual*，Boulder，CO: BookSurge Publishing.

［247］Drucker，P.，1998，*Peter Drucker on the Profession of Management*，Harvard Business School，Boston，MA.

［248］Dunbar，R. I.，Kaskatis，K.，MacDonald，I.，Barra，V.，2012，"Performance of Music Elevates Pain Threshold and Positive Affect: Implications for the Evolutionary Function of Music. *Evolutionary Psychology*，10(4)，pp. 688—702.

［249］Duncan，T.，Moriarty，S. E.，1998，"A Communication-based Marketing Model for Managing Relationships"，*Journal of Marketing*，P62.

［250］Drucker，P. F.，2018，"The New Productivity Challenge"，In *Quality in Higher Education* (pp. 37—46). London: Routledge.

［251］Durgee，J. F.，1990，"Qualitative Methods for Developing Advertising that Makes Consumers Feel,'Hey,that's right for me'"，Journal of Consumer Marketing,7(1)，pp. 15—21.

［252］Durkheim，E.，1912/2001，*The Elementary Forms of the Religious Life*，Oxford: Oxford University Press.

［253］Durkheim，E.，1973，*Emile Durkheim on Morality and Society*，Chicago：University of Chicago Press.

［254］Dwivedi，A.，2015，"A Higher-order Model of Consumer Brand Engagement and Its Impact on Loyalty Intentions"，*Journal of Retailing and Consumer Services*，Vol. 24，pp. 100—109.

［255］Eliade，M.，1998，*Myth and Reality*，New York：Waveland.

［256］Elliott，R.，Davies，A.，2005，"Symbolic Brands and the Authenticity of Identity Performance"，In J. Schroeder & M. Salzer-Mörling（Eds.），*Brand Culture*. London：Routledge.

［257］Elliott，R.，Wattanasuwan，K.，1998，"Brand as Symbolic Resources for the Construction of Identity"，*International Journal of Advertising*，17（2），pp. 131—144.

［258］Élodie，R. A. Z. Y.，2012，"La pratique Des Sentiments"，Des corps dans les constellations de la petite enfance（Pays soninké，Mali）. *Modèles d'enfances：Successions*，*Transformations*，*Croisements*，P105.

［259］Englis，B. G.，Solomon，M. R.，1995，"To be and not to be：Lifestyle Imagery，Reference Groups，and the Clustering of America"，*Journal of Advertising*，24（1），pp. 13—28.

［260］Epp，A. M.，Price，L. L.，2010，"The Storied Life of Singularized Objects：Forces of Agency and Network Transformation"，Journal of Consumer Research，36（5），pp. 820—837.

［261］Erhardt，N.，Martin-Rios，C.，Heckscher，C.，2016，"Am I doing the Right Thing? Unpacking Workplace Rituals as Mechanisms for Strong Organizational Culture"，*International Journal of Hospitality Management*，59，pp. 31—41.

［262］Erikson，E. H.，1951，*Childhood and Society*，London：The Hogarth Press.

［263］Erikson，E.，1977，*Toys and Reasons：Stages in the Ritualization of Experience*，New York：W. W. Norton.

［264］Erikson，E.，1982，*The Life Cycle Completed*，New York：W. W. Norton.

［265］Escalas，J. E，1993，"The Consumption of Insignificant Rituals：A Look at Debutante Balls"，Advances in Consumer Research，20（1），pp. 709—716.

［266］Escalas，J. E.，Bettman，J. R.，2005，"Self-construal，Reference Groups，and Brand Meaning"，*Journal of Consumer Research*，Vol. 32 No. 3，pp. 378—389.

［267］Escalas，J. E.，2004，"Narrative Processing：Building Consumer Connections to Brands"，*Journal of Consumer Psychology*，14（1—2），pp. 168—80.

［268］Etzioni，A.，2000，"Toward a Theory of Public Ritual"，*Sociological Theory*，18，pp. 44—59.

［269］Fairchild，E.，2008，*Creating Meaning in Weddings and Commitment Ceremonies：The Effects of Structure and the Potential for Cultural Change*，PhD dissertation，Ann Arbor，MI：ProQuest Information and Learning.

［270］Farb，P.，Armelagos，G.，1980，*Consuming Passions：The Anthropology of Eating*，Boston：Houghton Mifflin.

［271］Farquhar，P. H.，Han，J. Y.，Herr，P. M.，Ijiri，Y.，1992，"Strategies for Leveraging Master Brands"，*Marketing Research*，4（3），pp. 32—43.

［272］Fernandez，K. V.，Lastovicka，J. L.，2011，"Making Magic：Fetishes in Contemporary Consumption"，*Journal of Consumer Research*，38（2），pp. 278—299.

［273］Fiese，B. H.，Kline，C. A.，1993，"Development of the Family Ritual Questionnaire：Initial Reliability and Validation Studies"，*Journal of Family Psychology*，6（3），pp. 290—99.

［274］Fiese，B. H.，Foley，K. P.，Spagnola，M.，2006，"Routine and Ritual Elements in Family Mealtimes：Contexts for Child Well-being and Family Identity"，*New Directions for Child and Adolescent Development*，111，pp. 67—89.

［275］Firat，A. F.，Venkatesh，A.，1995，"Liberatory Postmodernism and the Reenchantment of Consumption"，*Journal of Consumer Research*，22（3），pp. 239—267.

［276］Fischer，R.，Xygalatas，D.，Mitkidis，P.，Reddish，P.，Tok，P.，Konvalinka，I.，Bulbulia，J.，2014，"The Fire-walker's High：Affect and Physiological Responses in an Extreme Collective Ritual"，*PloS One*，9（2），p. 88355.

［277］Fishbein，M.，1980，"A Theory of Reasoned Action：Some Application and Implications"，Nebraska Symposium on Motivation，University of Nebraska Press，Lincoln，NE，Vol. 27，pp. 65—116.

［278］Fombrun，C. J.，Van Reil，C. B.，1993，*Fame & Fortune：How Successful Companies Build Winning Reputations*，Upper Saddle River，NJ：Prentice-Hall.

［279］Fournier，S.，1998，"Consumers and Their Brands：Developing Relationship Theory in Consumer Research"，*Journal of Consumer Research*，24(4)，pp. 343—373.

［280］Fournier，S.，Alvarez，C.，2019，"How Brands Acquire Cultural Meaning：Insights from Interpretive Consumer Research"，*Journal of Consumer Psychology*，29，pp. 519—534.

［281］Franzen，G.，1999，*Brands & Advertising：How Advertising Effectiveness Influences Brand Equity*，Oxfordshire，United Kingdom：Admap Publication.

［282］Freitas，A.，Kaiser，S.，Chandler，J.，Hall，C.，Jung-Won，K.，Hammidi，T.，1997，Appearance Management as Border Construction：Least Favorite Clothing，Group Distancing，and Identity ... Not!"，*Sociological Inquiry*，67(3)，pp. 323—335.

［283］Freud，A.，1959，"Clinical Studies in Psychoanalysis：Research Project of the Hampstead Child-Therapy Clinic"，The Psychoanalytic Study of the Child，14(1)，pp. 122—131.

［284］Friedman，V. J.，Lipshitz，R.，Popper，M.，2005，"The Mystification of Organizational Learning"，*Journal of Management Inquiry*，14(1)，pp. 19—30.

［285］Friese，S.，2001，"The Wedding Dress：From Use Value to Sacred Object"，In A. Guy，M. Banim，&E. Green (Eds.)，*Through the Wardrobe：Women's Relationships with Their Clothes* (pp. 53—69). Oxford：Berg.

［286］Gainer，B.，Fischer，E.，1991，"To Buy or Not to Buy? That is Not the Question：Female Ritual in Home Shopping Parties"，Advances in Consumer Research，18(1)，pp. 597—602.

［287］Gainer，B.，1995，"Ritual and Relationships：Interpersonal Influences on Shared Consumption"，*Journal of Business Research*，32(3)，pp. 253—260.

［288］Gardner，B. B.，Levy，S. J.，1955，"The Product and the Brand"，*Harvard Business Review*，(March-April 1955)，pp. 33—39.

［289］Garner，B.，2015，"Interpersonal Coffee Drinking Communication Rituals"，*International Journal of Marketing and Business Communication*，4(4)，pp.

1—12.

[290] Garry, T., Hall, M. C., 2015, "In Search of the Good Life: Reconstructing the Meaning of Consumption Rituals among International Lifestyle Migrants", *International Marketing Review*, 32(2), pp. 219—240.

[291] Gascoigne, N., Thornton, T., 2014, *Tacit knowledge*. London: Routledge.

[292] Geertz, C., 1981, *Negara: The Theatre State in Nineteenth-Century Bali*, Princeton: Princeton University Press.

[293] Geertz, C., 2008, "Thick Description: Toward an Interpretive Theory of Culture", In *The Cultural Geography Reader*, (pp. 41—51). London: Routledge.

[294] Gensler, S., Völckner, F., Liu-Thompkins, Y., Wiertz, C., 2013, "Managing Brands in the Social Media Environment", *Journal of Interactive Marketing*, 27(4), pp. 242—256.

[295] Gentina, E., Palan, K. M., Fosse-Gomez, M. H., 2012, "The Practice of Using Makeup: A Consumption Ritual of Adolescent Girls", *Journal of Consumer Behaviour*, 11(2), pp. 115—123.

[296] Van Gennep, A., 2019, The Rites of Passage, University of Chicago Press.

[297] Gherrier, H., Gurrieri, L., 2014, "Framing Social Marketing as a System of Interaction: A Neo-institutional Approach to Alcohol Abstinence", *Journal of Marketing Management*, 30(7—8), pp. 607—633.

[298] Gilde, C., Pace, S., Pervan, S. J., Strong, C., 2011, "Examining the Boundary Conditions of Customer Citizenship Behaviour: A Focus on Consumption Ritual", *Journal of Strategic Marketing*, 19(7), pp. 619—631.

[299] Gioia, D. A., Corley, K. G., Hamilton, A. L., 2013, "Seeking Qualitative Rigor in Inductive Research: Notes on the Gioia Methodology", *Organizational Research Methods*, Vol. 16 No. 1, pp. 15—31.

[300] Glaser, B. G., Strauss, A. L., 1967, *The Discovery of Grounded Theory: Strategies for Qualitative Research*, Chicago: Aldine.

[301] Goffman, E., 1951, "Symbols of Class Status", *British Journal of Sociology*, 2(4), pp. 294—304.

[302] Goffman, E., 1959, "The Presentation of Self in Everyday Life", New

York: Doubleday.

[303] Goffman, E., 1967, *Interaction Ritual: Essays on Face-to-Face Behavior*, New York: Doubleday.

[304] Goffman, E., 1971, *Relations in Public*, New York: Basic Books.

[305] Goldkuhl, G., Cronholm, S., 2010, "Adding Theoretical Grounding to Grounded Theory: Toward Multi-grounded Theory", International Journal of Qualitative Methods, 9(2), pp. 187—205.

[306] Gordon, P. C., Hendrick, R., Johnson, M., 2001, "Memory Interference during Language Processing", *Journal of Experimental Psychology: Learning, Memory, and Cognition*, 27(6), pp. 1411.

[307] Gordon, A. M., Stellar, J. E., Anderson, C. L., Mcneil, G. D., liew, D., Keitner, D., 2017, "The Dark Side of the Sublime: Distinguishing a Threat-based Variant of Awe", *Journal of Personality and Social Psychology*, 113(2), p. 310.

[308] Goulding, C., Shankar, A., 2011, "Club Culture, Neotribalism and Ritualized Behavior", *Annals of Tourism Research*, 38(4), pp. 1435—1453.

[309] Goulding, C., Shankar, A., Elliott, R., 2002, "Working Weeks, Rave Weekends: Identity Fragmentation and the Emergence of New Communities", *Consumption, Markets & Culture*, 5(4), pp. 261—284.

[310] Graburn, N. H., 1977, "Tourism: The Sacred Journey", in Hosts and Guests: The *Anthropology of Tourism*, ed. Valene Smith, Philadelphia: The University of Pennsylvania Press, 17—32.

[311] Graburn, N., 1983, "The Anthropology of Tourism", *Annals of Tourism Research*, 10, pp. 9—33.

[312] Grandinetti, R., 2014, "The Explicit Dimension: What We could not Learn from Polanyi", *The Learning Organization*, 21(5), pp. 333—346.

[313] Graffigna, G., Gambetti, R. C., 2015, "Grounding Consumer-brand Engagement: A Field-driven Conceptualisation", *International Journal of Market Research*, 57(4), pp. 605—630.

[314] Grant, R. M., 1996a, "Prospering in Dynamically-competitive Environments: Organizational Capability as Knowledge Integration", *Organization Science*, 7(4), pp. 375—387.

[315] Grant, R. M., 1996b, "Toward a Knowledge-based Theory of the Firm",

Strategic Management Journal，Vol. 17 No. S2，pp. 109—122.

［316］Grayson，K.，Martinec，R.，2004，"Consumer Perceptions of Iconicity and Indexicality and Their Influence on Assessments of Authentic Market Offerings"，*Journal of Consumer Research*，31(2)，pp. 296—312.

［317］Grimes，R. 1995 Readings in Ritual Studies，Englewood Cliffs，NJ：PrenticeHall.

［318］Gronroos，C.，1990，*Service Management and Marketing：Managing the Moments of Truth in Service Competition*，Lexington，MA：Lexington Books.

［319］Gummerus，J.，Liljander，V.，Weman，E.，Pihlström，M.，2012，"Customer Engagement in a Facebook Brand Community"，*Management Research Review*，35(9)，pp. 857—877.

［320］Hammersley，M.，1990，"What's Wrong with Ethnography? The Myth of Theoretical Description"，*Sociology*，24(4)，pp. 597—615.

［321］Harmeling，C. M.，Moffett，J. W.，Arnold，M. J.，Carlson，B. D.，2017，"Toward a Theory of Customer Engagement Marketing"，*Journal of the Academy of Marketing Science*，45，pp. 312—335.

［322］Hatch，M. J.，Schultz，M.，2003，"Bringing the Corporation into Corporate Branding"，*European Journal of Marketing*，Vol. 37，no. 7/8，pp. 1041—1064

［323］Haviland，J. B.，2006，"Documenting Lexical Knowledge"，*Essentials of Language Documentation*，pp. 129—162.

［324］He，J.，2023，"The Effect of Brand Rituals on Brand Attachment"，*Academic Journal of Business & Management*，Vol. 5(1)，pp. 14—19.

［325］Hedlund，J.，Antonakis，J.，Sternberg，R. J.，2002，*Tacit Knowledge and Practical Intelligence：Understanding the Lessons of Experience*，United States Army Research Institute for the Behavioral and Social Sciences，Arlington，VA.

［326］Heisley，D. D.，Levy，S. J.，1991，"Autodriving：A Photoelicitation Technique"，*Journal of Consumer Research*，18，pp. 45—46.

［327］Helme-Guizon，A.，Magnoni，F.，2019，"Consumer Brand Engagement and Its Social Side on Brand-hosted Social Media：How do They Contribute to Brand Loyalty?"，*Journal of Marketing Management*，VOL. 35，NO. 7—8，pp.

716—741.

［328］Herrmann-Pillath，C.，Feng，X.，Guo，M.，2019，"Entrepreneurs and Ritual in China's Economic Culture"，*Journal of Institutional Economics*，15(5)，pp. 775—789.

［329］Hess，J. S.，1998，*A Multidimensional Conceptualization of Consumer-brand Relationships: The Differential Impact of Relationship Dimensions on Evaluative Relationship Outcomes*，University of Colorado at Boulder.

［330］Higgins，L.，Hamilton，K.，2019，"Therapeutic Servicescapes and Market-mediated Performances of Emotional Suffering"，*Journal of Consumer Research*，45(6)，pp. 1230—1253.

［331］Hill，R. P.，Stamey，M.，1990，"The Homeless in America: An Examination of Possessions and Consumption Behaviors"，*Journal of Consumer Research*，17(3)，pp. 303—322.

［332］Hirschman，E. C.，1981a，"Comprehending Symbolic Consumption: Three Theoretical Issues"，in *Symbolic Consumer Behavior*，eds. Elizabeth Hirschman and Morris B. Holbrook，Ann Arbor MI: Association for Consumer Research，pp. 4—6.

［333］Hirschman，E. C.，1981b，"Community and Idiosyncrasy in Popular Culture: An Empirical Examination of the Layers of Meaning Concept"，In E. C. Hirschman & M. B. Holbrook (Eds.)，*Symbolic Consumer Behavior*. New York: Association for Consumer Research.

［334］Hirschman，E. C.，Holbrook，M. B.，1981，*Symbolic Consumer Behavior*，Association for Consumer Research，Ann Arbor，MI.，pp. 250—272.

［335］Hirschman，E. C.，Holbrook，M. B.，1982，"Hedonic Consumption: Emerging Concepts，Methods and Propositions"，*Journal of Marketing*，46(3)，pp. 92—101.

［336］Hirschman，E. C.，& Holbrook，M. B. (1986). Expanding the ontology and methodology of research on the consumption experience. In Perspectives on methodology in consumer research (pp. 213—251). New York，NY: Springer New York.

［337］Hirschman，E. C.，Touzani，M.，2011，"Minority Religious Rituals in the Post-colonial World: the Case of Ramadan in France"，*European Advances in*

Consumer Research, 9, pp. 116—122.

［338］Hirsh, J. B., Mar, R. A., Peterson, J. B., 2012, "Psychological Entropy: A Framework for Understanding Uncertainty-related Anxiety", *Psychological Review*, 119(2), p. 304.

［339］Hobson, N. M., Gino, F., Norton, M. I., 2017, "When Novel Rituals Lead to Intergroup Bias: Evidence from Economic Games and Neurophysiology", *Psychological Science*, 28(6), pp. 733—750.

［340］Hobson, N. M., Schroeder, J., Risen, J. L., Xygalatas, D., Inzlicht, M., 2018, "The Psychology of Rituals: An Integrative Review and Process-based Framework", *Personality and Social Psychology Review*, 22(3), pp. 260—284.

［341］Hoffmann-Riem, C., 1980, 'Die Sozialforschung Einer Interpretative Soziologie: Der Datengewinn', Kolner Zeitschrift fur Soziologie und Sozialpsychologie, 32, pp. 339—72.

［342］Hogg, M. K., Banister, E. N., 2001, "Dislikes, Distastes and the Undesired Self: Conceptualizing and Exploring the Role of the Undesired End State in Consumer Experience", *Journal of Marketing Management*, 17 (1/2), pp. 73—104.

［343］Holak, S. L., 2008, "Ritual Blessings with Companion Animals", *Journal of Business Research*, 61, pp. 534—541.

［344］Holbrook, M. B., Hirschman, E. C., 1982, "The Experiential Aspects of Consumption: Consumer Fantasies, Feelings, and Fun", *Journal Consumer Research*, 9, pp. 132—140.

［345］Hollebeek, L. D., 2011a, "Demystifying Customer Brand Engagement: Exploring the Loyalty Nexus", *Journal of Marketing Management*, 27(7—8), pp. 785—807.

［346］Hollebeek, L. D., 2011b, "Exploring Customer Brand Engagement: Definition and Themes", *Journal of Strategic Marketing*, 19(7), pp. 555—573.

［347］Hollebeek, L. D., Glynn, M. S., Brodie, R. J., 2014, "Consumer Brand Engagement in Social Media: Conceptualization, Scale Development and Validation", *Journal of Interactive Marketing*, 28(2), pp. 149—165.

［348］Hollenbeck, C. R., Peters, C., Zinkhan, G. M., 2008, "Retail Spectacles and Brand Meaning: Insights from a Brand Museum Case Study", *Journal of*

Retailing, Vol. 84, No. 3, pp. 334—353.

[349] Holman, R.,1981, "Product Use as Communication: A Fresh Appraisal of the Venerable Topic", in *Review of Marketing*, eds. Ben M. Enis and Kenneth J. Roering, Chicago: American Marketing Association, pp. 250—272.

[350] Holt, D. B.,1992, "Examining the Descriptive Value of Ritual in Consumer Behavior:A View from the Field", *Advances in Consumer Research*,19, pp. 213—218.

[351] Holt, D. B., 1995, "How Consumers Consume: A Typology of Consumption Practices", *Journal of Consumer Research*, 22,(1), pp. 1—16.

[352] Holt, D. B., 2002, "Why Do Brands Cause Trouble? A Dialectical Theory of Consumer Culture and Branding", *Journal of Consumer Research*, 29 (June), pp. 70—90.

[353] Holt, D. B., 2003, "What Becomes an Icon Most?", *Harvard Business Review*, 81(3), pp. 43—49.

[354] Holt, D. B., 2004, *How Brands Become Icons: The Principles of Cultural Branding*, Cambridge, MA: Harvard Business School Press.

[355] Homans,G. C.,1941, "Anxiety and Ritual: The Thoeries of Malinowski and Radcliffe-Brown", *American Anthropologist*, 43, pp. 164—172.

[356] Hopkins, N., Reicher, S. D., 2017,"Social Identity and Health at Mass Gatherings", *European Journal of Social Psychology*, 47(7), pp. 867—877.

[357] Houston, H. R., 1999, "Through Pain and Perseverance: Liminality, Ritual Consumption, and the Social Construction of Gender in Contemporary Japan", *Advances in Consumer Research*, 26(1), pp. 542—548.

[358] Hughes, C., Swaminathan, V., Brooks, G., 2019, "Driving Brand Engagement Through Online Social Influencers: An Empirical Investigation of Sponsored Blogging Campaigns", *Journal of Marketing*, Vol. 83(5), pp. 78—96.

[359] Imber-black, E., Roberts, J., 1992, *Rituals for Our Times: Celebrating, Healing, and Changing Our Lives and Our Relationships*, New York: Harpercollins.

[360] Innis, R. E., Handelman, D., Lindquist, G., 2005, *Ritual in Its Own Right*, New York: Berghahn Books.

[361] Insoll, T., 2004, *Archaeology, Ritual, Religion*, New York:Psychol-

ogy Press.

[362] Irons, W., 2001, "Religion as a Hard-to-Fake Sign of Commitment", In *Evolution and the Capacity for Commitment*, R. Nesse, ed. pp. 292—309. New York: Russell Sage Foundation.

[363] Ismail, Z., Masood, S., Tawab, Z. M., 2012, *Factors Affecting Consumer Preference of International Brands over Local Brands*. In 2nd International Conference on Social Science and Humanity (Vol. 31, No. 12, pp. 54—59).

[364] Ivanhoe, P. J., 2007, "Heaven as a Source for Ethical Warrant in Early Confucianism", *Dao*, 6, pp. 211—220.

[365] Jaakkola, E., Alexander, M., 2014, "The Role of Customer Engagement Behavior in Value Co-creation: A Service System Perspective", *Journal of Service Research*, 17(3), pp. 247—261.

[366] Jacobs, J. L., 1989, "The Effects of Ritual Healing on Female Victims of Abuse: A Study of Empowerment and Transformation", *Sociology of Religion*, 50, pp. 265—279.

[367] Jacoby, J., Chestnut, R. W., Fisher, W. A., 1978, "A Behavioral Process Approach to Information Acquisition in Nondurable Purchasing", *Journal of Marketing Research*, Vol. 15(4), pp. 532—544.

[368] Jennings, T. W., 1982, "On Ritual Knowledge", *The Journal of Religion*, 62(2), pp. 111—127.

[369] Johnson, J. A., 2009, "The Window of Ritual: Seeing the Intentions and Emotions of 'doing' Gender", *Gender Issues*, 26, pp. 65—84.

[370] Johnston, J., 2002, "Zen and the Art of Propane Safety", *LPGASmagazine*, July, 10.

[371] Johnstone, M. L., Conroy, D. M., 2005, "Dressing for the Thrill: An Exploration of Why Women Dress up to Go Shopping", *Journal of Consumer Behaviour*, 4(4), pp. 234—245.

[372] Kapferer, J. N., 2012, *The New Strategic Brand Management-Advanced Insights and Strategic Thinking*, 5th edn, London: KoganPage.

[373] Kapitàny, R., Nielsen, M., 2015, "Adopting the Ritual Stance: The Role of Opacity and Context in Ritual and Everyday Actions", *Cognition*, 145, pp. 13—29.

[374] Kates, S. M., 2002, "The Protean Quality of Subcultural Consumption: An Ethnographic Account of Gay Consumers", *Journal of Consumer Research*, 29(3), pp. 3833—99.

[375] Kates, S. M., Goh, C., 2003, "Brand Morphing: Implications for Advertising Theory and Practice", *Journal of Advertising*, Vol. 32, No. 1, P59.

[376] Kay, A. C., Gaucher, D., Napier, J. L., Callan, M. J., Laurin, K., 2008, "God and the Government: Testing a Compensatory Control Mechanism for the Support of External Systems", *Journal of Personality and Social Psychology*, 95, pp. 18—35.

[377] Keinan, G., 1994, "Effects of Stress and Tolerance of Ambiguity on Magical Thinking", *Journal of Personality and Social Psychology*, 67(1), P48.

[378] Kelle, U., 2005, "Emergence"vs. "Forcing"of Empirical Data? A Crucial Problem of "Grounded Theory"Reconsidered. *Forum: Qualitative Social Research*, 6(2). Retrieved from http://www. qualitative-research. net/index. php/fqs/index

[379] Keller, J., Klein, K. G., 1990, "Detective Fiction and the Function of Tacit Knowledge", *Mosaic: A Journal for the Interdisciplinary Study of Literature*, 23(2), pp. 45—60.

[380] Keller, K. L., 1993, "Conceptualizing, Measuring, Managing Customer-based Brand Equity", *Journal of Marketing*, 57(1), pp. 1—22.

[381] Keller, K. L., 2001, *Building Customer-based Brand Equity: A Blueprint for Creating Strong Brands*, Marketing Science Institute, working paper, report No. 01—107.

[382] Keller, K. L., 2003, "Brand Synthesis: The Multidimensionality of Brand Knowledge", *Journal of Consumer Research*, 29(4), pp. 595—600.

[383] Keller, K. L., Lehmann, D. R., 2005, *Brands and Branding: Research Findings and Future Priorities*. MSI Special Report, No. 05-200, Cambridge, MA, Marketing Science Institute.

[384] Kertzer, D., 1989, *Ritual, Politics and Power*, New Haven, CT: Yale.

[385] King, S., 1970, What is a Brand, London: J. Walter Thompson.

[386] Kinsbourne, M., 2006, "Gestures as Embodied Cognition: A Neurodevelopmental Interpretation", Gesture, 6(2), pp. 205—214.

［387］Kleine, S. S., Kleine, R. E. III, Allen, C. T., 1995, "How is a Possession 'Me' or 'Not Me'? Characterizing Types and An Antecedent of Material", *Journal of Consumer Research*, 22 (3), pp. 327—343.

［388］Kogut, B., Zander, U., 1992, "Knowledge of the Firm, Combinative Capabilities, and the Replication of Technology", *Organization Science*. 3(3), pp. 383—397.

［389］Kogut, B., Zander, U.,1993, "Knowledge of the Firm and the Evolutionary Theory of the Multinational Corporation", *Journal of International Business Study*, 24(4), pp. 625—645.

［390］Kogut, B., Zander, U., 1995, "Knowledge, Market Failure and the Multinational Enterprise: A Reply", *Journal of International Business Study*, 26 (2),pp. 417—426.

［391］Konvalinka, I., Xygalatas, D., Bulbulia, J., Schjφdt, U., Jegindφ, E. M., Wallot, S., ... Roepstorff, A., 2011, "Synchronized Arousal Between Performers and Related Spectators in a Fire-walking Ritual", *Proceedings of the National Academy of Sciences*, 108(20), pp. 8514—8519.

［392］Kozinets, R. V., 2001, "Utopian Enterprise: Articulating the Meanings of Star Trek's Culture of Consumption", *Journal of Consumer Research*, 28(1), pp. 67—88.

［393］Kozinets, R. V., Handelman, J. M., 2004, "Adversaries of Consumption: Consumer Movements, Activism, and Ideology", *Journal of Consumer Research*, 31(3), pp. 691—704.

［394］Kràtký, J., Lang, M., Shaver, J. H., Jerotijević, D., Xygalatas, D., 2016, "Anxiety and Ritualization: Can Attention Discriminate Compulsion from Routine?", *Communicative & Integrative Biology*, 9(3), p. e1174799.

［395］Kreinath, J.,Snoek, J., Stausberg, M., 2006, *Theorizing Rituals*, Leiden:Brill Academic Publishers.

［396］Krishna, A., Schwarz, N., 2014, "Sensory Marketing, Embodiment, and Grounded Cognition: A Review and Introduction", *Journal of Consumer Psychology*, 24(2), pp. 159—168.

［397］Kuran, T., 1998, "Ethnic Norms and Their Transformation through Reputational Cascades", *Journal of Legal Studies*, 27(2), pp. 623—659.

［398］Kumar，V.，Aksoy，L.，Donkers，B.，Venkatesan，R.，Wiesel，T.，Tillmanns，S.，2010，"Undervalued or Overvalued Customers：Capturing Total Customer Engagement Value"，*Journal of Service Research*，Vol. 13(3)，pp. 297—310.

［399］Kumar，V.，Pansari，A.，2016，"Competitive Advantage through Engagement"，*Journal of Marketing Research*，53(4)，pp. 497—514.

［400］Kvale，S.，1983，"The Qualitative Research Interview：A Phenomenological and a Hermeneutical Mode of Understanding"，Journal of Phenomenological Psychology，14(Fall)，pp. 171—196

［401］LaCoste Nelson，F. A. L.，2006，*In the Other Room：Entering the Culture of Motherhood*. PhD dissertation. Ann Arbor，MI：ProQuest Information and Learning.

［402］Lakoff，G.，Johnson，M.，2008，*Metaphors We Live By*，Chicago，IL：University of Chicago Press.

［403］Lane，P. J.，Salk，J. E.，Lyles，M. A.，2001，"Absorptive Capacity，Learning，and Performance in International Joint Ventures"，*Strategic Management Journal*，22，pp. 1139—1161.

［404］Lang，M.，Kràtký，J.，Shaver，J. H.，Jerotijević，D.，Xygalatas，D.，2015，"Effects of Anxiety on Spontaneous Ritualized Behavior"，*Current Biology*，25，pp. 1892—1897.

［405］Leckie，C.，Nyadzayo，M. W.，Johnson，L. W.，2016，"Antecedents of Consumer Brand Engagement and Brand Loyalty"，*Journal of Marketing Management*，32(5—6)，pp. 558—578.

［406］Lee，R. P.，Grewal，R.，2004，"Strategic Responses to New Technologies and Their Impact on Firm Performance"，*Journal of Marketing*，68(4)，pp. 157—171.

［407］Legare，C. H.，Souza，A. L.，2012，"Evaluating Ritual Efficacy：Evidence from the Supernatural"，*Cognition*，124，pp. 1—15.

［408］Levy，S. J.，1959，"Symbols for Sale"，*Harvard Business Review*，37 (July-August)，pp. 117—124.

［409］Levy，S. J.，1981，"Interpreting Consumer Mythology：A Structural Approach to Consumer Behavior"，*Journal of Marketing*，45，pp. 49—61.

[410] Liénard, P., Boyer, P., 2006, "Whence Collective Rituals? A Cultural Selection Model of Ritualized Behavior", *American Anthropologist*, 108(4), pp. 814—827.

[411] Ligas, M., Cotte, J., 1999, "The Process of Negotiating Brand Meaning: Asymbolic Interactionist Perspectives", *Advances in Consciousness Research*, No. 26, pp. 609—614.

[412] Linde, C., 2001, "Narrative and Social Tacit Knowledge", *Journal of Knowledge Management*, 5(2), pp. 160—171.

[413] Linderman, F. A., 1924, *An Analysis of Errors in Arithmetic*, A Master thesis submitted to the faculty of the University of Arizona

[414] Liu, M. W., Zhu, Q., Wang, X., 2022, "Building Consumer Connection with New Brands through Rituals: The Role of Mindfulness", *Marketing Letters*, Vol. 33(2), pp. 237—250.

[415] Loftus, E. F., Loftus, G. R., 1976, *Human Memory: The Processing of Information*, Hillsdale, NJ: Erlbaum.

[416] Low, A., 1976, *Zen and Creative Management*, New York: Anchor Press/Doubleday, pp. xviii+255.

[417] Lusch, R. F., Vargo, S. L., O'brien, M., 2007, "Competing through Service: Insights from Service-dominant Logic", *Journal of Retailing*, 83(1), pp. 5—18.

[418] MacCannell, D., 1976, *The Tourist*, New York: Schocken.

[419] MacInnis, D. J., Folkes, V. S., 2017, "Humanizing Brands: When Brands Seem to be Like Me, Part of Me, and in a Relationship with Me", *Journal of Consumer Psychology*, 27, pp. 355—374.

[420] Maffesoli, M., 1996, *The Contemplation of the World: Figures of Community Style*, Twin City District, Minnesota: University of Minnesota Press.

[421] Magolda, P. M., 2000, "The Campus Tour: Ritual and Community in Higher Education", *Anthropology & Education Quarterly*, 31(1), pp. 24—46.

[422] Maheswaran, D., Mackie, D. M., Chaiken, S., 1992, "Brand Name as a Heristic Cue: The Effects of Task Importance and Expectancy Confirmation on Consumer Judgment", *Journal of Consumer Psychology*, 1(4), pp. 317—336.

[423] Malar, L., Krohmer, H., Hoyer, W. D., 2011, "Emotional Brand At-

tachment and Brand Personality: The Relative Importance of the Actual and Ideal Self", *Journal of Marketing*, 75(4), pp. 35—52.

[424] Malefyt, T., de Waal, Morais, R. J., 2010, "Creativity, Brands and the Ritual Process: Confrontation and Resolution in Advertising Agencies", *Culture and Organization*, 16, pp. 333—347.

[425] Malinowski, M., 2014, *Science and Religion and Other Essays*, Read Books Ltd,.

[426] Maloney, P., 2013, "Online Networks and Emotional Energy: How Pro-anorexic Websites Use Interaction Ritual Chains to (Re)form Identity", *Information, Communication & Society*, 16, pp. 105—124.

[427] Malthouse, E. C., Calder, B. J., 2011, "Comment: Engagement and Experiences: Comment on Brodie", *Journal of Service Research*, 14(3), pp. 277—279.

[428] Mandler, J. M., 1984, *Stories, Scripts, and Scenes: Aspects of Schema Theory*, Hillsdale, NJ: Erlbaum.

[429] Manning, K., 1994, "Rituals and Rescission: Building Community in Hard Times", *Journal of College Student Development*, 35, pp. 275—275.

[430] Marler, P. L., 1999, "The American Ritual Tapestry: Social Rules and Cultural Meanings", Edited by Mary Jo Deegan (Book Review). *Social Forces*, 78 (2), pp. 848.

[431] Martin, X. Salomon, R., 2003a, "Tacitness, Learning, and International Expansion: A Study of Foreign Direct Investment in a Knowledge-intensive Industry", *Organization Science*, 14(3), pp. 297—311.

[432] Martin, X., Salomon, R., 2003b, "Knowledge Transfer Capacity and Its Implications for the Theory of the Multinational Corporation", *Journal of International Business Studies*, 34, pp. 356—373.

[433] Martineau, P., 1958, "Social Glasses and Spending Behavior", *Journal of Marketing*, 23(2), pp. 121—130.

[434] Maschio, T., 2015, "Everyday Things: An Anthropologist's Take on E-motion and the Sense of the Sacred in Consumer Rituals", *Journal of Business Anthropology*, Vol. 4(2), pp. 342—351.

[435] Maslowska, E., Malthouse, E. C., Collinger, T., 2016, "The Custom-

er Engagement Ecosystem", *Journal of Marketing Management*, 32(5—6), pp. 469—501.

[436] Massa, F., Helms, W., Voronov, M., Wang, L., 2016, "Emotions Uncorked: Inspiring Evangelism for the Emerging Practice of Cool-climate Wine Making in Ontario", *Academy of Management Journal*, 60, pp. 461—499.

[437] Nelson, R. R., Winter, S. G., 1982, *An Evolutionary Theory of Economic Change*. Cambridge, MA : Harvard University Press.

[438] Maxwell,J. A., 1996, *Qualitative Research Design: An Interactive Approach* (2nd Ed.), Thousand Oaks, CA: Sage.

[439] McCracken, G., 1986, "Culture and Consumption: A Theoretical Account of the Structure and Movement of the Cultural Meaning of Consumer Goods", *Journal of Consumer Research*, 13(1), pp. 71—84.

[440] McCracken, G., 1989, "Who is the Celebrity Endorser? Cultural Foundations of the Endorsement Process", *Journal of Consumer Research*, 16, pp. 310—321.

[441] McCracken, G., 2005, *Culture and Consumption II: Markets, Meaning, and Brand Management*, Bloomington: Indiana University Press.

[442] McDonald, H., Karg, A. J., 2014, "Managing Co-creation in Professional Sports: The Antecedents and Consequences of Ritualized Spectator Behavior", *Sport Management Review*, 17(3), pp. 292—309.

[443] McGinnis, L. P., Gentry, J. W., 2004, "Examining the Mediating Relationship of "Play"on Ritual Enduring Involvement", *Advances in Consumer Research*, 31(1), pp. 405—411.

[444] McKechnie, S., Tynan, C., 2006, "Social Meanings in Christmas Consumption: An Exploratory Study of UK Celebrants' Consumption Rituals", *Journal of Consumer Behaviour*, 5(2), pp. 130—144.

[445] Mead, G. H., 1956, *On Social Psychology*. ed. Anselm Strauss, Chicago: University of Chicago Press.

[446] Meddin, J., 1980, "Symbols, Anxiety, and Ritual: A Functional Interpretation", *Qualitative Sociology*, 3(4), pp. 251—271.

[447] Merz, M. A., Yi, H., Vargo, S. L., 2009, "The Evolving Brand Logic: A Service-dominant Logic Perspective", *Journal of the Academy of Marketing Sci-

ence, Vol. 37 No. 3, pp. 328—344.

［448］Mi, B., Zhang, T., Zhang, J., Du, H., 2021, "Research of the Starbucks' Ritual Sense and Strategy of Sales", In 2021 International Conference on Enterprise Management and Economic Development (ICEMED 2021) (pp. 86—92). Atlantis Press.

［449］Mick, D. G., Buhl, C., 1992, "A Meaning-based Model of Advertising Experiences", *Journal of Consumer Research*, 19(3), pp. 317—338.

［450］Miklas, S., Arnold, S. J., 1999, "The Extraordinary Self:Gothic Culture and the Construction of the Self", *Journal of Marketing Management*,15(6), pp. 563—576.

［451］Miller, D., ed. 1995, *Unwrapping Christmas*, Oxford: Oxford University Press.

［452］Mills, J., Bonner, A., Francis, K., 2006, "The Development of Constructivist Grounded Theory", *International Journal of Qualitative Methods*, 5 (1). Retrieved from http://ejournals. library. ualberta. ca/index. php/IJQM/index

［453］Mitchell, R., Boyle, B., 2010, "Knowledge Creation Measurement Methods", *Journal of Knowledge Management*, Vol. 14, No. 1, pp. 67—82.

［454］Mitkidis, P., Ayal, S., Shalvi, S., Heimann, K., Levy, G., Kyselo, M., ... Roepstorff, A., 2017, "The Effects of Extreme Rituals on Moral Behavior: The Performers-observers Gap Hypothesis", *Journal of Economic Psychology*, 59, pp. 1—7.

［455］Moeran, B., Skov, L., 1995, *Cinderella Christmas: Kitsch, Consumerism and Youth in Japan in Unwrapping Christmas*, Oxford: Oxford University Press.

［456］Moher, D., Liberati, A., Tetzlaff, J., Altman, D. G., 2009, "Preferred Reporting Items for Systematic Reviews and Meta-analyses:The PRISMA Statement", *Annals of Internal Medicine*, 151(4), pp. 264—269.

［457］Moisio, R., Beruchashvili, M., 2007, "We Just Gripe'N Gripe… That'S All We Do!": Performing the Griping Ritual in the Weight Watchers Brand Community. ACR North American Advances.

［458］Mollen, A., Wilson, H., 2010, "Engagement,Telepresence and Interactivity in Online Consumer Experience: Reconciling Scholastic and Managerial Perspectives", *Journal of Business Research*, 63(9—10), pp. 919—925.

[459] Montemurro, B., 2002, ''You go 'cause you have to': The bridal shower as a ritual of obligation", *Symbolic Interaction*, 25(1), pp. 87—92.

[460] Moore, S. F., Myerhoff, B. G., 1977, "Introduction: Secular ritual: Forms and meanings", *Secular Ritual*, pp. 3—24.

[461] Morgan, R. M., Hunt, S., 1994, "The Commitment-Trust Theory of Relationship Marketing", *Journal of Marketing*, 58 (July), pp. 20—38.

[462] Moufahim, M., Lichrou, M., 2019, "Pilgrimage, Consumption, and Rituals: Spiritual Authenticity in A Shia Muslim Pilgrimage", *Tourism Management*, 70, pp. 322—332.

[463] Moustakas, C., 1994, *Phenomenological Research Methods*, Thousand Oaks, CA: Sage,.

[464] Muniz, A. M., Schau, H. J., 2005, "Religiosity in the Abandoned Apple Newton Brand Community", *Journal of Consumer Research*, 31 (4), pp. 737—347.

[465] Muñiz, A. M., O'Guinn, T. C., 2001, "Brand Community", *Journal of Consumer Research*, 27(March), pp. 412—432.

[466] Muñiz, A. M., O'Guinn, T. C., 2005, "Marketing Communications in A World of Consumption and Brand Communities", In A. J. Kimmel (Ed.), *Marketing Communication: New Approaches, Technologies, and Styles* (pp.), London: Oxford University Press.

[467] Muñiz, A. M., Schau, H. J., 2005, "Religiosity in the Abandoned Apple Newton Brand Community", *Journal of Consumer Research*, Vol. 31 (4), pp. 737—347.

[468] Murray, G., Gottlieb, J., Swartz, H. A., 2020, "Maintaining Daily Routines to Stabilize Mood: Theory, Data, and Potential Intervention for Circadian Consequences of Covid—19", *Canadian Journal of Psychiatry*, Revue canadienne de psychiatrie, 66(2).

[469] Myers, S. G., Grøtte, T., Haseth, S., Guzey, I. C., Hansen, B., Vogel, P. A., Solem, S., 2017, The Role of Metacognitive Beliefs About Thoughts and Rituals: A Test of the Metacognitive Model of Obsessive-compulsive Disorder in a Clinical Sample", *Journal of Obsessive-Compulsive and Related Disorders*, 13,

pp. 1—6.

[470] Neale, L., 2010, Loyalty and the Ritualistic Consumption of Entertainment, Continuum: Journal of Media & Cultural Studies, Vol. 24, No. 6.

[471] Nelson, R. R., Winter, S. G., 1982, *An Evolutionary Theory of Economic Change*, Belknap Press: Cambridge, MA.

[472] Newman, J. W., Werbel, R. A., 1973, "Multivariate Analysis of Brand Loyalty for Major Household Appliances", *Journal of Marketing Research*, Vol. 10 (4), pp. 404—409.

[473] Nguyen, T., Belk, R., 2012, "Vietnamese Weddings: From Marx to Market", *Journal of Micromarketing*, 32(1), pp. 109—120.

[474] Nguyen, T. D. T., Belk, R. W., 2013, "Harmonization Processes and Relational Meanings in Constructing Asian Weddings", *Journal of Consumer Research*, 40(3), pp. 518—538.

[475] Nicosia, F. M., Mayer, R. N., 1976, "Toward A Sociology of Consumption", *Journal of Consumer Research*, 3(2), pp. 65—75.

[476] Nielsen, M., Kapitàny, R., Elkins, R., 2015, "The Perpetuation of Ritualistic Actions as Revealed by Young Children's Transmission of Normative Behavior", *Evolution and Human Behavior*, 36, pp. 191—198.

[477] Noh, J. B., Lee, K. C., Kim, J. K., Lee, J. K., Kim, S. H., 2000, "A Case-based Reasoning Approach to Cognitive Map-driven Tacitknowledge Management", *Expert Systems with Applications*, 19(4), pp. 249—259.

[478] Nonaka, I., 1994, "A Dynamic Theory of Organizational Knowledge Creation", *Organization Science*, 5, pp. 14—37.

[479] Nonaka, I., Takeuchi, H., 1995, *The Knowledge-creating Company: How Japanese Companies Create the Dynamics of Innovation*, Oxford University Press: New York.

[480] Nonaka, I., Toyama, R., 2003, "The knowledge-creating Theory Revisited: Knowledge Creation as A Synthesizing Process", *Knowledge Management Research & Practice*, Vol. 1, No. 1, pp. 2—10.

[481] Nonaka, I., Toyama, R., Konno, N., 2001, "SECI, Ba and Leadership: A Unified Model of Dynamic Knowledge Creation", *Long Range Planning*, Vol. 33 No. 1, pp. 5—34.

[482] Norton, M. I., Gino, F., 2014, "Rituals Alleviate Grieving for Loved Ones, Lovers, and Lotteries", *Journal of Experimental Psychology: General*, 143, pp. 266—272.

[483] Oakes, S., Dennis, N., Oakes, H., 2013, "Web-based Forums and Metaphysical Branding", *Journal of Marketing Management*, 29(5—6), pp. 607—624.

[484] Ogden, C. K., Richards, I. A., Malinowski, B., Crookshank, F. G., 1946, *The Meaning of Meaning*, Harcourt, Brace & World, New York, NY.

[485] Ogilvie, D., 1987, "The Undesired Self: A Neglected Variable in Personality Research", *Journal of Personality and Social Psychology*, 52(2), pp. 379—385.

[486] Okleshen, C., Grossbart, S., 2001, "The Ritual Creation of Consumption Communities", Special Session on Rituals: Three Gifts and Why Consumer Researchers Should Care, in *Advances in Consumer Research*, 28, pp. 384—385.

[487] Oliver, R. L., 1999, "Whence Consumer Loyalty?", *Journal of Marketing*, 63(4_suppl1), pp. 33—44.

[488] Oliver, R. L., Rust, R. T., Varki, S., 1997, "Customer Delight: Foundations, Findings, and Managerial Insight", *Journal of Retailing*, Vol. 73 (3), pp. 311—336.

[489] Olsen, S. O., 2002, "Comparative Evaluation and the Relationship between Quality, Satisfaction, and Repurchase Loyalty", *Journal of the Academy of Marketing Science*, 30(3), pp. 240—249.

[490] O'Reilly, D., Kerrigan, F., 2013, "A View to A Brand: Introducing the Film Brandscape", *European Journal of Marketing*, Vol. 47, No 5/6, pp. 769—789.

[491] Osei-Frimpong, K., McLean, G., 2018, "Examining Online Social Brand Engagement: A Social Presence Theory Perspective", *Technological Forecasting and Social Change*, 128, pp. 10—21.

[492] Ostergaard, P., Jantzen, C., 2000, "Shifting Perspectives in Consumer Research: From Buyer Behaviour to Consumption Studies", In S. C. Beckmann & R. H. Elliott (Eds.), *Interpretive Consumer Research: Paradigms, Methodologies and Applications* (pp.). Copenhagen: Copenhagen Business School Press.

［493］Otnes，C.，Crosby，E.，Kwon，M.，2013，"The Impact of Aesthetics in Embedded Service Rituals"，*European Advances in Consumer Research*，(9)，p. 1.

［494］Otnes，C. C.，Ilhan，B. E.，Kulkarni，A.，2012，"The Language of Marketplace Rituals: Implications for Customer Experience Management"，*Journal of Retailing*，88(3)，pp. 367—383.

［495］Otnes，C.，Lowrey，T. M.，1993，"Til Debt do US Part: The Selection and Meaning of Artifacts in the American Wedding"，*Advances in Consumer Research*，20，pp. 325—329.

［496］Otnes，C. C.，Lowrey，T. M.，2004，*Contemporary Consumption Rituals: A Research Anthology*，Taylor and Francis.

［497］Otnes，C.，Mcgrath，M. A.，2001，"Perceptions and Realities of Male Shopping Behavior"，Journal of Retailing，77(1)，pp. 111—137.

［498］Otnes，C.，Nelson，M.，Mcgrath，M. A.，1995，"The children's Birthday Party: A Study of Mothers as Socialization Agents"，*Advances in Consumer Research*，22(1)，pp. 622—627.

［499］Otnes，C，Scott，L. M.，1996，Something Old，Something New: Exploring the Interaction between Ritual and Advertising"，*Journal of Advertising*，25(1)，pp. 33—50.

［500］Otnes，C. C.，Zayer，L. T.，Arias，R. A.，Sreekumar，A.，2018，"The Roles of Extraordinary Beliefs in Consumption Rituals"，*Journal of the Association for Consumer Research*，3(4)，pp. 566—581.

［501］Padgett，V. R.，Jorgenson，D. O.，1982，Superstition and Economic Threat: Germany，1918—1940"，*Personality and Social Psychology Bulletin*，8(4)，pp. 736—741.

［502］Pàez，D.，Bilbao，M. À.，Bobowik，M.，Campos，M.，Basabe，N.，2011，Merry Christmas and Happy New Year! The Impact of Christmas Rituals on Subjective Well-being and Family's Emotional Climate"，*Revista de Psicología Social*，26(3)，pp. 373—386.

［503］Pàez，D.，Rimé，B.，Basabe，N.，Wlodarczyk，A.，Zumeta，L.，2015，"Psychosocial Effects of Perceived Emotional Synchrony in Collective Gatherings"，*Journal of Personality and Social Psychology*，108(5)，P711.

［504］Palmatier，R. W.，Kumar，V.，Harmeling，C. M.，(Eds.)，2017，

Customer Engagement Marketing, Springer.

[505] Park, C., 1998, "Consumer Ritualizaiton: Exploring the Relationships Between Adressing-up and Clothing Buying Behaviors", *ACR Asia-Pacific Advances*.

[506] Park, C., Whan, B., Jaworski, J., Deborah, J., MacInnis, (October 1986), "Strategic Brand Concept-Image Management", *Journal of Marketing*, 50, pp. 135—145.

[507] Parsons, A. L., 2002, "What Determines Buyer-seller Relationship Quality? An Investigation from the Buyer's Perspective", *Journal of Supply Chain Management*, 38(1), pp. 4—12.

[508] Pascale, R. T., 1978, "Zen and the Art of Management", *Harvard Business Review*, March-April, pp. 153—162.

[509] Patterson, P., Yu, T., De Ruyter, K., 2006, "Understanding Customer Engagement in Services", In Ali, Y & van Dessel, M (Eds.) ANZMAC 2006 Conference Proceedings. Australian and New Zealand Marketing Academy, CD Rom, pp. 1—7.

[510] Penaloza, L., 2000, "The Commodification of the American West: Marketers' Production of Cultural Meanings at the Trade Show", *Journal of Marketing*, 64(4), pp. 82—109.

[511] Peperkamp, E., 2018, "'Dutch don't Dance'-Leisure Experiences and Sense of Belonging Among Polish Migrants in the Netherlands", *Leisure Studies*, 37(3), pp. 256—267.

[512] Pettegrew, L. S., 2017, "An Ethnography of Humor, Ritual and Defiance in A Cancer Care Setting", *Journal of Organizational Ethnography*, 6(3), pp. 159—176.

[513] Pimentel, R. W., Reynolds, K. E., 2004, "A Model for Consumer Devotion: Affective Commitment with Proactive Sustaining Behaviors", *Academy of Marketing Science Review*, 5(1), pp. 1—45.

[514] Pitt, L. F., Watson, R. T., Berthon, P., Wynn, D., Zinkhan, G., 2006, "The Penguin's Window: Corporate Brands from An Open-source Perspective", *Journal of the Academy of Marketing Science*, Vol. 34 No. 2, pp. 115—127.

［515］Plester，B.，2015，"Ingesting the Organization：The Embodiment of Organizational Food Rituals"，*Culture and Organization*，21，pp. 251—268.

［516］Polanyi，M.，1958，*Personal Knowledge*，London：Routledge.

［517］Polanyi，M.，2009，"The Tacit Dimension"，*Knowledge in Organisations*，London：Rouledge.

［518］Prexl，K. M.，Kenning，P.，2011，"An Empirical Analysis of The Antecedents and Consequences of Brand-rituals"，*ACR European Advances*.

［519］Putnam，H.，1973，"Meaning and Reference"，*The Journal of Philosophy*，Vol. 70，No. 19，pp. 699—711.

［520］Quantz，R. A.，1999，"School Ritual as Performance：A Reconstruction of Durkheim's and Turner's Uses of Ritual"，*Educational Theory*，49（4），pp. 493—513.

［521］Quantz，R. A.，Magolda，P. M.，1997，"Nonrational Classroom Performance：Ritual as An Aspect of Action"，*The Urban Review*，29（4），pp. 221—238.

［522］Raj，Z.，2012，*Brand Rituals：How Successful Brands Bond with Customers for Life*，Mill Valley，CA：Spyglass Pub. Group Inc.

［523］Ran，Y.，Wan，E. W.，2023，"Enjoyment or Autonomy? The Interactive Effect of Brand Ritual and Brand Personality on Consumer Purchase"，*Psychology & Marketing*，Vol. 40(1)，pp. 89—106.

［524］Rappaport，R.，1979，*Ecology，Meaning and Religion*，Richmond，CA：North Atlantic.

［525］Rappaport，R. A.，1996，"The Obvious Aspects of Ritual"，InR. L. Grimes(Ed.)，*Readings in Ritual Studies*，Upper Saddle River，NJ：Prentice Hall.

［526］Rather，R. A.，Sharma，J.，2019，"Dimensionality and Consequences of Customer Engagement：A Social Exchange Perspective"，*Vision*，23（3），pp. 255—266.

［527］Rathore，A. K.，Ilavarasan，P. V.，Dwivedi，Y. K.，2016，"Social Media Content and Product Co-creation：An Emerging Paradigm"，*Journal of Enterprise Information Management*，29(1)，pp. 7—18.

［528］Reich，R.，1991，*The Work of Nations：Preparing Ourselves for 21st-*

Century Capitalism，New York，NY：Vintage Books.

［529］Reynolds，T. J.，Gutman，J.，1984，"Advertising is Image Management"，*Journal of Advertising Research*.

［530］Richins，M. L.，1991，"Social Comparison and The Idealized Images of Advertising"，*Journal of Consumer Research*，18(1)，pp. 71—83.

［531］Richins，M. L.，1994，"Special Possessions and The Expression of Material Values"，*Journal of Consumer Research*，21(3)，pp. 522—533.

［532］Ries，A.，Trout，J.，2001，*Positioning：The Battle for Your Mind*，New York：McGraw-Hill.

［533］Rimé，B.，2007，"The Social Sharing of Emotion as An Interface between Individual and Collective Processes in the Construction of Emotional Climates"，*Journal of Social Issues*，63(2)，pp. 307—322.

［534］Ritson，M.，Elliott，R.，1999，"The Social Uses of Advertising：An Ethnographic Study of Adolescent Advertising Audiences"，*Journal of Consumer Research*，26(3)，pp. 260—277.

［535］Robbins，J.，2015，"Ritual，Value，and Example：On the Perfection of Cultural Representations"，*Journal of the Royal Anthropological Institute*，21，(S1)，pp. 18—29.

［536］Rocha，A. R.，Rocha，C.，Rocha，A. D.，2016，"Rituals of Cruise Consumption and The 'new' Middle Class：Desiring and 'Devouring' Maritime Cruises"，*Leisure Studies*，36(4)，pp. 468—480.

［537］Romanoff，B. D.，Thompson，B. E.，2006，"Meaning Construction in Palliative Care：The Use of Narrative，Ritual，and the Expressive Arts"，*American Journal of Hospice and Palliative Medicine*，23，pp. 309—316.

［538］Rook，D. W.，1984，"Ritual Behavior and Consumer Symbolism"，*Advances in Consumer Research*，11(1)，pp. 279—284.

［539］Rook，D. W.，1985，"The Ritual Dimension of Consumer Behavior"，*Journal of Consumer Research*，12 (3)，pp. 251—64.

［540］Rook，D. W.，Levy，S. J.，1983，"Psychosocial Themes in Consumer Grooming Rituals"，Advances in Consumer Research，10(1)，pp. 329—333.

［541］Rossano，M. J.，2012，"The Essential Role of Ritual in The Transmission and Reinforcement of Social Norms"，Psychological Bulletin，138(3)，P529.

［542］Ruffle, B. J., Sosis, R., 2007, "Does it Pay to Pray? Costly Ritual and Cooperation", *Journal of Economic Analysis & Policy*, 7, pp. 1—37.

［543］Burroughs, B, 2014, "Facebook and Farmville: A Digital Ritual Analysis of Social Gaming", Games and Culture, 9 (3), pp. 151—166.

［544］Russell, B., 2001, *The Problems of Philosophy*, OUP Oxford.

［545］Russell, C. A., Levy, S. J., 2012, "The Temporal and Focal Dynamics of Volitional Reconsumption: A Phenomenological Investigation of Repeated Hedonic Experiences", Journal of Consumer Research, 39(2), pp. 341—359.

［546］Ruth, J. A., Otnes, C., Brunelf, F., 1999, "Gift Receipt and the Reformulation of Interpersonal Relationships", *Journal of Consumer Research*, 25 (4), pp. 385—402.

［547］Sarkissian, H., 2014, "Is Self-regulation A Burden or A Virtue? A Comparative Perspective", *The Philosophy and Psychology of Character and Happiness: An Empirical Approach to Character and Happiness*, pp. 181—196.

［548］Sarkissian, H., Chatterjee, A., De Brigard, F., Knobe, J., Nichols, S., Sirker, S., 2010, "Is Belief in Free Will A Cultural Universal?", *Mind & Language*, 25(3), pp. 346—358.

［549］Saviotti, P. P., 1998, "On the Dynamics of Appropriability, of Tacit and of Codified Knowledge", *Res. Policy*, 26, pp. 843—856.

［550］Sawyer, D. C., 1997, "Customer Ritual As A Competitive Threat", *Competitive Intelligence Review*, 8(2), pp. 83—84.

［551］Schau, H., Gilly, M., 2003, "We Are What We Post: Self-presentation in Personal Web Space", *Journal of Consumer Research*, 30(December), pp. 385—404.

［552］Schau, H. J., Muñiz, Jr, A. M., Arnould, E. J., 2009, "How Brand Community Practices Create Value", *Journal of Marketing*, 73(5), pp. 30—51.

［553］Scheinbaum, A. C., Zinkhan, G. A., 2012, "Holiday Loved and Loathed: A Consumer Perspective of Valentine's Day", *Advances in Consumer Research*, 33(1), pp. 356—365.

［554］Schippers, M., Van Lange, P. A. M., 2006, "Superstition as A Psychological Placebo in Top Sport", *Journal of Applied Social Psychology*, 36, pp. 2532—2553.

［555］Schmitt，B.，1999，"Experiential Marketing"，*Journal of Marketing Management*，15(1—3)，pp. 53—67.

［556］Schouten，J. W.，1991，"Selves in Transition: Symbolic Consumption in Personal Rites of Passage and Identity Reconstruction"，*Journal of Consumer Research*，17，pp. 412—424.

［557］Schouten，J. W.，Mcalexander，J. H.，1995，"Subcultures of Consumption: An Ethnography of The New Bikers"，*Journal of Consumer Research*，22 (1)，pp. 43—61.

［558］Schroeder，J.，Risen，J.，Gino，F.，Norton，M. I.，2014，*Handshaking Promotes Cooperative Dealmaking*，Harvard Business School NOM Unit Working Paper，pp. 14—117.

［559］Schwartz，S. H.，Cieciuch，J.，Vecchione，M.，Davidov，E.，Fischer，R.，Beierlein，C.，…Konty，M.，2012，"Refining the Theory of Basic Individual Values"，*Journal of Personality and Social Psychology*，103，pp. 663—688.

［560］Seaman，J.，2008，"Adopting A Grounded Theory Approach to Cultural-historical Research: Conflicting Methodologies or Complementary Methods?"，*International Journal of Qualitative Methods*，7(1)，pp. 1—17.

［561］Seeley，E. A.，Gardner，W. L.，2003，"The 'Selfless' and Self-regulation: The Role of Chronic Other-orientation in Averting Self-regulatory Depletion"，*Self and Identity*，2(2)，pp. 103—117.

［562］Sezer，O.，Norton，M. I.，Gino，F.，2016，"Family Rituals Improve the Holidays"，*Journal of the Association for Consumer Research*，1 (4)，pp. 509—526.

［563］Shannon，C. E.，Weaver，W.，1949，*The Mathematical Theory of Communication*，Chicago: University of Illinois Press.

［564］Sharma，A.，Kumar，V.，Borah，S. B.，2017，"Ritualization: A Strategic Tool to Position Brands in International Markets"，*Journal of International Marketing*，25(2)，pp. 1—24.

［565］Shenkar，O.，Li，J.，1999，"'Knowledge Search in International Cooperative Ventures'"，*Organization Science*，10(2)，pp. 134—143.

［566］Sherry，J. F.，1983，"Gift Giving in Anthropological Perspective"，*Journal of Consumer Research*，10，pp. 157—168.

［567］Shimp，T. A.，Madden，T. J.，1988，"Consumer—object Relations: A Conceptual Framework Based Analogously on Sternberg's Triangular Theory of Love"，*ACR North American Advances*.

［568］Shiota，M. N.，Keltner，D.，Mossman，A.，2007，"The Nature of Awe:Elicitors,Appraisals,and Effects on Self-concept"，*Cognition and Emotion*,21 (5)，pp. 944—963.

［569］Shove，E.，2010，"Beyond the ABC: Climate Change Policy and Theories of Social Change"，*Environment and Planning A*，42(6)，pp. 1273—1285.

［570］Siehl，C.，Bowen，D. E.，Pearson，C. M.，1991，"The Role of Rites of Integration in Service Delivery"，*International Journal of Service Industry Management*，2(1)，pp. 15—34.

［571］Simons，L.，2019，"Events and Online Interaction:The Construction of Hybrid Event Communities"，Leisure Studies，38 (2)，pp. 145—159.

［572］Sirgy，M. J.，1982，"Self-Concept in Consumer Behavior: A Critical Review"，*Journal of Consumer Research*，9 (December)，pp. 287—300.

［573］Sirgy，M. J.，2018，"Self-congruity Theory in Consumer Behavior: A Little History"，*Journal of Global Scholars of Marketing Science*，28(2)，pp. 197—207.

［574］Slingerland，E.，2015，*Trying Not To Try: Ancient China，Modern Science，and The Power of Spontaneity*，Crown.

［575］Smith，J.，1999，"Identity Development During the Transition to Motherhood: An Interpretative Phenomenological Analysis"，*Journal of Reproductive and Infant Psychology*，17(3)，pp. 281—299.

［576］Snoek，J.，2008，Defining Rituals，Leiden: Brill.

［577］Solomon，M. R.,1983，"The Role of Products as Social Stimuli: A Symbolic Interactionism Perspective"，*Journal of Consumer Research*，10，pp. 319—329.

［578］Solomon，M. R.，1988a，The Forest or the Trees? A Gestalt Approach to Symbolic Consumption"，in *Marketing and Semiotics: New Direction in the Study of Signs for Sale*. In J. Umiker-Sebeok (Ed.)，(pp.). : Morton de Greyker.

［579］Solomon，M. R.，1988b，"Mapping Product Constellations: A Social

Categorization Approach to Consumption Symbolism", *Psychology & Marketing*, 5 (3), pp. 233—258.

[580] Solomon, M. R., Anand, P., 1985, "Ritual Costumes and Status Transition: The Female Business Suit as Totemic Emblem", *Advances in Consumer Research*, 12(1), pp. 315—318.

[581] Sosis, R., 2000, "Religion and Intragroup Cooperation: Preliminary Results of a Comparative Analysis of Utopian Communities", *Cross-Cultural Research: The Journal of Comparative Social Science*, 34(1), pp. 70—87.

[582] Sosis, R., 2003, "Why Aren't We All Hutterites? Costly Signaling Theory and Religious Behavior", Human Nature, 14(2), pp. 91—127.

[583] Sosis, R., Handwerker, W. P., 2011, "Psalms and Coping with Uncertainty: Religious Israeli Women's Responses to the 2006 Lebanon War", *American Anthropologist*, 113(1), pp. 40—55.

[584] Sprott, D., Czellar, S., Spangenberg, E., 2009, "The Importance of a General Measure of Brand Engagement on Market Behavior: Development and Validation of a Scale", Journal of Marketing Research, 46(1), pp. 92—104.

[585] Stambulova, N., Stambulov, A., Johnson, U., 2012, " 'Believe in Yourself, Channel Energy, and Play Your Trumps': Olympic Preparation in Complex Coordination Sports", Psychology of Sport and Exercise, 13, pp. 679—686.

[586] Stanfield, M. A., Kleine, R. E., 1990, "Ritual, Ritualized Behavior, and Habit: Refinements and Extensions of the Consumption Ritual Construct", *Advances in Consumer Research*, 17, pp. 31—38.

[587] Stephens, E., Burke, T., 1974, "Zen Theory and the Creative Course", Journal of Advertising, 3(2), pp. 38—41.

[588] Sterchele, D., 2020, "Memorable Tourism Experiences and Their Consequences: An Interaction Ritual(IR) Theory Approach", *Annals of Tourism Research*, 81, p. 102847.

[589] Stern, B. B., Thompson, C. J., Arnould, E. J., 1998, "Narrative Analysis of a Marketing Relationship: The Consumer's Perspective", *Psychology and Marketing*, Vol. 15, No. 3, pp. 195—214.

[590] Sternberg, R. J., 2000, *Practical Intelligence in Everyday Life*, Cambridge University Press.

［591］Stewart，P. J.，Strathern，A.，2014，*Ritual*：*Key Concepts in Religion*，Bloomsbury Publishing.

［592］Strauss，A. L.，1997，*Grounded Theory in Practice*，Thousand Oaks，CA：Sage.

［593］Strauss，A. L.，Corbin，J.，1990，*Basics of Qualitative Research*：*Grounded Theory Procedures and Techniques*，Newbury Park，CA：Sage.

［594］Strauss，A.，Corbin，J.，1998，*Basics of Qualitative Research*，2nd ed，London：Sage.

［595］Strizhakova，Y.，Coulter，R. A.，Price，L. L.，2008，"The Meanings of Branded Products：A Cross-national Scale Development and Meaning Assessment"，*International Journal of Research in Marketing*，25，pp. 82—93.

［596］Strove，E.，Trentmann，F.，Wilk，R.，eds.，2009，*Time*，*Consumption and Everyday Life*，Oxford：Berg.

［597］Suddaby，R.，2006，"Wfromthe Editors：What Grounded Theory is Not"，Academy of Management Journal，49（4），643—642.

［598］Sueldo，M.，Streimikiene，D.，2016，"Organizational Rituals as Tools of Organizational Culture Creation and Transformation：A Communicative Approach"，*Transformation in Business & Economics*，15，pp. 89—110.

［599］Swann，Jr，W. B.，Jetten，J.，Gómez，À.，Whitehouse，H.，Bastian，B.，2012，"When Group Membership Gets Personal：A Theory of Identity Fusion"，*Psychological Review*，119（3），P441.

［600］Sykes，K.，Brace-Govan，J.，2015，"The Bride Who Decides：Feminine Rituals of Bridal Gown Purchase as a Rite of Passage"，*Australasian Marketing Journal*，23（4），pp. 277—285.

［601］Taheri，B.，Gori，K.，O'Gorman，K.，et al.，2016，"Experiential Liminoid Consumption：The Case of Nightclubbing"，*Journal of Marketing Management*，32（1—2），pp. 19—43.

［602］Tajfel，H.，1982，"Social Psychology of Intergroup Relations"，Annual Review of Psychology，33，pp. 1—39.

［603］Tambiah，S. J.，1996，"A Performative Approach to Ritual"，InR. L. Grimes（Ed.），*Readings in Ritual Studies*，Upper Saddle River，NJ：Prentice Hall.

［604］Tauber，E. M.，1972，Why do People Shop? *Journal of Marketing*，36 (October)，pp. 46—49.

［605］Taylor，C.，1994，*Multiculturalism : Examining the Politics of Recognition*，Princeton University Press，41 William St.，Princeton，NJ 08540.

［606］Teece，D. J.，1977，"Technology Transfer by Multinational Corporations: The Resource Cost of Transferring Technological Know-how"，*Econom. J.*，87，pp. 242—261.

［607］Teece，D. J.，1981，"The Market for Know-how and the Efficient International Transfer of Technology"，*Ann. Amer. Acad. Political and Soc. Sci.* 458 (Nov.) pp. 81—96.

［608］Teece，D. J.，2004，"Knowledge and Competence as Strategic Assets"，*Handbook on Knowledge Management* 1: *Knowledge Matters*，pp. 129—152.

［609］Tellis，G. J.，1988，"Advertising Exposure. Loyalty, and Brand Purchase: A Two-Stage Model of Choice"，*Journal of Marketing Research*，25 (May)，pp. 134—44.

［610］Terrasse，C.，2006，"L'engagement Envers la Marque: Proposition d'un Modèle Théorique et Application à la Comparaison de la Fidélité aux Marques Nationales et aux Marques de Distributeurs,"doctoral dissertation，Department of Marketing，HEC Paris.

［611］Tetreault，M. A.，Kleine III，Robert，E.，1990,"Ritual, Ritualized Behavior, and Habit: Refinements and Extensions of the Consumption Ritual Construct"，*Advances in Consumer Research*，Vol. 17. M. Goldberg，G. Gorn，and R. Pollay,eds.，Association for Consumer Research，Provo，UT. pp. 31—38.

［612］Thaler,R.,1985,"Mental Accounting and Consumer Choice"，Marketing Science,4，pp. 199—214.

［613］Thomas，N.，2009，*Entangled Objects: Exchange，Material Culture，and Colonialism in the Pacific*，Harvard University Press.

［614］Thomson，M.，MacInnis，D. J.，Park，C. W.，2005，"The Ties that Bind: Measuring the Strength of Consumers' Emotional Attachments to Brands"，Journal of Consumer Psychology，15，pp. 77—91.

［615］Thompson，C. J.，1997，"Interpreting Consumers: A Hermeneutical Framework for Deriving Marketing Insights from the Texts of Consumers' Consumption Stories", *Journal of Marketing Research*, Vol. 34, No. 4, pp. 438—455.

［616］Thompson, C. J., Arsel, Z., 2004, "The Starbucks Brandscape and Consumers' (anticorporate) Experiences of Globalization", *Journal of Consumer Research*, 31(3), pp. 631—642.

［617］Thompson, C. J., Haytko, D. L., 1997, "Speaking of Fashion: Consumers' Uses of Fashion Discourses and the Appropriation of Countervailing Cultural Meanings", *Journal of Consumer Research*, 24(1), pp. 15—43.

［618］Thompson, C. J., Locander, W. B., Polio, H. R., 1989, "Putting Consumer Experience Back into Consumer Research: The Philosophy and Method of Existential-phenomenology", *Journal of Consumer Research*, Vol. 16, No. 2, pp. 133—146.

［619］Thompson, C. J., Troester, M., 2002, "Consumer Value Systems in the Age of Postmodern Fragmentation: The Case of the Natural Health Microculture", *Journal of Consumer Research*, Vol. 28 No. 4, pp. 550—571.

［620］Thorbjϕrnsen, H., Supphellen, M., Nysveen, H., Egil, P., 2002, "Building Brand Relationships Online: A Comparison of Two Interactive Applications", *Journal of Interactive Marketing*, 16(3), pp. 17—34.

［621］Tian, A. D.,Schroeder J., Haubl G., Risen J. L., Norton M. I., Gino F., 2018, "Enacting Rituals to Improve Self-control", *Journal of Personality and Social Psychology*, 114(6), p. 851.

［622］Tierney,K. D., Ingo, O., Westberg, K. K. 2016, "Brand Meaning Co-creation: Toward a Conceptualization and Research Implications", *Journal of Service Theory and Practice*, Vol. 26, Iss 6, pp. 911—932

［623］Tinson, J., Nuttall, P., 2010, "Exploring Appropriation of Global Cultural Rituals", *Journal of Marketing Management*, 26, pp. 1074—1090.

［624］Torelli, C. J., Özsomer, A., Carvalho, S. W., Keh, H. T., Maehle, N. , 2012, "Brand Concepts as Representations of Human Values: Do Cultural Congruity and Compatibility between Values Matter?", *Journal of Marketing*, Vol. 76, No. 4, pp. 92—108.

［625］Torelli, C. J., 2013, *Globalization, Culture, and Branding: How to Leverage Cultural Equity for Building Iconic Brands in the Era of Globalization*, New York, NY: Palgrave Macmillan.

[626] Tsang, A. S., 2003, "Contest Ritualization: Wooing Customers through Religious Metaphor", *Business Hoirzons*, 46(5), pp. 67—74.

[627] Tsoukas, H., 2005, "Do We Really Understand Tacit Knowledge", *Managing Knowledge: An Essential Reader*, 107, pp. 1—18.

[628] Tsoukas, H., Vladimirou, E., 2001, "What is Organizational Knowledge? *Journal of Management Studies*, 38(7), pp. 973—993.

[629] Tucker, W. T., 1964, "The Development of Brand Loyalty", *Journal of Marketing Research*, Vol. 1(3), pp. 32—35.

[630] Tumbat, G., Belk, R. W., 2011, "Marketplace Tensions in Extraordinary Experiences", *Journal of Consumer Research*, 38(1), pp. 42—61.

[631] Turner, V., 1967, *The Forest of Symbols*, Ithaca, NY: Cornell University Press.

[632] Turner, V., 1969, *The Ritual Process*, New York: Aldine.

[633] Tynan, C., McKechnie, S., 2009, "Hedonic Meaning Creation though Christmas Consumption: A Review and Model", *Journal of Customer Behaviour*, 8 (3), pp. 237—255.

[634] Ustuner, T., Ger, G., Holt, D. B., 2000, "Consuming Ritual: Reframing the Turkish Henna-night ceremony", *Advances in Consumer Research*, 27 (1), pp. 209—214.

[635] Valadez, J. J., Clignet, R., 1984, "Household Work as an Ordeal: Culture of Standards Versus Standardization of Culture", *Am. J. Sociol*, 89 (4), pp. 812—835.

[636] Vallaster, C., Von Wallpach, S., 2013, "An Online Discursive Inquiry into the Social Dynamics of Multi-stakeholder Brand Meaning Co-creation", *Journal of Business Research*, Vol. 66 No. 9, pp. 1505—1515.

[637] Van den Bulte, C., Bayer, E., Skiera, B., Schmitt, P., 2018, "How Customer Referral Programs Turn Social Capital into Economic Capital", *Journal of Marketing Research*, 55(1), pp. 132—146.

[638] Van Doorn, J., Lemon, K. N., Mittal, V., Nass, S., Pick, D., Pirner, P., Verhoef, P. C., 2010, "Customer Engagement Behavior: Theoretical Foundations and Research Directions", *Journal of Service Research*, Vol. 13 (3), pp. 253—266.

［639］Vargo, S. L., Lusch, R. F., 2008, "Service-dominant Logic: Continuing the Evolution", *Journal of the Academy of Marketing Science*, Vol. 36, No. 1, pp. 1—10.

［640］Veeck, A. Lancendorfer, K., Atkin, J. L., 2018, "Network Ties and Interaction Rituals: An Examination of Social Drinking", *Journal of Marketing Management*, (34), pp. 9—10; 775—795.

［641］Veloutsou, C., 2009, "Brands as Relationship Facilitators in Consumer Markets", *Marketing Theory*, 9(1), pp. 127—130.

［642］Vieira, V. A., Liu, R. L., de Mello, V. G., 2021, "The Mediating Role of Brand Engagement in the Self-Concept (BESC) in Explaining Consumer Response: A Meta-analytic Review", Journal of Marketing Theory and Practice, pp. 1—18.

［643］Vivek, S. D., Beatty, S. E., Morgan, R. M., 2012, "Customer Engagement: Exploring Customer Relationships beyond Purchase", *Journal of Marketing Theory and Practice*, vol. 20(2), pp. 122—146.

［644］Vohs, K. D., Wang, Y. J., 2012, "Rituals Improve Emotions, Consumption, Interpersonal Relationships, and Even Luck", *Advances in Consumer Research*, 40, pp. 5—8.

［645］Vohs, K. D., Wang, Y. J., Gino, F., Norton, M. I., 2013, "Rituals Enhance Consumption", *Psychological Science*, 24, (9), pp. 1714—1721.

［646］Von Glinow, MA, Teagarden, M., 1988, "'The Transfer of Human Resource Management Technology in Sino-US Cooperative Ventures: Problems and Solutions'", *Human Resource Management*, 27(2), pp. 201—229.

［647］Von Hippel, E., 1988, *Sources of Innovation*, New York NY: Oxford University Press.

［648］Von Hippel, E., 1998, "Economics of Product Development by Users: The Impact of 'sticky' Local Information", *Management Science*, 44(5), pp. 629—644.

［649］Wallendorf, M., Arnould, E. J., 1991, "'We Gather Together': Consumption Rituals of Thanksgiving Day", *Journal of Consumer Research*, 18(1), pp. 13—31.

［650］Wallendorf, M., Reilly, M. D., 1983, "Ethnic Migration, Assimilation, and Consumption", *Journal of Consumer Research*, 10(3), pp. 292—302.

[651] Wang, C. L., Sarkar, A., Sarkar, J. G., 2018, "Building the Holy Brand: Towards a Theoretical Model of Brand Religiosity", *International Journal of Consumer Studies*, 42(6), pp. 736—743.

[652] Wang, S., Chin, T., 2020, "A Stratified System of Knowledge and Knowledge Icebergs in Cross-cultural Business Models: Synthesizing Ontological and Epistemological Views", *Journal of International Management*, Vol. 26, No. 4, p. 100780.

[653] Wang, X., Sun, Y., Kramer, T., 2021, "Ritualistic Consumption Decreases Loneliness by Increasing Meaning", *Journal of Marketing Research*, 58(2), pp. 282—298.

[654] Warren, C., Campbell, M. C., 2014, "What Makes Things Cool? How Autonomy Influences Perceived Coolness", *Journal of Consumer Research*, 41(2), pp. 543—563.

[655] Watson-Jones, R. E., Legare, C. H., 2016, "The Social Functions of Group Rituals", *Current Directions in Psychological Science*, 25(1), pp. 42—46.

[656] Watts, J., Sheehan, O., Atkinson, Q. D., Bulbulia, J., Gray, R. D., 2016, "Ritual Human Sacrifice Promoted and Sustained the Evolution of Stratified Societies", *Nature*, 532(7598), pp. 228—231.

[657] Weinberger, M. F., 2015, "Dominant Consumption Rituals and Intra-group Boundary Work: How Non-celebrants Manage Conflicting Relational and Identity Goals", *Journal of Consumer Research*, 42(3), pp. 378—400.

[658] Wellman, J. K., Jr., Corcoran, K. E., Stockly-Meyerdirk, K., 2014, "'God is Like a Drug…': Explaining Interaction Ritual Chains in American Megachurches", *Sociological Forum*, 29, pp. 650—672.

[659] Wen, N. J., Herrmann, P. A., Legare, C. H., 2016, "Ritual Increases Children's Affiliation with In-group Members", *Evolution and Human Behavior*, 37, pp. 54—60.

[660] White, A., 2006, "Westin Projects 'Zen' in Image Turnaround", *Asia's Media & Marketing Newspaper*, 3/24

[661] Whitehouse, H., 2002, "Modes of Religiosity: Towards a Cognitive Explanation of the Sociopolitical Dynamics of Religion", *Method & Theory in the*

Study of Religion, 14(3—4), pp. 293—315.

[662] Whitelaw, G., 2012, *The Zen Leader: 10 Ways to Go from Barely Managing to Leading Fearlessly*, Red Wheel/Weiser.

[663] Wicklund, R., Gollwitzer, P., 1982, *Symbolic Self Completion*, Hillsdale, NJ: Erlbaum.

[664] Wilk, R., 1997, "A Critique of Desire: Distaste and Dislike in Consumer Behavior", *Consumption, Markets & Culture*, 1(2), pp. 175—196.

[665] Wilson, M., 2002, "Six Views of Embodied Cognition", *Psychonomic Bulletin & Review*, 9, pp. 625—636.

[666] Winter, S., 1987, "Knowledge and Competence as Strategic Assets", in David Teece (Ed.), *The Competitive Challenge Strategies for Industrial Innovation and Renewal*, Cambridge, MA: Ballinger Publishing, pp. 159—184.

[667] Wipperfürth, A., 2005, *Brand Hijack. Marketing without Marketing*. New York, NY: Portfolio.

[668] Wirtz, J., Orsingher, C., Cho, H., 2019, "Engaging Customers through Online and Offline Referral Reward Programs", *European Journal of Marketing*, 53(9), pp. 1962—1987.

[669] Wolin, S. J., Bennett, L. A., 1984, "Family Rituals", *Family Process*, 23(3), pp. 401—420.

[670] Wood, C. P., 2016, *The Rhythm that Unites: An Empirical Investigation into Synchrony, Ritual, and Hierarchy*, Doctoral dissertation, Boston University.

[671] Wright, R. W. 1997, *The Competitive Advantage of Knowledge-Based Resources in the Semiconductor Industry*, Garland Publishing, New York.

[672] Xygalatas, D., 2008, *Firewalking in Northern Greece: A Cognitive Approach to High-arousal Rituals*, Doctoral dissertation, Queen's University Belfast.

[673] Xygalatas, D., Mitkidis, P., Fischer, R., Reddish, P., Skewes, J., Geertz, A. W., Bulbulia, J., 2013, "Extreme Rituals Promote Prosociality", Psychological Science, 24(8), pp. 1602—1605.

[674] Yingfeng, F., 2011, *Study on Effects of Ritual in Marketing*, In Proceedings of the 8th International Conference on Innovation & Management (pp.

1337—1340).

[675] Yu, H., Veeck, A., Yu, F., 2015, "Family Meals and Identity in Urban China", *Journal of Consumer Marketing*, 32(7), pp. 505—519.

[676] Zahra, S. A., Neubaum, D. O., Hayton, J., 2020, "What do We Know about Knowledge Integration: Fusing Micro and Macro-organizational Perspectives", *Academy of Management Annals*, Vol. 14, No. 1, pp. 160—194.

[677] Zander, U., Kogut, B., 1995, "'Knowledge and the Speed of Transfer and Imitation of Organizational Capabilities: An Empirical Test', *Organization Science*, 6(1), pp. 76—92.

[678] Zeithaml, V. A., Berry, L. L., Parasuraman, A., 1996, "The Behavioral Consequences of Service Quality", *Journal of Marketing*, 60(2), pp. 31—46.

[679] Zhang, Y., Risen, J. L., Hosey, C., 2014, "Reversing One's Fortune by Pushing away Bad Luck", *Journal of Experimental Psychology: General*, 143, pp. 1171—1184.

[680] Ziller, R. C., 1990, *Photographing the Self: Methods for Observing Personal Orientations*, Sage publications, Inc.

[681] Zumwalt, R., 1982, "Arnold van Gennep: The Hermit of Bourgla-Reine", *American Anthropologist*, 84, pp. 299—313.

后　记

　　东西方的互动是时代发展的大趋势,东西方不仅在产品、科技、价值链上彼此交融,而且在人力、市场和消费方面彼此共生。以人工智能为引领的新科技时代,科技面对文化背景固然不同的市场时,必然要赋予不同的情感、态度与价值观。须看到,东西方市场所存在的文化差异与文化优势,是显而易见、根深蒂固,且无法无视和规避的。唯一的解决之道是,面对它,了解它,融合它。时至今日,中国经典理论仍然呈现出顽强的生命力,它们不仅令中国当代年轻人趋之若鹜,且对西方广大受众愈发具有吸引力,从理论界到实业界都对之报以相当的关注和推崇。不过,概因其艰深而显得晦涩,又因其悠远而显得神秘。

　　中国经典著作中的战略思想如何与当代的商业实践相融合、与西方管理学研究脉络相融合,以及如何实现当代的通俗化(而非庸俗化)阐释?为了解答这些问题,本人此前的研究曾尝试将道、阴阳与迈克尔·波特的共享价值理论相结合,将仁、体用与西方人力资本投资尤其是领导力心智投资理论相结合,将王阳明的知行合一与体验营销理论相结合,探讨中西方管理实践中的若干现实问题。这些努力以期通过融合实现互补,寻求消弭东西方管理理论的区隔,创新性地提出基于中西方管理理论的融合理论成果与阐释机制,从而增强其在东西方管理实践中的普适性。有幸的是,这些实验性、探索性的研究成果得以先后在国际 SSCI 期刊发表,在国际权威学术出版社 Cambridge Scholars Publishing 出版。

本书的这项研究仍然沿着中西管理理论融合探索的路数,运用广受国际学界认可的扎根理论研究方法,将中国禅宗境界论与西方隐性知识理论相融合,以此解答品牌仪式行为独特的作用机制,同时开发出既扎根于本土又具广泛适用性的构念——品牌境界,它对当前国际上关于品牌忠诚的研究实现了超越。

感谢上海财经大学商学院王新新教授的悉心指导,此项研究的目标方向、逻辑自洽以及主要贡献,得到他不厌其烦的引导与拷问,促使我反复思考与修改,得以日臻完善。

感谢上海市现代管理研究中心主任陈加英女士曾给予此项研究的充分肯定与支持。令人痛心的是,在书稿即将交付之际,她遽然离世!谨以此书的出版向她致以深切的缅怀!感谢副主任谢百盛先生、奚学真女士及时跟进此书的出版事宜,以及为支持出版所付出的努力。

感谢接受访谈的每一位研究对象,他们来自世界各地,是各行各业的佼佼者,对所谈领域积累颇深,且言无不尽,提供了总共近一千页的访谈素材。本项研究得以提炼出不少在文献中不曾出现、在书斋里苦思而不可得的概念。

感谢深圳美源坊公司董事长程光伟先生,古道热肠的他为本项研究的访谈对象无条件地提供了礼品赞助。

感谢给予我挚爱的父母、家人和朋友！在研究过程中,他们以包容、关切和鼓励,给予我生命的温暖和力量。

在此鞠躬,谨致诚挚谢忱!

马湘临

2024 年 5 月

图书在版编目(CIP)数据

品牌仪式行为实现品牌境界的扎根分析 / 马湘临著.
一上海:上海三联书店,2024.7
ISBN 978 - 7 - 5426 - 8568 - 1

Ⅰ. F273.2

中国国家版本馆 CIP 数据核字第 2024B4J873 号

品牌仪式行为实现品牌境界的扎根分析

著　　者　马湘临

责任编辑　钱震华
装帧设计　汪要军

出版发行　上海三联书店
　　　　　　中国上海市威海路 755 号
印　　刷　上海颛辉印刷厂有限公司

版　　次　2024 年 7 月第 1 版
印　　次　2024 年 7 月第 1 次印刷
开　　本　889×1194　1 /32
字　　数　250 千字
印　　张　12
书　　号　ISBN 978 - 7 - 5426 - 8568 - 1 /F・923
定　　价　88.00 元